Guttentagsche Sammlung
Nr. 2. Preußischer Gesetze. Nr. 2.
Textausgaben mit Anmerkungen.

Preußische Beamten-Gesetzgebung

enthaltend
die wichtigsten Beamtengesetze
in Preußen.

Textausgabe mit ausführlichem Sachregister.

Von
Karl Pfafferoth,
Geheimem Rechnungsrat.

Fünfte, neubearbeitete Auflage.

Berlin 1916.
J. Guttentag, Verlagsbuchhandlung,
G. m. b. H.

Vorwort.

Die Verfassungsurkunde für den preußischen Staat vom 31. Januar 1850 bestimmt im Art. 98, daß „die besonderen Rechtsverhältnisse der nicht zum Richterstande gehörigen Staatsbeamten, einschließlich der Staatsanwälte, durch ein Gesetz geregelt werden sollen, welches, ohne die Regierung in der Wahl der ausführenden Organe zweckwidrig zu beschränken, den Staatsbeamten gegen willkürliche Entziehung von Amt und Einkommen angemessenen Schutz gewährt".

Das verheißene Staatsdienergesetz ist bis jetzt nicht ergangen; dagegen haben vor und nach Bekanntmachung der Verfassung die einzelnen Verhältnisse der Beamten in einer beträchtlichen Reihe von Gesetzen, Verordnungen und Erlassen von denen ein großer Teil durch die später ergangenen wieder aufgehoben worden ist, ihre Regelung gefunden.

Eine Zusammenstellung der wesentlichsten dieser auf die Rechtsverhältnisse der preußischen Staatsbeamten, und zwar in erster Linie der unmittelbaren Staatsbeamten bezüglichen, gegenwärtig noch gültigen Bestimmungen bringt das vorliegende Buch in einem handlichen und wenig umfangreichen Bande. Nur diejenigen Vorschriften sind zum Abdruck gelangt, welche sich auf die Gesamtheit der Staatsbeamten beziehen; auf die für einzelne Verwaltungszweige und Beamtenklassen ergangenen besonderen Bestimmungen ist jedoch an betreffender Stelle hingewiesen.

Die abgedruckten Vorschriften gelten im wesentlichen für den ganzen Umfang der Monarchie. Hinsichtlich der neuen Landesteile ist in dieser Beziehung hier zu bemerken, daß für die Staatsdiener in den Hohenzollernschen Landen laut Allerhöchsten Erlasses vom 6. Febr. 1854 (GS. 80) und ebenso in den durch die Gesetze vom 20. Sept. und 24. Dez. 1866 mit der Monarchie vereinigten Landesteilen — mit Ausnahme des vormaligen Oberamtsbezirks Meisenheim und der Enklave Kaulsdorf — laut Verordnung vom 23. Sept. 1867 (GS. 1610) lediglich die für die Monarchie gültigen allgemeinen Vorschriften, Verordnungen, Gesetze usw, durch welche die Rechte und Pflichten der Staatsbeamten in Ansehung ihres Amtes und der Hinterbliebenen bestimmt sind, in Anwendung kommen sollen. Die Anwendbarkeit der Vorschriften für den seit 1. Juli 1876 mit der Monarchie vereinigten Kreis Herzogtum Lauenburg ergibt sich aus den Gesetzen vom 23. Juni 1876 (GS. 169) und 25. Febr. 1878 (GS. 97) sowie aus der Verordnung vom 31. Mai 1879 (GS. 363). Für das Verhältnis der Beamten der Stadt Frankfurt a. M. endlich ist das Gesetz vom 5. März 1869 (GS. 379) maßgebend.

Es dürfte zweckmäßig erscheinen, an dieser Stelle mit einigen Worten auf den Unterschied zwischen dem Begriff der preußischen Staatsbeamten und dem der Reichsbeamten einzugehen. Die Verhältnisse der letzteren sind durch das Reichsbeamtengesetz (RGBl. von 1907 S. 245) geregelt. Im Sinne dieses Gesetzes gilt laut § 1 desselben als Reichsbeamter jeder Beamte, welcher entweder vom Kaiser angestellt oder nach Vorschrift der Reichsverfassung den Anordnungen des Kaisers Folge zu leisten verpflichtet ist. Die erstere Gattung bilden die unmittelbaren Reichsbeamten, d. h. die vom Kaiser oder in seinem Auftrage kraft kaiserlicher Ermächtigung angestellten Beamten. Zur zweiten Gattung, den sog. mittelbaren Reichsbeamten, gehören diejenigen mittleren und unteren Post- und Telegraphenbeamten, sowie die Militärbeamten, welche in Gemäßheit des Art. 50 Abs. 3 bis 5 bzw. der Art. 64, 66 der Reichsverfassung von den Landesregierungen ernannt werden, aber den Anordnungen des Kaisers Folge zu leisten haben. Dieselben sind zwar an sich Landesbeamte — vgl. Entscheidung des Kaiserlichen Disziplinarhofs in Leipzig vom 2. April 1874 (RZBl. 145) und des Reichsgerichts, II. Zivilsenat v. 16. Okt.

1880 (Entsch. S. 101) —, unterstehen aber den Bestimmungen des Reichsbeamtengesetzes. Eine Ausnahme in dieser Beziehung ist nur für richterliche Militär-Justizbeamte, und zwar insofern zugelassen, als auf sie gemäß § 158 des Reichsbeamtengesetzes die Bestimmungen desselben über die Versetzung in ein anderes Amt über die einstweilige und zwangsweise Versetzung in den Ruhestand, über Disziplinarbestrafung und über vorläufige Dienstenthebung keine Anwendung finden sollen.

Da die nachfolgenden Vorschriften[1] teils nur die unmittelbaren, teils die mittelbaren Staatsbeamten, teils auch beide Arten zugleich betreffen, so erübrigt endlich noch, diese Einteilung, wenn auch nicht erschöpfend zu erörtern, so doch wenigstens durch einige Striche zu kennzeichnen. Eine überall zutreffende Erläuterung des Begriffs „unmittelbarer Staatsbeamter" in kurzen Worten zu geben, ist kaum möglich. Es mag deshalb genügen, auf einige Stellen hinzuweisen, welche Anhaltspunkte zur Feststellung des Begriffs an die Hand geben.

Nach § 69 Teil II Titel 10 des Allgem. Landrechts stehen die Zivilbeamten entweder „in unmittelbaren Diensten des Staats oder gewisser demselben untergeordneter Kollegien, Korporationen und Gemeinen".

In engerer Begrenzung des Begriffs bestimmt § 8 des Gesetzes vom 11. Juli 1822, daß zu den unmittelbaren Staatsdienern städtische Beamte, die von den Städten besoldeten Polizeibeamten mit eingeschlossen, landschaftliche, Witwenkassen- und andere Sozietätsbeamte, Justizkommissarien und Notarien, Justitiarien bei Patrimonialgerichten, Ärzte, Künstler u. dgl. nicht zu zählen seien.

Das Gesetz vom 12. Mai 1873 über die Gewährung von

---

[1] Dieselben finden auch auf die Beamten der Preuß. Central-Genossenschaftskasse Anwendung, Verordn. v. 2. Aug. 1899 (GS. 397).

Wohnungsgeldzuschüssen (S. 103) erwähnt im § 1 die unmittelbaren Staatsbeamten **neben** den Lehrern und Beamten der Universitäten und derjenigen Unterrichts- und sonstigen Anstalten, bei welchen die Gewährung der erforderlichen Unterhaltungszuschüsse ausschließlich dem Staate obliegt.

In gleicher Weise führt auch Art. III der Pensions-Novelle vom 31. März 1882 unmittelbare Staatsbeamte einerseits und Lehrer und Beamte an Gymnasien, Progymnasien, Realschulen, Schullehrerseminarien, Taubstummen- und Blindenanstalten, Kunst- und höheren Bürgerschulen andererseits nebeneinander auf.

Die Provinzialordnung vom $\frac{\text{29. Juni 1875}}{\text{22. März 1881}}$ bestimmt ferner im § 96, daß sämtliche Provinzialbeamte die Rechte und Pflichten mittelbarer Staatsbeamten haben sollen. Das gleiche gilt nach § 4 des Ges. v. 25. Juli 1910 (GS. 241) für die Beamten der öffentlichen Feuerversicherungsanstalten.

Endlich spricht sich über die vorliegende Frage der Kommissionsbericht des Abgeordnetenhauses zum Witwenversorgungsgesetz — Nr. 134 der Drucksachen 14. Leg.-Per. III. Session 1882 — S. 19 folgendermaßen aus: Mittelbare Staatsbeamte sind solche Beamte, welche zwar dazu berufen sind, als Organe der Staatsgewalt unter öffentlicher Autorität für die Herbeiführung der Zwecke des Staats tätig zu sein, welche aber ihre Tätigkeit nicht dem Staate direkt, sondern einer der dem Staate untergeordneten, organisch in seine Verfassung eingreifenden Gemeinheit widmen, z. B. Kreiskommunalbeamte, Elementarlehrer, Lehrer an höheren Schulen der Kommunen und Stiftern.

Berlin, im Februar 1916.

Inhaltsübersicht.

VII. Dienstwohnungen.

VIII. Tagegelder, Reise- und Umzugskosten.

IX. Abgabenverhältnisse.

X. Pensions- und Fürsorgewesen.

Chronologisches Verzeichnis
der abgedruckten Gesetze, Verordnungen und sonstigen Bestimmungen.

Abkürzungen.

Allerh. Erl. = Allerhöchster Erlaß.
BGB. = Bürgerliches Gesetzbuch.
Ges. = Gesetz.
GS. = Preußische Gesetzsammlung.
MBl. = Ministerialblatt für die preußische innere Verwaltung.
JMBl. = Justiz-Ministerial-Blatt.
RBG. = Reichsbeamtengesetz.
RGBl. = Reichs-Gesetzblatt.
RZBl. = Zentralblatt für das Deutsche Reich.
V. = Verordnung.
Vf. od. Verf. = Verfügung.
ZBl. f. Abg. = Zentralblatt der preußischen Verwaltung der Zölle und indirekten Abgaben.

I. Anstellung, Diensteid usw.

1.

Verfassungsurkunde für den Preußischen Staat.
Vom 31. Januar 1850 (GS. 17).

4. Alle Preußen sind vor dem Gesetze gleich. Standesvorrechte finden nicht statt. Die öffentlichen Ämter sind, unter Einhaltung der von den Gesetzen festgestellten Bedingungen, für alle dazu Befähigten[1] gleich zugänglich.

47. Der König besetzt alle Stellen im Heere, sowie in den übrigen Zweigen des Staatsdienstes, sofern nicht das Gesetz ein anderes verordnet.

108. Die Mitglieder der beiden Kammern und alle Staatsbeamten leisten dem Könige den Eid der Treue und des Gehorsams und beschwören die gewissenhafte Beobachtung der Verfassung.

Eine Vereidigung des Heeres auf die Verfassung findet nicht statt.

2.

Verordnung, betr. die Form der Diensteide.
Vom 6. Mai 1867 (GS. 715).

Wir, Wilhelm rc. verordnen für das Gebiet der Preußischen Monarchie, mit Ausschluß derjenigen Landes-

---

[1] Also auch für Nichtpreußen (vgl. auch Art. 3 RV.); diese erwerben durch die Anstellung ohne weiteres die preußische Staatsangehörigkeit, § 14 des Reichs- und Staatsangehörigkeitsges. v. 22. Juli 1913 (RGBl. 583).

teile, auf welche sich die Verordnung[1] vom 22. Jan. d. J. (GS. 132) bezieht, was folgt:

1. Die Form des Diensteides, welcher von den im unmittelbaren oder im mittelbaren Staatsdienste stehenden Beamten[2] fortan zu leisten ist, wird dahin festgestellt: „Ich, N. N., schwöre zu Gott dem Allmächtigen und Allwissenden, daß Seiner Königlichen Majestät von Preußen, meinem Allergnädigsten Herrn, ich untertänig, treu und gehorsam sein und alle mir vermöge meines Amtes obliegenden Pflichten nach meinem besten Wissen und Gewissen genau erfüllen, auch die Verfassung gewissenhaft beobachten will, so wahr mir Gott helfe usw." Dem Schwörenden bleibt es überlassen, den vorstehend festgestellten Eidesworten die seinem religiösen Bekenntnis entsprechende Bekräftigungsformel hinzuzufügen.

Bei den im mittelbaren Staatsdienste stehenden Beamten tritt denselben diejenige Eidesnorm hinzu, mittels deren diese Beamten sich, den bestehenden Bestimmungen und den besonderen Verhältnissen gemäß, dem unmittelbaren Dienstherrn zu verpflichten haben.

2. Der im § 1 gedachte Eid verpflichtet den Schwörenden nicht nur für die zur Zeit der Eidesleistung von ihm bekleideten, sondern auch für alle ihm etwa später zu übertragenden Ämter.

---

[1] Nach dieser Verordnung und dem Staatsministerialbeschlusse vom 31. Okt. 1867 (MBl. 326) gilt dieselbe Form auch für den Diensteid der Beamten in den 1866 mit der Monarchie vereinigten neuen Landesteilen.

[2] Auch von den auf Probe oder nur zeitweise angestellten Hilfsbeamten, sofern sie nicht lediglich zur augenblicklichen

3.

Kabinettsorder vom 21. November 1835, die Amtsverschwiegenheit der öffentlichen Beamten[1] betreffend. (GS. 237).

Obgleich Gesetze und Dienstinstruktionen den öffentlichen Beamten Verschwiegenheit über Gegenstände ihres Amtes zur Pflicht machen, so habe Ich doch mißfällig in Erfahrung gebracht, daß diese Pflicht aus den Augen gesetzt, über dergleichen Gegenstände, ohne amtliche Veranlassung, mündliche und schriftliche Mitteilungen gemacht und solche selbst zur Publizität gebracht worden. Eine solche Verletzung der gesetzlichen Vorschriften ist nicht länger zu dulden; das Staatsministerium hat daher diese Mißbräuche abzustellen und zu veranlassen, daß die Departementschefs nicht nur ihren untergeordneten Behörden und Beamten die im Interesse des Dienstes unerläßliche Verschwiegenheit wiederholend und ernstlich einschärfen, sondern auch die geeigneten Anordnungen treffen, um die genaue Beobachtung derselben zu sichern und die Propalation amtlicher Verhandlungen zu verhindern. Die Departementschefs haben auf die Be-

---

Aushilfe angenommen. Erl. v. 21. März 1882 u. 14. Okt. 1899 (MBl. 139 bzw. 248).

[1] Zur richtigen Auffassung der Order dient die Vergleichung mit der entsprechenden Vorschrift des Reichsbeamtengesetzes (RGBl. 1907 S. 245) § 11, welche lautet:

Über die vermöge seines Amtes ihm bekannt gewordenen Angelegenheiten, deren Geheimhaltung ihrer Natur nach erforderlich oder von seinem Vorgesetzten vorgeschrieben ist, hat der Beamte Verschwiegenheit zu beobachten, auch nachdem das Dienstverhältnis aufgelöst ist.

folgung dieser für die Beamten aller Kategorien geltenden Vorschrift mit Ernst und Sorgfalt zu halten, die Beamten, welche dieselbe verletzen, unnachsichtlich zur Verantwortung und Bestrafung zu ziehen und Mir anzuzeigen, damit sie, dem Befinden nach, neben der verwirkten Strafe, ohne Pension aus dem Dienste entfernt werden. Ich beauftrage das Staatsministerium, die gegenwärtige Order durch die Gesetzsammlung zur allgemeinen Kenntnis zu bringen.

4.

Allgemeines Landrecht.

Teil II. Titel X.

Von den Rechten und Pflichten der Diener des Staats (Amtsführung, Verabschiedung).

70. Es soll niemandem ein Amt aufgetragen werden, der sich dazu nicht hinlänglich qualifiziert und Proben seiner Geschicklichkeit abgelegt hat.

71. Wem die Besetzung der verschiedenen Arten von Zivilbedienungen zukomme, wer zu dergleichen Bedienungen gelangen könne und was für Vorbereitungen und Prüfungen dazu vorhergehen müssen, ist, nach Verschiedenheit der Fächer und Stufen solcher Bedienungen, durch spezielle Gesetze und Instruktionen bestimmt.

84. Titel und Rang, welche mit einem Amt verbunden sind, werden, nebst den davon abhängenden Vorrechten, schon durch die darüber ausgefertigte Bestallung verliehen[1].

---

[1] Vgl. Verordnung wegen der den Zivilbeamten bei-

85. Die Rechte und Pflichten der Zivilbedienten, in Beziehung auf das ihnen anvertraute Amt, werden durch die darüber ergangenen besonderen Gesetze und durch ihre Amtsinstruktionen bestimmt[1].

87. Was ein Beamter vermöge seines Amtes und nach den Vorschriften desselben unternimmt, kann gegen ihn als eine Privatbeleidigung nicht gerügt werden[2].

88. Wer ein Amt übernimmt, muß auf die pflichtmäßige Führung desselben die genaueste Aufmerksamkeit wenden.

89. Jedes dabei begangene Versehen, welches bei gehöriger Aufmerksamkeit, und nach den Kenntnissen, die bei der Verwaltung des Amtes erfordert werden,

---

zulegenden Amtstitel und der Rangordnung der verschiedenen Klassen derselben vom 7. Febr. 1817 (GS. 61), die mit zahlreichen Ergänzungen, z. B. dem Allerh. Erl. betr. die Rangverhältnisse der richterlichen Beamten v. 11. Aug. 1879 (GS. 579), 27. Jan. 1898 (S. 5) und 27. Jan. 1906 (S. 3) noch jetzt maßgebend ist.

[1] Heiratskonsense sind jetzt nicht mehr erforderlich; ausdrücklich bestätigt durch Art. 42 des AusfGes. zum BGB. v. 20. Sept. 1899 (GS. 177). Wegen Sicherung der amtlichen Akten und sonstigen Sachen beim Tode eines Beamten s. § 20 des Gesetzes über die freiwillige Gerichtsbarkeit v. 21. Sept. 1899 (GS. 247).

[2] Art. 97 der Verfassungsurkunde v. 31. Jan. 1850, § 11 des EinfGes. zum GVG. und Ges. betr. die Konflikte bei gerichtlichen Verfolgungen wegen Amts- und Diensthandlungen vom 13. Febr. 1854 (GS. 86), sowie § 114 des Ges. über die allgemeine Landesverwaltung v. 30. Juli 1883 (GS. 195).

hätte vermieden werden können und sollen, muß er vertreten[1].

90. Vorgesetzte, welche durch vorschriftsmäßige Aufmerksamkeit die Amtsvergehungen ihrer Untergebenen hätten hindern können, sind für den aus Vernachlässigung dessen entstehenden Schaden, sowohl dem Staate als einzelnen Privatpersonen, welche darunter leiden, verhaftet.

91. Doch findet in beiden Fällen (§§ 89, 90) die Vertretung nur alsdann statt, wenn kein anderes gesetzmäßiges Mittel, wodurch den nachteiligen Folgen eines solchen Versehens abgeholfen werden könnte, mehr übrig ist.

92. Kein Beamter darf den zur Ausübung seines Amtes ihm angewiesenen Wohnort ohne Vorwissen und Genehmigung seiner Vorgesetzten verlassen.

93. Inwiefern zu bloßen Reisen und Entfernungen auf eine Zeitlang die Erlaubnis der unmittelbaren oder höheren Vorgesetzten erforderlich sei, ist nach den einer jeden Klasse von Beamten vorgeschriebenen besonderen Gesetzen und Amtsinstruktionen zu bestimmen[2].

Anhang § 124. Königliche Offizianten, welche ein fremdes Bad besuchen wollen, müssen durch ein medi-

---

[1] Verordnung über die Festsetzung und den Ersatz der bei Kassen und anderen Verwaltungen vorkommenden Defekte v. 23. Jan. 1844 (GS. 52). Wegen Haftung s. a. die Gesetze unter Nr. 5 folgend.

[2] Für die einzelnen Verwaltungen bestehen besondere Vorschriften. Über die Regelung des Gehalts für beurlaubte Beamte vgl. Allerh. Erl. v. 15. Juni 1864 unter Nr. 28.

zinisches Attest bescheinigen lassen, daß das fremde Bad zur Wiederherstellung ihrer Gesundheit notwendig, auch kein einheimisches ebenso geschickt dazu sei.

94. Bei derjenigen Instanz, von welcher die Besetzung eines Amtes abhängt, muß auch die Entlassung davon gesucht werden.

95. Die Entlassung soll nur alsdann, wenn daraus ein erheblicher Nachteil für das gemeine Beste zu besorgen ist, versagt werden.

96. Einem Beamten, dem aus diesem Grunde die Entlassung versagt wird, steht dagegen die Berufung auf die unmittelbare landesherrliche Entscheidung offen.

97. In keinem Falle aber darf der abgehende Beamte seinen Posten eher verlassen, als bis wegen Wiederbesetzung oder einstweiliger Verwaltung desselben Verfügung getroffen ist[1].

98. Kein Vorgesetzter oder Departementschef kann einen Zivilbedienten wider seinen Willen einseitig entsetzen oder verabschieden.

102. Amtsverbindungen, deren Dauer durch die Natur des Geschäftes oder durch ausdrücklichen Vorbehalt auf eine gewisse Zeit eingeschränkt ist, erlöschen mit dem Ablaufe dieser Zeit von selbst (§ 97).

5.

Betreffend Haftung der Beamten[2], Bürgerliches Gesetzbuch.

839. Verletzt ein Beamter vorsätzlich oder fahrlässig die ihm einem Dritten gegenüber obliegende Amtspflicht,

---

[1] Vgl. Pensionsgesetz.

[2] Über die Haftung des Staates für Amtspflicht-

so hat er dem Dritten den daraus entstehenden Schaden zu ersetzen. Fällt dem Beamten nur Fahrlässigkeit zur Last, so kann er nur dann in Anspruch genommen werden, wenn der Verletzte nicht auf andere Weise Ersatz zu erlangen vermag.

Verletzt ein Beamter bei dem Urteil in einer Rechtssache seine Amtspflicht, so ist er für den daraus entstehenden Schaden nur dann verantwortlich, wenn die Pflichtverletzung mit einer im Wege des gerichtlichen Strafverfahrens zu verhängenden öffentlichen Strafe bedroht ist. Auf eine pflichtwidrige Verweigerung oder Verzögerung der Ausübung des Amtes findet diese Vorschrift keine Anwendung.

Die Ersatzpflicht tritt nicht ein, wenn der Verletzte vorsätzlich oder fahrlässig unterlassen hat, den Schaden durch Gebrauch eines Rechtsmittels abzuwenden.

840 Abs. 1. Sind für den aus einer unerlaubten Handlung entstehenden Schaden mehrere nebeneinander verantwortlich, so haften sie, vorbehaltlich der Vorschrift des § 835 Abs. 3, als Gesamtschuldner.

841. Ist ein Beamter, der vermöge seiner Amtspflicht einen anderen zur Geschäftsführung für einen Dritten zu bestellen oder eine solche Geschäftsführung zu beaufsichtigen oder durch Genehmigung von Rechtsgeschäften

---

verletzungen von Beamten bei Ausübung der öffentlichen Gewalt s. Ges. v. 1. Aug. 1909 (GS. 691). Über die Verantwortlichkeit bei Pflichtverletzungen dem Staate gegenüber s. auch Nr. 4. Wegen der Verantwortlichkeit der Grundbuchbeamten § 12 der Reichsgrundbuchordnung vom 20. Mai 1898 (RGBl. 754) und Art. 8 des preußischen AusfGes. v. 26. Sept. 1899 (GS. 307).

bei ihr mitzuwirken hat, wegen Verletzung dieser Pflichten neben dem anderen für den von diesem verursachten Schaden verantwortlich, so ist in ihrem Verhältnisse zueinander der andere allein verpflichtet.

31. Der Verein ist für den Schaden verantwortlich, den der Vorstand, ein Mitglied des Vorstandes oder ein anderer verfassungsmäßig berufener Vertreter durch eine in Ausführung der ihm zustehenden Verrichtungen begangene, zum Schadensersatze verpflichtende Handlung einem Dritten zufügt.

89. Die Vorschrift des § 31 findet auf den Fiskus, sowie auf die Körperschaften, Stiftungen und Anstalten des öffentlichen Rechtes entsprechende Anwendung.

Das gleiche gilt, soweit bei Körperschaften, Stiftungen und Anstalten des öffentlichen Rechtes der Konkurs zulässig ist, von der Vorschrift des § 42 Abs. 2.

Einführungsgesetz zum Bürgerlichen Gesetzbuch.

Art. 78. Unberührt bleiben die landesgesetzlichen Vorschriften, nach welchen die Beamten für die von ihnen angenommenen Stellvertreter und Gehilfen in weiterem Umfange als nach dem Bürgerlichen Gesetzbuche haften.

6.

Allerhöchster Erlaß, die Rechtsverhältnisse der aus dem preußischen Staatsdienst in den Reichsdienst oder in den Landesdienst von Elsaß-Lothringen übertretenden Beamten betr.

Vom 2. Februar 1881 (MBl. 46).

Indem Ich dem Staatsministerium den im Einvernehmen mit demselben erstatteten Bericht des Reichskanzlers vom 28. Januar d. J. abschriftlich zugehen lasse, bestimme Ich, daß Meinen Beamten, welche aus dem preußischen Staatsdienst in den Reichsdienst oder den Landesdienst von Elsaß-Lothringen übertreten, der Regel nach ein Dimissoriale nicht erteilt werden und bei Eintritt geeigneter Vakanzen ihnen die Wiederaufnahme in den preußischen Staasdienst gesichert sein soll. Bei einer solchen ist das Dienstalter und Diensteinkommen des Beamten so zu berechnen, als ob derselbe im preußischen Staatsdienste verblieben wäre. Die rücksichtlich der Aufnahme in den preußischen Richterdienst bestehenden Vorschriften werden von dieser Bestimmung nicht berührt. Hiernach hat das Staatsministerium das Weitere zu veranlassen.

7.

Die Grundsätze für die Besetzung der mittleren, Kanzlei- und Unterbeamtenstellen bei den Reichs- und Staatsbehörden mit Militäranwärtern und Inhabern des Anstellungsscheins[1].

(Anstellungsgrundsätze.)

Vom 20. Juni 1907 (RGBl. 317).

nebst den im Texte mitberücksichtigten Abänderungen vom 13. April 1912 (RGBl. 279), 5. Aug. 1912 (S. 670), 4. Mai 1914 (S. 282) und Dez. 1914 (S. 624).

(Die Anlagen sind hier nicht mit abgedruckt.)

§ 1. (1.) Militäranwärter im Sinne der nachstehenden Grundsätze ist jeder Inhaber des Zivilversorgungsscheins.

(2.) Der Zivilversorgungsschein wird Kapitulanten, die gemäß den Bestimmungen der §§ 15 und 16 des Gesetzes vom 31. Mai 1906 (RGBl. 593) Anspruch darauf haben,

---

[1] Verabschiedete Offiziere haben nur Aussicht auf Anstellung im Zivildienst.

nach Anlage A erteilt. Auch für solche Personen, die den Zivilversorgungsschein noch nachträglich auf Grund des Militärpensionsgesetzes vom 27. Juni 1871 (RGBl. 275) und der Novelle vom 4. April 1874 (RGBl. 25) erhalten, wird er nach diesem Muster ausgestellt.

(3.) Wenn Unteroffizieren und Gemeinen, die nicht zu den Kapitulanten gehören, auf Grund des § 17 des Gesetzes vom 31. Mai 1906 der Anstellungsschein für den Unterbeamtendienst verliehen wird, so ist er nach Anlage B auszustellen. Die Rechte der Inhaber des Anstellungsscheins beschränken sich auf die Stellen des Unterbeamtendienstes.

(4.) Der Zivilversorgungsschein kann auch ehemaligen Unteroffizieren erteilt werden, die nach mindestens neunjährigem aktiven Dienste im Heere, in der Marine oder in den Schutztruppen in militärisch organisierte Gendarmerien (Landjägerkorps) oder Schutzmannschaften eingetreten und dort als dienstunbrauchbar ausgeschieden sind oder unter Einrechnung der im Heere, in der Marine oder in den Schutztruppen zugebrachten Dienstzeit eine gesamte aktive Dienstzeit von zwölf Jahren zurückgelegt haben. Der Zivilversorgungsschein ist in diesen Fällen nach Anlage C auszustellen und hat nur Gültigkeit für den Reichsdienst und den Zivildienst des betreffenden Staates.

(5.) Sind in eine militärisch organisierte Gendarmerie (Landjägerkorps) oder Schutzmannschaft, in Ermangelung geeigneter Unteroffiziere von mindestens neunjähriger aktiver Militärdienstzeit, Unteroffiziere von geringerer, aber mindestens sechsjähriger aktiver Militärdienstzeit aufgenommen worden, so darf ihnen der Zivilversorgungsschein nach Anlage D verliehen werden, wenn sie entweder eine gesamte aktive Dienstzeit von fünfzehn Jahren zurückgelegt haben oder nach ihrem Übertritt in die Gendarmerie oder Schutzmannschaft durch Dienstbeschädigung oder nach einer gesamten aktiven Dienstzeit von acht Jahren dienstunbrauchbar geworden sind. Dieser Schein hat nur Gültigkeit für den Zivildienst des betreffenden Staates.

(6.) Die Erteilung des Zivilversorgungsscheins und des Anstellungsscheins erfolgt in allen Fällen durch die Militärbehörde, die über den Anspruch auf diese Versorgung zu entscheiden hat.

(7.) Der Zivilversorgungsschein kann ferner ehemaligen Unteroffizieren erteilt werden, die nach mindestens sechsjährigem aktiven Dienste im Heere, in der Marine oder in den Schutztruppen bei der Zivilverwaltung in den deutschen Schutzgebieten im Polizei-, Grenz-, Zollaufsichts-, Stations-, Expeditions- oder Sanitätsdienst verwendet werden, wenn sie aus diesen Stellen wegen körperlicher Gebrechen als dienstunbrauchbar ausgeschieden sind oder unter Einrechnung der im Heere, in der Marine oder in den Schutztruppen zugebrachten Dienstzeit eine Gesamtdienstzeit von zwölf Jahren zurückgelegt haben und wenn sie zum Beamten würdig und brauchbar erscheinen. Dieser Zivilversorgungsschein wird nach dem anliegenden Muster E durch den Reichskanzler (Reichskolonialamt oder Reichsmarineamt) ausgestellt. Ein auf Grund dieser Bestimmung ausgestellter Zivilversorgungsschein hat für den Zivildienst bei den Reichsbehörden, den Staatsbehörden aller Bundesstaaten und den Kommunalbehörden usw. des Bundesstaats, dessen Staatsangehörigkeit der Zivilversorgungsberechtigte seit zwei Jahren besitzt, Gültigkeit. Diejenigen, die auf Grund der vorstehenden Bestimmung den Zivilversorgungsschein erhalten haben, stehen in bezug auf die Reihenfolge der Einberufung von Stellenanwärtern den im § 18 unter Nr. 4 bezeichneten Unteroffizieren gleich, insoweit sie im stehenden Heere, in der Marine oder in den Schutztruppen unter Hinzurechnung der Dienstzeit in den Schutzgebieten eine Gesamtdienstzeit von mindestens acht Jahren erreicht haben.

§ 2. (1.) Die mittleren, Kanzlei- und Unterbeamtenstellen bei den Reichs- und Staatsbehörden — jedoch ausschließlich des Forstdienstes — sind, unbeschadet der in den einzelnen Bundesstaaten bezüglich der Versorgung der Militäranwärter im Zivildienst erlassenen weitergehenden Bestimmungen, nach Maßgabe der nachstehenden Grundsätze vorzugsweise mit Militäranwärtern zu besetzen.

(2.) Soweit es an geeigneten zivilversorgungsberechtigten Bewerbern (Militäranwärtern) fehlt, sind die Unterbeamtenstellen vorzugsweise mit Inhabern des Anstellungsscheins zu besetzen.

§ 3. Ausschließlich mit Militäranwärtern und — soweit es sich um Unterbeamtenstellen handelt — mit Inhabern des Anstellungsscheins sind zu besetzen:

1. in allen Dienstzweigen und bei allen Behörden, außer bei der Reichskanzlei, dem Auswärtigen Amt, den Ministerien der auswärtigen Angelegenheiten, den Chiffrierbureaus, den Gesandtschaften und Konsulaten:

   die Stellen im Kanzleidienst, einschließlich derjenigen der Lohnschreiber, soweit deren Inhabern lediglich die Besorgung des Schreibwerkes (Abschreiben, Reinschriften anfertigen, Vergleichen usw.) und der damit zusammenhängenden Dienstverrichtungen obliegt;

2. in allen Dienstzweigen und bei allen Behörden, außer bei den Gesandtschaften und Konsulaten:
sämtliche Stellen, deren Obliegenheiten im wesentlichen in mechanischen Dienstleistungen bestehen und keine technischen Kenntnisse erfordern.

§ 4. (1.) Mindestens zur Hälfte mit Militäranwärtern sind zu besetzen:
in allen Dienstzweigen und bei allen Behörden, außer bei den Ministerien und sonstigen Zentralbehörden sowie bei den Gesandtschaften und Konsulaten:
die Stellen der mittleren Beamten im Bureaudienste (Journal-, Registratur-, Expeditions-, Kalkulatur-, Kassendienst u. dgl.) mit Ausschluß derjenigen, für die eine besondere wissenschaftliche oder technische Vorbildung erfordert wird.

(2.) Bei Annahme von Bureaudiätaren ist nach gleichen Grundsätzen zu verfahren.

§ 5. (1.) In welchem Umfange die nicht unter die §§ 3 und 4 fallenden mittleren, Kanzlei- und Unterbeamtenstellen mit Militäranwärtern usw. zu besetzen sind, ist unter Berücksichtigung der Anforderungen des Dienstes zu bestimmen.

(2.) Welche Stellen zu den Unterbeamtenstellen zählen und somit auch den Inhabern des Anstellungsscheins vorbehalten sind, wird für den Reichsdienst durch den Reichskanzler, für den Staatsdienst durch die Landesregierungen nach Maßgabe der §§ 7 und 8 festgesetzt.

§ 6. Insoweit in Ausführung der §§ 4 und 5 einzelne Klassen von mittleren, Kanzlei- und Unterbeamtenstellen für die Militäranwärter usw. nicht mindestens zur Hälfte vorbehalten werden können, hat nach Möglichkeit ein Ausgleich in der Weise stattzufinden, daß andere derartige Stellen desselben Geschäftsbereichs in entsprechender Zahl und mit entsprechendem Einkommen vorbehalten werden.

§ 7. (1) Über die gegenwärtig vorhandenen mittleren, Kanzlei- und Unterbeamtenstellen des Reichs- und Staatsdienstes, die nach §§ 3 bis 6 für die Militäranwärter usw. vorzubehalten sind, werden Verzeichnisse angelegt. Die Unterbeamtenstellen sind darin besonders ersichtlich zu machen.

(2.) Gleichartige Stellen, die in Zukunft errichtet werden, unterliegen denselben Bestimmungen.

§ 8. (1.) Die Anlage F enthält das Verzeichnis der den Militäranwärtern usw. zurzeit im Reichsdienste vorbehaltenen Stellen.

(2.) Die Verzeichnisse bezüglich des Staatsdienstes werden von den einzelnen Landesregierungen aufgestellt und dem Reichskanzler mitgeteilt. Letzterer wird von etwaigen Ausstellungen gegen diese Verzeichnisse den beteiligten Landesregierungen Kenntnis geben.

(3.) Die Verzeichnisse sowie etwaige Nachträge dazu werden durch das Zentralblatt für das Deutsche Reich veröffentlicht[1].

§ 9. (1.) Die den Militäranwärtern usw. vorbehaltenen Stellen dürfen mit anderen Personen nicht

---

[1] Neuestes Gesamtverzeichnis im RZBl. 1915 S. 191.

besetzt werden, sofern sich Militäranwärter usw. finden, die zu deren Übernahme befähigt und bereit sind.

(2.) Es macht dabei keinen Unterschied, ob die Stellen dauernd oder nur zeitweise bestehen, ob ein etatsmäßiges Gehalt oder nur eine diätarische oder andere Remuneration damit verbunden ist, ob die Anstellung auf Lebenszeit, auf Kündigung oder sonst auf Widerruf geschieht.

(3.) Zu vorübergehender Beschäftigung als Hilfsarbeiter oder Vertreter können jedoch auch Nichtversorgungsberechtigte angenommen werden, falls qualifizierte Militäranwärter und — bei Unterbeamtenstellen — auch qualifizierte Inhaber des Anstellungsscheins nicht vorhanden sind, deren Eintritt ohne unverhältnismäßigen Zeitverlust oder Kostenaufwand herbeigeführt werden kann.

§ 10. Insoweit Vorschriften bestehen oder erlassen werden, nach denen die Besetzung erledigter Stellen erfolgen kann oder vorzugsweise zu erfolgen hat,

1. mit Beamten, die einstweilig in den Ruhestand versetzt sind und Wartegeld oder dem gleich zu erachtende Einnahmen beziehen, oder
2. mit solchen Militärpersonen im Offizierrange, denen die Aussicht auf Anstellung im Zivildienste verliehen ist,

finden jene Vorschriften auch auf die Besetzung der den Militäranwärtern usw. vorbehaltenen Stellen Anwendung. Auch können die den Militäranwärtern usw. vorbehaltenen Stellen verliehen werden:

3. solchen Beamten, die für ihren Dienst unbrauchbar oder entbehrlich geworden sind und einstweilig oder dauernd in den Ruhestand versetzt werden müßten, wenn

ihnen nicht eine den Militäranwärtern usw. vorbehaltene Stelle verliehen würde. Von solchen Verleihungen ist dem zuständigen Kriegsministerium Kenntnis zu geben;

4. den Besitzern des Forstversorgungsscheins gegen Rückgabe dieses Scheines, sofern eine Reichsbehörde oder eine Behörde des betreffenden Staates von der Anstellung eines mit diesem Scheine Beliehenen einen besonderen Vorteil für den Reichs- oder Staatsdienst erwartet;

5. solchen ehemaligen Militäranwärtern, die sich in einer auf Grund ihrer Versorgungsansprüche erworbenen etatsmäßigen Anstellung (§ 13) befinden oder infolge eingetretener Dienstunfähigkeit in den Ruhestand versetzt worden sind;

6. solchen ehemaligen Militärpersonen, denen der Zivilversorgungsschein lediglich um deswillen versagt worden ist, weil sie sich nicht fortgesetzt gut geführt haben, und die von der zuständigen Militärbehörde (§ 1) eine Bescheinigung erhalten haben, daß ihnen eine den Militäranwärtern vorbehaltene Stelle übertragen werden kann. Eine solche Bescheinigung können nur noch Personen erhalten, die vor dem 1. April 1905 aus dem aktiven Militärdienst entlassen worden sind und mit Versorgungsgebührnissen nach den bisherigen Gesetzesvorschriften abgefunden werden. Im übrigen wird die Bescheinigung nicht mehr erteilt;

7. sonstigen Personen, denen, sofern es sich um den Reichsdienst oder den Dienst der Landesverwaltung von Elsaß-Lothringen handelt, durch Erlaß des Kaisers, in anderen Fällen durch Erlaß des Landesherrn oder

des Senats, ausnahmsweise die Berechtigung zu einer Anstellung verliehen worden ist. Dergleichen Verleihungen sollen jedoch nur für eine bestimmte Stelle oder für einen bestimmten Dienstzweig und auch nur dann beantragt werden, wenn ein besonderes dienstliches Interesse dafür geltend zu machen ist. Die Anträge sind, wenn die Anstellung im Reichsdienst oder im Dienste der Landesverwaltung von Elsaß-Lothringen erfolgen soll, unter Mitwirkung des Kgl. Preußischen Kriegsministeriums, wenn die Anstellung im Dienste eines Bundesstaats mit eigener Militärverwaltung oder in dessen Militärverwaltung erfolgen soll, unter Mitwirkung des zuständigen Kriegsministeriums zu stellen. In den übrigen Bundesstaaten hat den Anträgen eine Mitteilung an die oberste Militärbehörde des Ersatzbezirkes, innerhalb dessen die Stelle besetzt werden soll voranzugehen. Auch ist dieser Militärbehörde von den ergehenden Entscheidungen sowie von etwaigen ohne Antrag erfolgten Verleihungen der Anstellungsberechtigung Kenntnis zu geben.

§ 11. (1.) Stellen, die den Militäranwärtern usw. nur teilweise (zur Hälfte, zu einem Drittel usw.) vorbehalten sind, werden bei eintretenden Vakanzen in einer dem Anteilsverhältnis entsprechenden Reihenfolge mit Militäranwärtern usw. oder Zivilanwärtern besetzt, und zwar ohne Rücksicht auf die Zahl der zur Zeit der Besetzung tatsächlich mit der einen oder anderen Klasse von Anwärtern besetzten Stellen. Ist das Anteilverhältnis, der Militäranwärter usw. nicht erreicht, so kann zu ihren Gunsten von dieser Reihenfolge abgesehen werden.

(2.) Wird die Reihenfolge auf Grund des § 10 unterbrochen, so ist eine Ausgleichung herbeizuführen. Dabei sind Personen, deren Anstellung auf Grund des § 10 Nr. 1, 3 und 7 erfolgt, als Zivilanwärter, Personen, deren Anstellung auf Grund des § 10 Nr. 2, 4, 5 und 6 erfolgt, als Militäranwärter usw. in Anrechnung zu bringen.

§ 12. (1.) Die Militäranwärter usw. haben sich um die von ihnen begehrten Stellen zu bewerben.

(2.) Die Bewerbungen sind an die für die Anstellung zuständigen Reichs- oder Staatsbehörden — Anstellungsbehörden — zu richten, und zwar:

1. von den noch im aktiven Militärdienste befindlichen Militäranwärtern durch Vermittlung der vorgesetzten Militärbehörde;
2. von den Angehörigen einer militärisch organisierten Gendarmerie oder Schutzmannschaft durch Vermittlung der vorgesetzten Dienstbehörde;
3. von den übrigen Militäranwärtern usw. entweder unmittelbar oder durch Vermittlung des heimatlichen Bezirkskommandos, das jede eingehende Bewerbung sofort der zuständigen Anstellungsbehörde mitteilt.

§ 13. Die Militäranwärter usw. sind zu den in Rede stehenden Bewerbungen vor oder nach dem Eintritt der Stellenerledigung so lange berechtigt, bis sie eine etatsmäßige Stelle erlangt und angetreten haben, mit der Anspruch oder Aussicht auf Ruhegehalt oder dauernde Unterstützung verbunden ist.

§ 14. (1.) Die Anstellungsbehörden sind zur Annahme von Bewerbungen nur dann verpflichtet, wenn die Bewerber eine genügende Qualifikation für die fragliche Stelle oder den fraglichen Dienstzweig nachweisen.

(2.) Behufs Feststellung der körperlichen Qualifikation haben die Militärbehörden auf Verlangen die ärztlichen Zeugnisse, auf Grund deren gegebenenfalls der Zivilversorgungsschein erteilt oder einem Inhaber des Anstellungsscheins die Rente zugebilligt worden ist, mitzuteilen, sofern seit deren Ausstellung noch nicht drei Jahre verflossen sind.

(3.) Sind für gewisse Dienststellen oder für gewisse Gattungen von Dienststellen besondere Prüfungen (Vorprüfungen) vorgeschrieben, so hat der Militäranwärter usw. auch diese Prüfungen abzulegen. Auch kann, wenn die Eigentümlichkeit des Dienstzweigs es erheischt, die Zulassung zu dieser Prüfung oder die Annahme der Bewerbung überhaupt von einer vorgängigen informatorischen Beschäftigung in dem betreffenden Dienstzweig abhängig gemacht werden, die in der Regel nicht über drei Monate auszudehnen ist.

(4.) Bei allen von Militäranwärtern usw. abzulegenden Prüfungen dürfen an sie keine höheren Anforderungen gestellt werden als an andere Anwärter.

(5.) Für „qualifiziert" befundene Bewerber werden Stellenanwärter.

§ 15. (1.) Über die Bewerbungen um noch nicht vakante Stellen legen die Anstellungsbehörden Verzeichnisse nach Anlage G an, in welche die Stellenanwärter nach dem Tage des Eingangs der ersten Meldung eingetragen werden. War die Qualifikation noch durch eine Prüfung (Vorprüfung) nachzuweisen, so kann die Eintragung auch nach dem Tage des Bestehens der Prüfung erfolgen.

(2.) Während eines Krieges sind Militäranwärter, solange sie sich im aktiven Militärdienst befinden, als verhindert anzusehen, sich rechtzeitig um eine Stelle zu bewerben, eine Annahmeprüfung abzulegen oder eine informatorische Beschäftigung abzuleisten. Bei nachträglicher Erfüllung dieser Forderung innerhalb angemessener Frist sind sie in das Bewerberverzeichnis als Stellenanwärter so aufzunehmen, als ob sie sich rechtzeitig um die Stelle beworben und dieser Reihenfolge entsprechend die Prüfung abgelegt oder eine informatorische Beschäftigung abgeleistet hätten. Als rechtzeitige Meldung gilt dann für Militäranwärter, die den Zivilversorgungsschein bereits vor dem Kriege erworben haben, der erste Mobilmachungstag oder, wenn sie erst später in das Heer usw. wieder eingetreten sind, der Tag ihres Wiedereintritts in den aktiven Militärdienst; für Militäranwärter, die den Zivilversorgungsschein während des Krieges erworben haben, der erste Tag des dreizehnten Militärdienstjahrs.

(3.) Die Stellenanwärter müssen, solange sie keine Zivilversorgung gefunden haben, ihre Meldung jährlich zum 1. Dezember wiederholen. Bewerber, die dies unterlassen, sind in dem Verzeichnisse zu streichen; sie können demnächst, auf erneuertes Ansuchen, mit dem Datum des Einganges der neuen Meldung wieder eingetragen werden.

(4.) Während eines Krieges sind die Militäranwärter, solange sie sich im aktiven Militärdienst befinden, als verhindert anzusehen, ihre Meldung rechtzeitig zu wiederholen. Bei nachträglicher Bewerbung innerhalb angemessener Frist sind sie im Bewerberverzeichnisse zu belassen.

(5.) Stellenanwärter, die an Stelle des Zivilversorgungsscheins nachträglich die Zivilversorgungsentschädigung oder die einmalige Geldabfindung wählen (§ 20 und 21 des Gesetzes vom 31. Mai 1906), haben hiervon den Anstellungsbehörden, bei denen sie vorgemerkt sind, Anzeige zu erstatten und sind in den Bewerberverzeichnissen zu streichen. Im Falle der Wiederwahl des Zivilversorgungsscheins (§ 20 des Gesetzes) oder der Wiedererstattung der einmaligen Geldabfindung (§ 22 des Gesetzes) werden sie auf Antrag mit dem Tage des Einganges der neuen Meldung wieder in das Bewerberverzeichnis eingetragen, vorausgesetzt, daß sie dann noch die nötige Befähigung besitzen.

§ 16. (1.) Offene Stellen, für die keine Stellenanwärter vorgemerkt sind, werden durch ein wöchentlich erscheinendes Amtsblatt (Anstellungs-Nachrichten) bekanntgemacht.

(2.) Die Herausgabe der Anstellungs-Nachrichten veranlaßt das zuständige Kriegsministerium.

(3.) Die Aufnahme der Stellen in die Liste vermittelt eine für den Bereich eines oder mehrerer Ersatzbezirke besonders bezeichnete Militärbehörde — Vermittlungsbehörde — (Anlage H), der zu diesem Zwecke von den Anstellungsbehörden Nachweisungen nach Anlage J zuzusenden sind.

§ 17[1]**.** Ist innerhalb einer Frist von fünf Wochen nach Absendung der Nachweisung eine Bewerbung bei der Anstellungsbehörde nicht eingegangen, so hat diese in der Stellenbesetzung freie Hand.

§ 18. Die Reihenfolge, in der die Einberufung der

---

[1] Ein neuer Absatz 2 wird im Nachtrage gegeben.

Stellenanwärter zu erfolgen hat, bestimmt sich nach folgenden Grundsätzen:

1. Bei Einberufungen für den Dienst eines Bundesstaats kann den diesem Staate angehörenden oder aus dessen Kontingent hervorgegangenen Stellenanwärtern vor allen übrigen der Vorzug gegeben werden.
2. Bei Einberufungen für den See-, Küsten- und Seehafendienst sind Unteroffiziere der Marine vor den Unteroffizieren des Landheeres und der Schutztruppen zu berücksichtigen.
3. Wo nicht etwa die Bestimmungen unter Nr. 1 und 2 ein Vorzugsrecht begründen, dürfen Inhaber des Anstellungsscheins nur dann einberufen werden, wenn keine Militäranwärter vorgemerkt sind, oder wenn sich keiner der vorgemerkten zivilversorgungsberechtigten Stellenanwärter zur Annahme der zu besetzenden Stelle (Unterbeamtenstelle) bereit findet.
4. Insoweit die Grundsätze unter Nr. 1, 2 und 3 keinen Vorzug begründen, sind in erster Reihe Unteroffiziere einzuberufen, die mindestens acht Jahre im Heere, in der Marine oder in den Schutztruppen aktiv gedient haben. Abweichungen hiervon sind nur in Ausnahmefällen und nur insoweit zulässig, als sie durch ein dringendes dienstliches Interesse bedingt werden.
5. Innerhalb der einzelnen Klassen von Stellenanwärtern ist bei der Einberufung die Reihenfolge in dem Verzeichnis (§ 15) in Betracht zu ziehen.
6. Die Reichs-Post- und Telegraphenverwaltung wird bei ihren Anstellungen vorzugsweise die Stellenanwärter des Staates berücksichtigen, in dem die Vakanz entstanden ist.

7. Vor der Einberufung eines Militäranwärters usw. haben sich die Anstellungsbehörden die Urschrift des Zivilversorgungsscheins oder des Anstellungsscheins vorlegen zu lassen.

§ 19[1]. (1.) Die Anstellung eines einberufenen Stellenanwärters kann zunächst auf Probe erfolgen oder von einer Probedienstleistung abhängig gemacht werden.

(2.) Einberufungen zur Probedienstleistung werden nur erfolgen, insoweit Stellen (§ 9 Abs. 2) offen sind; eine Entlassung Einberufener wegen Mangels an offenen Stellen wird nicht stattfinden.

(3.) Die Probezeit soll, vorbehaltlich der Abkürzung bei früher erwiesener Qualifikation, in der Regel höchstens betragen:

1. für den Dienst als Post- oder Telegraphenassistent ein Jahr,
2. für den Dienst in der Eisenbahnverwaltung, mit Ausschluß der im § 3 bezeichneten Stellen, ein Jahr,
3. für den Dienst bei der Reichsbank ein Jahr,
4. für den Dienst in der Verwaltung der Zölle und indirekten Steuern ein Jahr,
5. für den Dienst in der Straßen- und Wasserbauverwaltung, mit Ausschluß der im § 3 bezeichneten Stellen, ein Jahr,
6. für den Dienst als Werkbuchführer in der Marineverwaltung ein Jahr;
7. für den nicht unter 1 bis 6 fallenden Reichs- und Staatsdienst sechs Monate.

(4.) Spätestens bei Beendigung der Probezeit hat

[1] Ein neuer Absatz 5 wird im Nachtrage gegeben.

die Anstellungsbehörde darüber Beschluß zu fassen, ob der Stellenanwärter in seiner Stelle zu bestätigen, beziehungsweise in den Zivildienst zu übernehmen oder wieder zu entlassen ist.

§ 20. Stellenanwärter, die sich noch im aktiven Militärdienste befinden, werden auf Veranlassung der Anstellungsbehörde durch die vorgesetzte Militärbehörde auf die Dauer der Probezeit beurlaubt. Eine Verlängerung der Probezeit über die im § 19 bezeichneten Fristen hinaus ist unzulässig.

§ 21. Den Stellenanwärtern ist während der Anstellung auf Probe das volle Stelleneinkommen, während der Probedienstleistung eine fortlaufende Remuneration von nicht weniger als drei Viertel des Stelleneinkommens zu gewähren.

§ 22. (1.) Konkurrieren bei der etatsmäßigen Besetzung einer den Militäranwärtern vorbehaltenen Stelle mehrere bereits einberufene, aber noch nicht etatsmäßig (§ 13) angestellte Stellenanwärter, so finden die im § 18 festgestellten Grundsätze sinngemäß Anwendung. Einen Anspruch auf vorzugsweise Berücksichtigung haben jedoch die ehemaligen, mindestens acht Jahre gedienten Unteroffiziere nicht denjenigen Stellenanwärtern gegenüber, deren Gesamtdienstzeit (aktive Militärdienstzeit und Dienstzeit in dem betreffenden Dienstzweige) von längerer Dauer ist als die von ihnen selbst zurückgelegte.

(2.) Die in nicht etatsmäßige Unterbeamtenstellen einberufenen Inhaber des Anstellungsscheins rangieren bei der Konkurrenz um etatsmäßige Anstellung mit den zivilversorgungsberechtigten Stellenanwärtern, die nicht mindestens acht Jahre im Heere, in der Marine oder in den Schutztruppen aktiv gedient haben.

(3.) Nichtversorgungsberechtigte, die für eine den Militäranwärtern ausschließlich vorbehaltene Stelle einberufen worden sind, weil kein geeigneter Stellenanwärter vorhanden war, sind bezüglich der etatsmäßigen Anstellung den Stellenanwärtern, die nicht nach mindestens achtjähriger aktiver Dienstzeit aus dem Heere, der Marine oder den Schutztruppen als Unteroffizier ausgeschieden sind, gleichzuachten. Jedoch dürfen sie nicht vor solchen qualifizierten Stellenanwärtern etatsmäßig angestellt werden, die in demselben Dienstzweig eine gleiche oder längere Dienstzeit zurückgelegt haben. Dasselbe gilt für die im § 10 Nr. 7 bezeichneten Personen, sofern ihnen die Anstellungsfähigkeit für einen bestimmten Dienstzweig und nicht für eine bestimmte Stelle verliehen worden ist.

(4.) Das Aufrücken in höhere Diensteinnahmen und die Beförderung in Stellen höherer Klasse erfolgt lediglich nach den für die einzelnen Dienstzweige maßgebenden Bestimmungen. Der Besitz des Zivilversorgungsscheins oder des Anstellungsscheins begründet dabei keinen Anspruch auf Bevorzugung. Jene Bestimmungen dürfen jedoch ebensowenig Beschränkungen zuungunsten der Militäranwärter usw. enthalten, vielmehr ist tunlichst darauf Bedacht zu nehmen, daß ihnen Gelegenheit zur Erwerbung der Qualifikation für das Aufrücken in höhere Dienststellen geboten werde.

(5.) In Beziehung auf die Beförderung in Stellen des mittleren Dienstes oder des Kanzleidienstes sind Inhaber des Anstellungsscheins oder etatsmäßig angestellte ehemalige Inhaber dieses Scheines lediglich als nicht versorgungsberechtigte Zivilpersonen anzusehen.

(6.) Ist für das Aufrücken in höhere Diensteinnahmen oder für die Beförderung in höhere Dienststellen die Gesamtdienstzeit entscheidend, so wird diese für Militäranwärter mindestens von dem Beginne der Probezeit in dem betreffenden Dienstzweig ab berechnet.

§ 23. Von der Besetzung der den Militäranwärtern usw. vorbehaltenen Stellen haben die Anstellungsbehörden am Schlusse des Vierteljahrs den Vermittlungsbehörden ihres Bezirks durch Zusendung einer Nachweisung nach Anlage K Mitteilung zu machen.

§ 24. (1.) Zur Kontrolle darüber, daß bei der Besetzung der den Militäranwärtern usw. im Reichsdienste vorbehaltenen Stellen den vorstehenden Grundsätzen gemäß verfahren wird, ist außer den Ressortchefs der Rechnungshof verpflichtet.

(2.) Sobald ein Stellenanwärter im Reichsdienst angestellt wird, ist der ersten Anweisung für die Zahlung des Gehalts oder der Remuneration beglaubigte Abschrift des Zivilversorgungsscheins oder des Anstellungsscheins beizufügen.

(3.) Nach erfolgter etatsmäßiger Anstellung seines Inhabers (§ 13) wird der Zivilversorgungsschein oder der Anstellungsschein selbst zu den Akten genommen.

(4.) Ist die Besetzung einer vorbehaltenen Stelle des Reichsdienstes durch einen Nichtversorgungsberechtigten erfolgt, so ist zu der Rechnung, aus der diese Besetzung zum ersten Male ersichtlich wird, zu bescheinigen und auf Verlangen dem Rechnungshofe nachzuweisen, daß bei der Besetzung der Stelle den vorstehenden Grundsätzen genügt worden ist.

(5.) Die gleiche Verpflichtung wie den Ressortchefs und dem Rechnungshof ist bezüglich der Stellen im

Staatsdienste den obersten Verwaltungsbehörden oder nach Anordnung der Landesregierungen den höchsten Rechnungs-Revisionsstellen in den einzelnen Bundesstaaten aufzuerlegen.

(6.) Erfolgt die Besetzung der Stellen durch eine oberste Staatsbehörde, so bedarf es eines Nachweises vor der Rechnungs-Revisionsstelle nicht.

§ 25. Im Falle der Eröffnung einer gerichtlichen Untersuchung gegen einen Militäranwärter usw. ist der Zivilversorgungsschein oder der Anstellungsschein zu den Untersuchungsakten einzufordern. Führt die Untersuchung zu einem rechtskräftigen Urteil, das auf zeitige Unfähigkeit zur Bekleidung öffentlicher Ämter oder auf eine Strafe lautet, welche die dauernde oder zeitige Unfähigkeit zur Bekleidung öffentlicher Ämter von Rechts wegen zur Folge hat, so ist der Zivilversorgungsschein usw. unter Mitteilung der Urteilsformel der Militärbehörde zu übersenden, die den Schein erteilt hat (§ 1 Abs. 6). Andernfalls ist der Zivilversorgungsschein oder der Anstellungsschein der Behörde zu übersenden, bei welcher der Militäranwärter usw. angestellt oder beschäftigt ist, Militäranwärtern usw. aber, die im Zivildienste noch nicht angestellt oder beschäftigt sind, zurückzugeben.

§ 26. (1.) Der Zivilversorgungsschein oder der Anstellungsschein ist verwirkt, wenn gegen den Inhaber rechtskräftig auf eine Strafe erkannt worden ist, welche die dauernde Unfähigkeit zur Bekleidung öffentlicher Ämter von Rechts wegen zur Folge hat.

(2.) Lautet das rechtskräftige Urteil nur auf zeitige Unfähigkeit zur Bekleidung öffentlicher Ämter oder auf eine Strafe, welche die zeitige Unfähigkeit zur Bekleidung öffentlicher Ämter zur Folge hat, so wird der Zivilversorgungsschein usw. nach Ablauf der Zeit, auf die sich die Wirkung des Urteils erstreckt, zurückgegeben, zuvor jedoch von der Militärbehörde (§ 25) mit einem den wesentlichen Inhalt des Urteils wiedergebenden Vermerke versehen. Die Anstellung des Inhabers in einer den Militäranwärtern usw. vorbehaltenen Stelle ist lediglich dem freien Ermessen der beteiligten Behörden überlassen.

§ 27. (1.) Erfolgt das Ausscheiden aus der Stelle unfreiwillig aus anderen als den im § 26 bezeichneten Gründen, so sind diese im Zivilversorgungsschein oder im Anstellungsschein zu vermerken, bevor dessen Rückgabe erfolgt.

(2.) Hat die unfreiwillige Entlassung eines Militäranwärters usw. infolge einer den Mangel an ehrliebender Gesinnung verratenden Handlung oder wegen fortgesetzt schlechter Dienstführung stattgefunden, so sind die Behörden zur Berücksichtigung des Anstellungsgesuchs nicht verpflichtet.

§ 28. Erfolgt das Ausscheiden aus der Stelle freiwillig, aber ohne Pension, so ist dies gleichfalls in dem Zivilversorgungsschein oder im Anstellungsschein zu vermerken, bevor dessen Rückgabe erfolgt.

§ 29. Der Zivilversorgungsschein und der Anstellungsschein erlöschen, sobald ihre Inhaber zum aktiven Offizier oder zum aktiven Deckoffizier befördert werden oder aus dem Zivildienste mit Pension (§ 13) in den Ruhestand treten. Eine Rückgabe des Zivilversorgungsscheins usw. findet in diesem Falle nicht statt.

§ 30. Bereits erworbene Ansprüche werden durch vorstehende Grundsätze nicht berührt.

§ 31. Die vorstehenden Grundsätze treten am 1. Oktober 1907 in Kraft.

Erläuterungen des Bundesrats[1] zu den Anstellungsgrundsätzen.

I. Zu § 1. Der Zivilversorgungs- und der Anstellungsschein geben ihren Inhabern kein Recht auf eine bestimmte Dienststelle.

II. Zu § 2. Gemeindedienststellen[2]) fallen nicht unter diese Grundsätze.

III. Zu § 3 usw.

1. Stellen oder Verrichtungen, die als Nebenamt versehen werden, fallen nicht unter diese Grundsätze; sie sind daher den den Militäranwärtern usw. vorbehaltenen Stellen nicht zuzuzählen.
2. Bei Berechnung der Zahl der den Militäranwärtern usw. vorzubehaltenden Stellen sind diejenigen Stellen nicht in Betracht zu ziehen, bezüglich deren den Anstellungsbehörden freie Hand gelassen ist.

IV. Zu § 7. Stellen, deren Inhaber — wenn sie auch in Pflichten genommen sein sollten — ihr Einkommen nicht unmittelbar aus der Staatskasse beziehen

---

[1] Die für Preußen ergangenen besonderen Ausführungs- und Zusatzbestimmungen sind veröffentlicht im MBl. d. J. 1907 S. 295, JMBl. S. 559 und in der Ausgabe des Kgl. Preuß. Kriegsministeriums (Berlin 1907 Ernst Siegfried Mittler und Sohn).

[2] Für diese bestehen besondere, hier nicht mit abgedruckte Vorschriften (RZBl. von 1907 S. 345).

(Privatgehilfen), brauchen in die nach § 7 anzulegenden Verzeichnisse nicht aufgenommen zu werden.

V. Zu § 8. Das dem § 8 als Anlage angehängte Verzeichnis der Stellen im Reichsdienste präjudiziert den von den Landesregierungen aufzustellenden Verzeichnissen nicht.

VI. Zu §§ 9 und 10. Die im §§ 9 Abs. 1 enthaltene Regel, daß die den Militäranwärtern usw. vorbehaltenen Stellen mit anderen Personen nicht besetzt werden dürfen, sofern befähigte und zur Übernahme der Stellen bereite Militäranwärter usw. vorhanden sind, steht — abgesehen von den Ausnahmen des § 10 — der Anwendung der Bestimmungen im § 22 Abs. 4 und im § 30 nicht entgegen. Auch bleibt den Landesregierungen die Befugnis, Versetzungen von Beamten (Bediensteten im weiteren Sinne) von Stelle zu Stelle vorzunehmen. Eine solche Versetzung in eine den Militäranwärtern usw. vorbehaltene Stelle darf jedoch nur dann erfolgen, wenn dadurch eine den Militäranwärtern usw. nach Maßgabe dieser Grundsätze zugängliche Stelle frei wird. Auch von solchen Versetzungen ist dem zuständigen Kriegsministerium Kenntnis zu geben.

VII. Zu § 12. Die Anstellungsbehörden werden durch die Landesregierungen bestimmt. Diesen soll unbenommen sein, Zentralstellen einzurichten, an die sämtliche Bewerbungen ausschließlich zu richten sind, denen die Anstellungsbehörden die zu besetzenden Stellen mitzuteilen haben und die den Anstellungsbehörden die bei Einberufung der Stellenanwärter in Betracht zu ziehende Reihenfolge bezeichnen.

VIII. Zu § 16. Die Vermittlungsbehörden werden

von den in den einzelnen Bundesstaaten zuständigen Organen bestimmt.

IX. Zu § 18. Als aus dem Kontingent Elsaß-Lothringen hervorgegangen werden alle die betrachtet, die einem in Elsaß-Lothringen garnisonierenden Truppenteil angehört haben.

X. Zu § 30. Es handelt sich hier nicht um erworbene Rechtsansprüche, sondern um Anwartschaften; so soll insbesondere ein erworbener Anspruch dann als vorhanden angenommen werden, wenn für gewisse Dienstzweige die Prüfung bestanden oder der Vorbereitungsdienst zum größeren Teile absolviert ist.

II. Nebenbeschäftigungen usw.

8.

Kabinettsorder vom 13. Juli 1839, die für die Folge rücksichtlich der Übernahme von Nebenämtern durch Staatsbeamte zu beobachtenden Bestimmungen betr.[1]
(GS. 235).

Um den Nachteilen vorzubeugen, welche bei Staatsbeamten aus der Annahme von Nebenämtern entstehen können, sollen nach den Mir von dem Staatsministerium in dem Berichte vom 14. v. M. gemachten Vorschlägen von jetzt an folgende Bestimmungen zur Anwendung kommen:

---

[1]) Beziehen sich nur auf die unmittelbaren Staatsbeamten. Kab.-Order v. 25. Juli 1840 (JMBl. 287). S. a. erläuternde Kab.-Order v. 20. Nov. 1840 (MBl. 1841 S. 2).

Zusammenstellung der gesetzlichen Vorschriften und der allgemeinen Verwaltungsvorschriften im JMBl. 1898 S. 8.

1. Kein Staatsbeamter darf ein Nebenamt oder eine Nebenbeschäftigung, mit welcher eine fortlaufende Remuneration verbunden ist, ohne vorgängige ausdrückliche Genehmigung[1] derjenigen Zentralbehörden[2] übernehmen, welchen das Haupt- und das Nebenamt untergeben sind.

2. Die betreffenden Zentralbehörden haben sich in jedem einzelnen Falle über die den obwaltenden besonderen Umständen entsprechenden Bedingungen, wovon die Erteilung der Genehmigung abhängig zu machen ist, zu vereinigen. — Verabredungen, wonach ein Beamter, um eine Nebenstelle oder Nebenbeschäftigung zu übernehmen, sich in seinem Hauptamte, wenn auch auf

---

[1] Die Genehmigung ist auch zur Übernahme des Amtes eines Magistratsmitglieds oder Stadtverordneten erforderlich; Staatsministerialbeschluß v. 2. März 1851 (JMBl. S. 151); ebenso eines Schiedsmanns § 2 der Schiedsmannsordnung v. 29. März 1879 (GS. 321); desgl. einer Vizewirtstelle Erl. v. 12. Aug. 1884 (MBl. 230). Über die Ablehnung von Kreis- und Gemeindeämtern vgl. Kreisordnung v. 13. Dez. 1872, §§ 8, 25.

[2] Allerh. Erl. vom 25. August 1909 (GS. 784):

Auf den Bericht vom 17. August d. J. will Ich unter Abänderung der Bestimmungen unter Nr. 1 bis 3 der Kabinettsorder vom 13. Juli 1839 die Zentralbehörden ermächtigen, in geeigneten Fällen die Entscheidung über jederzeit widerrufliche Genehmigungen zur Übernahme bestimmter Nebenämter oder Nebenbeschäftigungen durch die Angehörigen bestimmter Beamtenklassen und die Befugnis zum Widerrufe solcher Genehmigungen den Provinzialbehörden zu übertragen.

Hierzu Ausf.-Bestimmungen des Fin.- und Min. d. J vom 5. März 1910 (MBl. 55).

eigene Kosten, ganz oder teilweise vertreten lassen will, sind unzulässig.

3. Die Übertragung von Nebenämtern oder Nebenbeschäftigungen darf in der Regel nur auf Widerruf stattfinden. Die Zentralbehörden[1] des Haupt-, wie des Nebenamts sind gleich befugt, diesen Widerruf eintreten zu lassen, ohne daß eine Beschwerde darüber zulässig ist oder eine Entschädigung für den Verlust der mit dem Nebenamte oder Geschäfte verbundenen Einnahmen oder Vorteile in Anspruch genommen werden kann. Die von Mir selbst genehmigten Ernennungen zu Nebenämtern sind jedoch als bleibende zu betrachten. — Aus besonderen Gründen können auch die Zentralbehörden ausnahmsweise Nebenämter oder Nebenbeschäftigungen entweder bleibend oder doch auf bestimmte Jahre übertragen, oder zu einer solchen Übertragung die Genehmigung erteilen. — Es muß dies aber bei der Verleihung oder der Genehmigung der Annahme ausdrücklich bemerkt werden, indem sonst der Widerruf jederzeit zulässig bleibt.

4. Mit alleiniger Ausnahme der Fälle, in denen eine in den Etats aufgeführte Stelle als Nebenamt bleibend verliehen ist, kann von dem mit Nebenämtern oder Geschäften verbundenen Einkommen auf Pension[2] niemals Anspruch gemacht werden, wogegen von diesem Einkommen auch keine Pensionsbeiträge zu entrichten sind. Insoweit jedoch das Diensteinkommen eines Nebenamts bei der Berechnung der Pensions-

[1] Vgl. Bemerkung zu Nr. 1.

[2] Vgl. § 12 des Pensionsgesetzes.

beiträge bisher mit berücksichtigt worden ist, dauert die Entrichtung dieser Beiträge und der entsprechende Pensionsanspruch so lange fort, bis dieses Nebenamt anderweitig verliehen wird.

5. Alle Einnahmen und Emolumente, welche ein Beamter außer dem mit seinem Hauptamte verbundenen Einkommen aus Staats-, Instituten-, Korporations- oder anderen Kassen und Fonds bezieht, müssen in demjenigen Etat, worin das Hauptamt aufgeführt ist, genau vor der Linie vermerkt werden[1]. Auch ist in dem Jahresetat, worin eine solche Nebeneinnahme zum ersten Male erscheint, nachzuweisen, daß bei deren Verleihung den vorstehenden Vorschriften genügt worden.

Ich beauftrage das Staatsministerium, diese Bestimmungen, von denen ohne Meine spezielle Genehmigung niemals abgewichen werden darf, durch die Gesetzsammlung bekanntzumachen.

9.

Gesetz, betr. die Beteiligung der Staatsbeamten bei der Gründung und Verwaltung von Aktien-, Kommandit- und Bergwerksgesellschaften.

Vom 10. Juni 1874 (GS. 244).

1. Unmittelbare Staatsbeamte dürfen ohne Genehmigung des vorgesetzten Ressortministers nicht Mitglieder des Vorstandes, Aufsichts- oder Verwaltungsrates von Aktien-, Kommandit- oder Bergwerksgesellschaften[2]

[1] Vgl. § 26 des Staatshaushaltsgesetzes vom 11. Mai 1898 (GS. 77).

[2] Versicherungsgesellschaften auf Gegenseitigkeit, ein-

sein und nicht in Komitees zur Gründung solcher Gesellschaften eintreten.

Eine solche Mitgliedschaft ist gänzlich verboten, wenn dieselbe mittelbar oder unmittelbar mit einer Remuneration oder mit einem anderen Vermögensvorteile verbunden ist. Jedoch können die vor der Publikation dieses Gesetzes bereits erteilten Genehmigungen, sofern sich aus der Benutzung derselben keine Unzuträglichkeiten ergeben haben, bis zum 1. Januar 1876 in Kraft belassen werden.

2. Solchen unmittelbaren Staatsbeamten, welche aus der Staatskasse eine fortlaufende Besoldung oder Remuneration nicht beziehen, oder welche nach der Natur ihres Amtes neben dieser Besoldung noch auf einen anderen Erwerb hingewiesen sind (Medizinalbeamte usw.), kann die Genehmigung, auch wenn mit der Mitgliedschaft ein Vermögensvorteil verknüpft ist, erteilt werden, sofern die Übernahme der letzteren nach dem Ermessen des vorgesetzten Ressortministers mit dem Interesse des Staatsdienstes vereinbar erscheint.

3. Die erteilte Genehmigung ist jederzeit widerruflich.

4. Auf Rechtsanwälte, Advokatanwälte und Notarien[1] sowie auf einstweilen in den Ruhestand versetzte Beamte finden die Bestimmungen dieses Gesetzes keine Anwendung.

---

getragene Genossenschaften und Gesellschaften mit beschränkter Haftung sind also nicht mit eingeschlossen.

[1] Vgl. ferner Art. 82 des Gesetzes über die freiwillige Gerichtsbarkeit vom 21. Sept. 1899 (GS. 249).

10.

Allgemeine Gewerbeordnung.

Vom 17. Januar 1845 (GS. 41).

19. Die in Reihe und Glied stehenden Militärpersonen, sowie alle unmittelbare und mittelbare Staatsbeamten, auch solche, die ihr Amt unentgeltlich verwalten, bedürfen zu dem Betriebe eines Gewerbes der Erlaubnis ihrer vorgesetzten Dienstbehörde, sofern nicht das Gewerbe mit der Bewirtschaftung eines ihnen gehörigen ländlichen Grundstückes verbunden, oder sonst durch besondere gesetzliche Bestimmungen ein anderes angeordnet ist.

Diese Erlaubnis muß auch zu dem Gewerbebetriebe ihrer Ehefrauen, der in ihrer väterlichen Gewalt stehenden Kinder, ihrer Dienstboten und anderer Mitglieder ihres Hausstandes eingeholt werden.

11.

Gewerbeordnung für das Deutsche Reich.

Bekanntmachung vom 26. Juli 1900 (RGBl. 871).

12 (Absatz 2). Diejenigen Beschränkungen, welche in betreff des Gewerbebetriebs für Personen des Soldaten- und Beamtenstandes, sowie deren Angehörige bestehen, werden durch das gegenwärtige Gesetz nicht berührt.

12.

Verfassungsurkunde für den Preußischen Staat.

Vom 31. Januar 1850 (GS. 17).

Art. 78 (Absatz 2). Beamte bedürfen keines Urlaubs zum Eintritt in die Kammer[1].

[1] Auch nicht zur Übernahme eines Mandats als Kreis-

13.

Verfassung des Deutschen Reichs.

Vom 16. April 1871 (RGBl. 63).

Art. 21. Beamte bedürfen keines Urlaubs zum Eintritt in den Reichstag.

14.

Vormundschaftswesen.

Ausführungsgesetz zum BGB. vom 20. September 1899 (GS. 177).

Art. 72. Wer ein Staatsamt oder ein besoldetes Amt in der Kommunal- oder Kirchenverwaltung bekleidet, bedarf zur Übernahme einer Vormundschaft oder zur Fortführung einer vor dem Eintritt in das Amt übernommenen Vormundschaft der Erlaubnis der zunächst vorgesetzten Behörde. Das gleiche gilt für die Übernahme oder die Fortführung des Amtes eines Gegenvormundes, Pflegers oder Beistandes.

Die Erlaubnis kann zurückgenommen werden.

Notare bedürfen der Erlaubnis nicht.

Bürgerliches Gesetzbuch.

1784. Ein Beamter oder Religionsdiener, der nach den Landesgesetzen einer besonderen Erlaubnis zur Übernahme einer Vormundschaft bedarf, soll nicht ohne die vorgeschriebene Erlaubnis zum Vormunde bestellt werden.

1888. Ist ein Beamter oder ein Religionsdiener zum Vormunde bestellt, so hat ihn das Vormundschaftsgericht

---

tagsabgeordneter. Erl. v. 24. Nov. 1873 (MBl. 1874 S. 94).

zu entlassen, wenn die Erlaubnis, die nach den Landesgesetzen zur Übernahme der Vormundschaft oder zur Fortführung der vor dem Eintritt in das Amts- oder Dienstverhältnis übernommenen Vormundschaft erforderlich ist, versagt oder zurückgenommen wird, oder wenn die nach den Landesgesetzen zulässige Untersagung der Fortführung der Vormundschaft erfolgt.

1915. Auf die Pflegschaft finden die für die Vormundschaft geltenden Vorschriften entsprechende Anwendung, soweit sich nicht aus dem Gesetz ein anderes ergibt.

Die Bestellung eines Gegenvormundes ist nicht erforderlich.

15.

Deutsches Gerichtsverfassungsgesetz.

Fassung vom 20. Mai 1898 (RGBl. 369).

34. Zu dem Amte eines Schöffen sollen ferner nicht einberufen werden:

1. Minister;

4. Staatsbeamte, welche auf Grund der Landesgesetze jederzeit einstweilig in den Ruhestand versetzt werden können[1];
5. richterliche Beamte und Beamte der Staatsanwaltschaft;
6. gerichtliche und polizeiliche Vollstreckungsbeamte;
7. Religionsdiener;
8. Volksschullehrer;

. . . .

Die Landesgesetze können außer den vorbezeichneten

[1] Siehe Disziplinargesetz v. 21. Juli 1852 § 87 Nr. 2 u. v. 23. Sept. 1867 Art. VI.

Beamten höhere Verwaltungsbeamte bezeichnen, welche zu dem Amte eines Schöffen nicht berufen werden sollen.

85 (Abs. 2). Die Vorschriften der §§ 32—35 über die Berufung zum Schöffenamte finden auch auf das Geschworenenamt Anwendung.

16.

Ausführungsgesetz zum Deutschen Gerichtsverfassungsgesetz.

Vom 24. April 1878 (GS. 230).

33. Zu dem Amte eines Schöffen sollen außer den im § 34 des Deutschen Gerichtsverfassungsgesetzes bezeichneten Beamten nicht berufen werden:

1. die vortragenden Räte der Ministerien, einschließlich des Generalinspektors des Katasters;
2. die Provinzialsteuerdirektoren;
3. der Dirigent der Direktion für die Verwaltung der direkten Steuern in Berlin;
4. die Mitglieder des Oberverwaltungsgerichts, sowie die ständigen Mitglieder der Bezirksverwaltungsgerichte[1] und des Verwaltungsgerichts für die Stadt Berlin.

44. Die Vorschriften des § 33 über die Berufung zum Schöffenamte finden auch auf das Geschworenenamt Anwendung.

17[2].

Deutsche Zivilprozeßordnung.

Fassung vom 20. Mai 1898 (RGBl. 369/410).

376. Öffentliche Beamte, auch wenn sie nicht mehr im Dienste sind, dürfen über Umstände, auf welche sich

---

[1] Jetzt Bezirksausschüsse.

[2] Gilt auch für das Beschlußverfahren vor Verwaltungs-

ihre Pflicht zur Amtsverschwiegenheit[1] bezieht, als Zeugen nur mit Genehmigung ihrer vorgesetzten Dienstbehörde oder der ihnen zuletzt vorgesetzt gewesenen Dienstbehörde vernommen werden. Für den Reichskanzler bedarf es der Genehmigung des Kaisers, für die Minister der Genehmigung des Landesherrn, für die Mitglieder der Senate der freien Hansestädte der Genehmigung des Senats.

Die Genehmigung darf nur versagt werden, wenn die Ablegung des Zeugnisses dem Wohle des Reichs oder eines Bundesstaats Nachteil bereiten würde.

Die Genehmigung ist durch das Prozeßgericht einzuholen und dem Zeugen bekanntzumachen.

407. Der zum Sachverständigen Ernannte hat der Ernennung Folge zu leisten, wenn er zur Erstattung von Gutachten der erforderten Art öffentlich bestellt ist, oder wenn er die Wissenschaft, die Kunst oder das Gewerbe, deren Kenntnis Voraussetzung der Begutachtung ist, öffentlich zum Erwerbe ausübt oder wenn er zur Ausübung derselben öffentlich bestellt oder ermächtigt ist.

Zur Erstattung des Gutachtens ist auch derjenige verpflichtet, welcher sich zu derselben vor Gericht bereit erklärt hat.

408 Abs. 2. Die Vernehmung eines öffentlichen

---

behörden und für das Verwaltungsstreitverfahren. §§ 78, 120 des Ges. über die allgem. Landesverwaltung v. 30 Juli 1883 (GS. 195).

Zu 17 u. 18: Erlasse v. 6. April 1883 (MBl. 81), 17. Mai 1883 (JMBl. 155), 24. Mai 1886 (JMBl. 137, MBl. 181) und 19. Februar 1895 (JMBl. 56).

[1] Siehe Kab.-Order v. 21. Nov. 1835, oben Nr. 3.

Beamten als Sachverständigen findet nicht statt, wenn die vorgesetzte Behörde des Beamten erklärt, daß die Vernehmung den dienstlichen Interessen Nachteile bereiten würde.

18.

Deutsche Strafprozeßordnung.

Vom 1. Februar 1877 (RGBl 253).

53. — Gleichlautend mit § 376 Abs. 1 u. 2 der Zivilprozeßordnung. —

75. Desgl. mit § 407.

76 Abs. 2. Desgl. mit § 408 Abs. 2.

III. Militärverhältnisse.

19.

Reichsmilitärgesetz[1] vom 2. Mai 1874 (RGBl. 45) und Gesetz, betr. Ergänzungen und Änderungen des Reichs-Militärgesetzes vom 6. Mai 1880 (RGBl. 103).

65[2]. Reichs-, Staats- und Kommunalbeamte, sowie Angestellte der Eisenbahnen, welche der Reserve oder Landwehr angehören, dürfen für den Fall einer Mobil-

---

[1] Siehe noch Deutsche Wehrordnung v. 22. Nov. 1888 bzw. 20. Nov. 1893 und 22. Mai 1899 (RZBl. 1889 S. 1 bzw. 1893 S. 318, 1899 S. 165), §§ 22, 25, 125 ff. betr. Unabkömmlichkeit sowie die Kriegsbesoldungsvorschrift.

[2] Gilt auch für die Landwehr 2. Aufgebots und den Landsturm. Art. II §§ 3, 29 des Ges. vom 11. Febr. 1888 (RGBl. 11).

machung[1] oder notwendigen Verstärkung des Heeres hinter den ältesten Jahrgang der Landwehr zurückgestellt werden, wenn ihre Stellen selbst vorübergehend nicht offen gelassen werden können und eine geeignete Vertretung nicht zu ermöglichen ist.

Personen des Beurlaubtenstandes und der Ersatzreserve, welche ein geistliches Amt in einer mit Korporationsrechten innerhalb des Bundesgebietes bestehenden Religionsgesellschaft bekleiden, werden zum Dienste mit der Waffe nicht herangezogen. Außerdem findet auf dieselben die Bestimmung des ersten Absatzes dieses Paragraphen Anwendung.

66[2]. Reichs-, Staats- und Kommunalbeamte sollen durch ihre Einberufung zum Militärdienst in ihren bürgerlichen Dienstverhältnissen keinen Nachteil erleiden.

Ihre Stellen, ihr persönliches Diensteinkommen aus denselben und ihre Anciennität, sowie alle sich daraus ergebenden Ansprüche bleiben ihnen in der Zeit der Einberufung zum Militärdienste gewahrt. Erhalten dieselben Offizierbesoldung, so kann ihnen der reine Betrag derselben auf die Zivilbesoldung angerechnet werden; denjenigen, welche einen eigenen Hausstand mit Frau oder

[1] Wegen des Anfangs- und Endtermins s. §§ 1, 32 des Ges. v. 13. Juni 1873 (RGBl. 129).

[2] Ausführungsbestimmungen v. 8. Mai 1888 (RZBl. 169), Zirk. v. 17. Juli 1888 (MBl. 121, auch MBl. 1915 S. 26 u. 63 sowie JMBl. 1888 S. 170 u. 1915 S. 114) und Kriegsbesoldungsvorschrift.

Hinsichtlich der militärischen Friedensübungen Reskr. v 20. August 1886 (MBl. 197).

Kind haben, beim Verlassen ihres Wohnortes jedoch nur, wenn und soweit das reine Zivileinkommen und Militärgehalt zusammen den Betrag von 3600 Mark jährlich übersteigen.

Nach denselben Grundsätzen sind pensionierte oder auf Wartegeld stehende Zivilbeamte hinsichtlich ihrer Pensionen oder Wartegelder zu behandeln, wenn sie bei einer Mobilmachung in den Kriegsdienst eintreten.

Obige Vergünstigungen kommen nach ausgesprochener Mobilmachung auch denjenigen in ihren Zivilstellungen abkömmlichen Reichs- und Staatsbeamten zugute, welche sich freiwillig in das Heer aufnehmen lassen.

Die näheren Bestimmungen bleiben den einzelnen Bundesregierungen überlassen.

IV. Disziplinarverhältnisse.

20.

Gesetz, betr. die Dienstvergehen der nicht richterlichen Beamten, die Versetzung derselben auf eine andere Stelle oder in den Ruhestand.

Vom 21. Juli 1852 (GS. 465).

1. Das gegenwärtige Gesetz findet unter den darin ausdrücklich gemachten Beschränkungen auf alle in unmittelbarem oder mittelbarem Staatsdienste stehenden Beamten Anwendung, die nicht unter die Bestimmungen des die Richter betreffenden Gesetzes vom 7. Mai 1851 fallen[1].

[1] Hinsichtlich der Mitglieder des Oberverwaltungsgerichts s. §§ 20—25 des Ges., betr. die Verfassung der Verwaltungs-

Erster Abschnitt.

Allgemeine Bestimmungen über Dienstvergehen und deren Bestrafung.

2. Ein Beamter, welcher

1. die Pflichten verletzt, die ihm sein Amt auferlegt[1], oder
2. sich durch sein Verhalten in oder außer dem Amte der Achtung, des Ansehens oder des Vertrauens, die sein Beruf erfordert, unwürdig zeigt,

unterliegt den Vorschriften dieses Gesetzes.

3. Ist eine der unter § 2 fallenden Handlungen (Dienstvergehen) zugleich in den gemeinen Strafgesetzen vorgesehen, so können die durch dieselben angedrohten Strafen nur auf Grund des gewöhnlichen Strafverfahrens von denjenigen Gerichten ausgesprochen werden, welche für die gewöhnlichen Strafsachen zuständig sind.

4. Im Laufe einer gerichtlichen Untersuchung darf gegen den Angeschuldigten ein Disziplinarverfahren wegen der nämlichen Tatsachen nicht eingeleitet werden.

Wenn im Laufe eines Disziplinarverfahrens wegen der nämlichen Tatsachen eine gerichtliche Untersuchung gegen den Angeschuldigten eröffnet wird, so muß das Disziplinarverfahren bis zur rechtskräftigen Erledigung des gerichtlichen Verfahrens ausgesetzt werden.

---

gerichte und das Verwaltungsstrafverfahren $\frac{\text{v. 3. Juli 1875}}{\text{2. August 1880}}$ (GS. v. 1880 S. 328); wegen der Subaltern- und Unterbeamten bei diesem Gerichte § 30a desselben Gesetzes, sowie Gesetz, betr. das Disziplinarverfahren bei dem Oberverwaltungsgericht v. 8. Mai 1889 (GS. 107).

[1] Siehe insbesondere Nr. 2, 3, 4, 8ff., 23 dieses Buches.

5. Wenn von den gewöhnlichen Strafgerichten auf Freisprechung erkannt ist, so findet wegen derjenigen Tatsachen, welche in der gerichtlichen Untersuchung zur Erörterung gekommen sind, ein Disziplinarverfahren nur noch insofern statt, als dieselben an sich und ohne ihre Beziehung zu dem gesetzlichen Tatbestande der Übertretung, des Vergehens oder des Verbrechens, welche den Gegenstand der Untersuchung bildeten, ein Dienstvergehen enthalten.

Ist in einer gerichtlichen Untersuchung eine Verurteilung ergangen, welche den Verlust des Amtes nicht zur Folge gehabt hat, so bleibt derjenigen Behörde, welche über die Einleitung des Disziplinarverfahrens zu verfügen hat, die Entscheidung darüber vorbehalten, ob außerdem ein Disziplinarverfahren einzuleiten oder fortzusetzen sei.

6. Spricht das Gesetz bei Dienstvergehen, welche Gegenstand eines Disziplinarverfahrens werden, die Verpflichtung zur Wiedererstattung oder zum Schadenersatze, oder eine sonstige zivilrechtliche Verpflichtung aus, so gehört die Klage der Beteiligten vor das Zivilgericht, jedoch vorbehaltlich der Bestimmung des § 100.

7[1]. Ist von dem gewöhnlichen Strafrichter auf eine Freiheitsstrafe von längerer als einjähriger Dauer, auf eine schwerere Strafe, auf Verlust der bürgerlichen Ehre, auf zeitige Untersagung der Ausübung der bürgerlichen Ehrenrechte, auf immerwährende oder zeitige Unfähigkeit zu öffentlichen Ämtern oder auf Stellung unter Polizeiaufsicht erkannt, so zieht das Straferkenntnis den Verlust

[1] Vgl. auch Strafgesetzbuch §§ 31, 32, 35.

des Amtes von selbst nach sich, ohne daß darauf besonders erkannt wird.

8. Ein Beamter, welcher sich ohne den vorschriftsmäßigen Urlaub von seinem Amte entfernt hält oder den erteilten Urlaub überschreitet, ist, wenn ihm nicht besondere Entschuldigungsgründe zur Seite stehen, für die Zeit der unerlaubten Entfernung seines Diensteinkommens verlustig.

9. Dauert die unerlaubte Entfernung länger als acht Wochen, so hat der Beamte die Dienstentlassung verwirkt.

Ist der Beamte dienstlich aufgefordert worden, sein Amt anzutreten oder zu demselben zurückzukehren, so tritt die Strafe der Dienstentlassung schon nach fruchtlosem Ablauf von vier Wochen seit der ergangenen Aufforderung ein.

10. Die Entziehung des Diensteinkommens (§ 8) wird von derjenigen Behörde verfügt, welche den Urlaub zu erteilen hat. Im Falle des Widerspruchs findet das förmliche Disziplinarverfahren statt.

11. Die Dienstentlassung kann nur im Wege des förmlichen Disziplinarverfahrens ausgesprochen werden. Sie wird nicht verhängt, wenn sich ergibt, daß der Beamte ohne seine Schuld von seinem Amte fern gewesen ist.

12. Die Einleitung eines Disziplinarverfahrens wegen unerlaubter Entfernung vom Amte und die Dienstentlassung vor Ablauf der Fristen (§ 9) ist nicht ausgeschlossen, wenn sie durch besonders erschwerende Umstände als gerechtfertigt erscheint.

13. Die in dem § 9 erwähnte Aufforderung, sowie alle anderen Aufforderungen, Mitteilungen, Zustellungen

und Vorladungen, welche nach den Bestimmungen dieses Gesetzes erfolgen, sind gültig und bewirken den Lauf der Fristen, wenn sie demjenigen, an den sie ergehen, unter Beobachtung der für gerichtliche Insinuationen[1] vorgeschriebenen Formen in Person zugestellt oder wenn sie in seiner letzten Wohnung an dem Orte insinuiert werden, wo er seinen letzten Wohnsitz im Inlande hatte. Die vereideten Verwaltungsbeamten haben dabei den Glauben der Gerichtsboten.

14. Die Disziplinarstrafen bestehen in
Ordnungsstrafen,
Entfernung aus dem Amte.

15. Ordnungsstrafen sind:

1. Warnung,
2. Verweis,
3. Geldbuße,
4. gegen untere Beamte auch Arreststrafe auf die Dauer von höchstens acht Tagen, welche jedoch nur in solchen Räumen zu vollstrecken ist, die den Verhältnissen der zu bestrafenden Beamten angemessen sind.

Zu dieser Beamtenklasse werden im allgemeinen nur gerechnet: Exekutoren, Boten, Kastellane, Diener und die zu ähnlichen, sowie die zu bloß mechanischen Funktionen bestimmten Beamten. Außerdem ist das Staatsministerium ermächtigt, in der Steuer-, Post-[2], Polizei- und Eisenbahnverwaltung diejenigen Beamtenkategorien speziell zu bezeichnen, gegen welche Arreststrafen verhängt werden können.

---

[1] Strafprozeßordnung § 37 und Zivilprozeßordnung §§ 180—196.

[2] Postbeamte sind jetzt Reichsbeamte.

16. Die Entfernung aus dem Amte kann bestehen,
1. in Versetzung in ein anderes Amt von gleichem Range, jedoch mit Verminderung des Diensteinkommens und Verlust des Anspruches auf Umzugskosten, oder mit einem von beiden Nachteilen.

Diese Strafe findet nur auf Beamte im unmittelbaren Staatsdienste Anwendung;
2. in Dienstentlassung.

Diese Strafe zieht den Verlust des Titels und Pensionsanspruches von selbst nach sich; es wird darauf nicht besonders erkannt, es sei denn, daß vor Beendigung des Disziplinarverfahrens aus irgendeinem von dessen Ergebnis unabhängigen Grunde das Amtsverhältnis bereits aufgehört hat und daher auf Dienstentlassung nicht mehr zu erkennen ist.

Gehört der Angeschuldigte zu den Beamten, welche einen Anspruch auf Pension haben, und lassen besondere Umstände eine mildere Beurteilung zu, so ist die Disziplinarbehörde ermächtigt, in ihrer Entscheidung zugleich festzusetzen, daß dem Angeschuldigten ein Teil des reglementsmäßigen Pensionsbetrags auf Lebenszeit oder auf gewisse Jahre als Unterstützung zu verabreichen sei.

17. Welche der in den §§ 14 bis 16 bestimmten Strafen anzuwenden sei, ist nach der größeren oder geringeren Erheblichkeit des Dienstvergehens mit Rücksicht auf die sonstige Führung des Angeschuldigten zu ermessen, unbeschadet der besonderen Bestimmungen der §§ 8 und 9.

Zweiter Abschnitt.

Von dem Disziplinarverfahren.

18. Jeder Dienstvorgesetzte ist zu Warnungen und Verweisen gegen seine Untergebenen befugt.

19. In Beziehung auf die Verhängung von Geldbußen ist die Befugnis der Dienstvorgesetzten begrenzt, wie folgt[1]:

Die Vorsteher derjenigen Behörden, welche unter den Provinzialbehörden stehen, einschließlich die Landräte, können gegen die ihnen selbst untergebenen Beamten, sowie gegen die Beamten der ihnen untergeordneten Behörden Geldbußen bis zu drei Talern verfügen. Gleiche Befugnis haben die Vorsteher der Postanstalten in bezug auf ihre Untergebenen und die Postinspektoren in bezug auf die Unterbeamten ihres Bezirks.

Andere Vorgesetzte der unteren Beamten dürfen solche Geldbußen nur insofern verfügen, als ihnen die Befugnis zur Verhängung von Geldbußen durch besondere Gesetze oder auf Grund solcher Gesetze erlassene Instruktionen beigelegt ist.

Den Ober-Postdirektoren, dem Telegraphendirektor, sowie den von der Staatsregierung eingesetzten Behörden der Eisenbahnverwaltung steht die Befugnis zu, gegen alle ihnen untergebenen Beamten Geldbußen bis zu zehn Talern zu verhängen.

Die Provinzialbehörden sind ermächtigt, die ihnen untergeordneten Beamten mit Geldbuße bis zu dreißig Talern zu belegen, besoldete Beamte jedoch nicht über den Betrag des einmonatlichen Diensteinkommens hinaus.

---

[1] Siehe ferner Kreis- und Provinzialordnung, sowie das Landesverwaltungs- und Zuständigkeitsgesetz. Wegen der Post-, Telegraphen- u. Militärbeamten s. jetzt Reichsbeamtengesetz. Wegen der Eisenbahnbeamten s. Ges. v. 17. Juni 1880 (GS. 271) und § 6 der Verwaltungsordnung v. 15. Dez. 1894 (GS. 1895 S. 14).

Gleiche Befugnis haben die Vorsteher der Provinzialbehörden in Ansehung der bei letzteren angestellten unteren Beamten.

Die Minister haben die Befugnis, allen ihnen unmittelbar oder mittelbar untergebenen Beamten Geldbußen bis zum Betrage des monatlichen Diensteinkommens, unbesoldeten Beamten aber bis zur Summe von dreißig Talern aufzuerlegen.

Welche Beamten im Sinne dieses Paragraphen zu den unteren zu rechnen sind, wird durch das Staatsministerium bestimmt.

20. Nur diejenigen Dienstvorgesetzten, welche gegen die in § 15 Nr. 4 bezeichneten Beamten Geldbuße verhängen können, sind ermächtigt, gegen dieselben Arreststrafen zu verfügen.

Diejenigen Vorgesetzten, deren Strafgewalt auf Geldbuße bis zu drei Talern beschränkt ist, dürfen bei den Arreststrafen das Maß von drei Tagen nicht überschreiten.

21. Gegen die Verfügung von Ordnungsstrafen findet nur Beschwerde im vorgeschriebenen Instanzenzuge statt.

22. Der Entfernung aus dem Amte muß ein förmliches Disziplinarverfahren vorhergehen. Dasselbe besteht in der von einem Kommissar zu führenden schriftlichen Voruntersuchung und in einer mündlichen Verhandlung nach den folgenden näheren Bestimmungen.

23. Die Einleitung des Disziplinarverfahrens wird verfügt und der Untersuchungskommissar ernannt:

1. wenn die Entscheidung der Sache vor den Disziplinarhof gehört (§ 24 Nr. 1), von dem Minister, welcher dem Angeschuldigten vorgesetzt ist.

Ist jedoch Gefahr im Verzuge, so kann diese Verfügung und Ernennung vorläufig von dem Vorsteher der Provinzialbehörde des Ressorts ausgehen. Es ist alsdann die Genehmigung des Ministers einzuholen und, sofern dieselbe versagt wird, das Verfahren einzustellen;

2. in allen anderen Fällen von dem Vorsteher der Behörde, welche die entscheidende Disziplinarbehörde bildet (§ 24 Nr. 2), oder von dem vorgesetzten Minister.

24. Die entscheidenden Disziplinarbehörden erster Instanz sind:

1. der Disziplinarhof zu Berlin (§ 29) in Ansehung derjenigen Beamten, zu deren Anstellung nach den Bestimmungen, welche zur Zeit der verfügten Einleitung der Untersuchung gelten, eine von dem Könige oder von den Ministern ausgehende Ernennung, Bestätigung oder Genehmigung erforderlich ist;
2. die Provinzialbehörden[1], als:
   die Regierungen,
   die Provinzialschulkollegien,
   die Provinzialsteuerdirektionen,
   die Oberbergämter,
   die Generalkommissionen,
   die Militärintendanturen[2],
   das Polizeipräsidium zu Berlin,
   die Eisenbahnkommissariate[3],

in Ansehung aller Beamten, die bei ihnen angestellt

[1] Jetzt auch die Direktion der Verwaltung der direkten Steuern in Berlin, s. § 45 des Ges. über die allgemeine Landesverwaltung v. 30 Juli 1883 (GS. 195).

[2] Für diese gilt jetzt das Reichsbeamtengesetz.

[3] Sind hinweggefallen; jetzt Eisenbahndirektionen (GS. 1895 S. 11 u. 1896 S. 253).

oder ihnen untergeordnet und nicht vorstehend unter 1. begriffen sind.

Den Provinzialbehörden werden in dieser Beziehung gleichgestellt die unter den Ministern stehenden Zentralverwaltungsbehörden in Dienstzweigen, für welche keine Provinzialbehörden bestehen, sowie die Generallandschafts- und Hauptritterschaftsdirektionen.

25. Für diejenigen Kategorien von Beamten, welche nicht unter den in § 24 bezeichneten begriffen sind, ist die entscheidende Disziplinarbehörde die Regierung, in deren Bezirk sie fungieren, und für die in Berlin oder im Auslande fungierenden die Regierung in Potsdam.

26. Die Zuständigkeit der Provinzialbehörden kann von dem Staatsministerium auf einzelne Kategorien solcher Beamten ausgedehnt werden, welche von den Ministern ernannt oder bestätigt werden, aber nicht zu den etatsmäßigen Mitgliedern einer Provinzialbehörde gehören.

27. Für den Fall, daß bei der zuständigen Disziplinarbehörde die beschlußfähige Anzahl von Mitgliedern nicht vorhanden ist, oder wenn auf den Antrag des Beamten der Staatsanwaltschaft oder des Angeschuldigten der Disziplinarhof das Vorhandensein von Gründen anerkennt, aus welchen die Unbefangenheit der zuständigen Disziplinarbehörde bezweifelt werden kann, tritt eine andere, durch das Staatsministerium substituierte Disziplinarbehörde an deren Stelle.

28. Streitigkeiten über die Kompetenz der Disziplinarbehörden als solcher werden von dem Staatsministerium, nach Vernehmung des Gutachtens des Disziplinarhofes, entschieden.

29. Der Disziplinarhof besteht aus einem Präsidenten und zehn anderen Mitgliedern, von denen wenigstens vier zu den Mitgliedern des (Obertribunals, jetzt) Kammergerichts gehören müssen.

Die Mitglieder des Disziplinarhofes werden von dem Könige auf drei Jahre ernannt.

Ein Mitglied, welches im Laufe dieser Periode ernannt wird, bleibt nur bis zum Ende derselben in Tätigkeit.

Die ausscheidenden Mitglieder können wieder ernannt werden.

30. Zur Erledigung der Disziplinarsachen ist bei dem Disziplinarhofe die Teilnahme von wenigstens sieben Mitgliedern mit Einschluß des Vorsitzenden erforderlich, von denen wenigstens zwei zu den Mitgliedern des (Obertribunals, jetzt) Kammergerichts gehören müssen.

31. Bei den Provinzialbehörden werden die Disziplinarsachen in besonderen Plenarsitzungen erledigt, an welchen mindestens drei stimmberechtigte Mitglieder teilnehmen müssen. In diesen Plenarsitzungen steht bei den Regierungen den Mitgliedern derselben nur dasjenige Stimmrecht zu, welches ihnen durch die allgemeinen Vorschriften für Verhandlung im Plenum beigelegt ist. Bei den übrigen Provinzialbehörden nehmen an den zur Erledigung der Disziplinarsachen bestimmten Plenarsitzungen nur die etatsmäßigen Mitglieder und diejenigen teil, welche eine etatsmäßige Stelle versehen. Bei den Eisenbahnkommissariaten[1] tritt zur Erledigung der Disziplinarsachen der ein für allemal hierzu bestimmte Kommissarius der Regierung, in deren Bezirk das Eisen-

[1] Jetzt Direktionen.

bahnkommissariat seinen Sitz hat, in Berlin der Justitiarius des Polizeipräsidiums ein. Alle in dieser Weise zur Teilnahme Berufenen haben eine volles Stimmrecht, auch wenn die Behörde sonst keine kollegialische Einrichtung hat.

32. In der Voruntersuchung wird der Angeschuldigte unter Mitteilung der Anschuldigungspunkte vorgeladen und, wenn er erscheint, gehört; es werden die Zeugen eidlich vernommen und die zur Aufklärung der Sache dienenden sonstigen Beweise herbeigeschafft.

Die Verrichtungen der Staatsanwaltschaft werden durch einen Beamten wahrgenommen, welchen die Behörde ernennt, von der die Einleitung des Disziplinarverfahrens verfügt wird.

Bei der Vernehmung des Angeschuldigten und dem Verhöre der Zeugen ist ein vereideter Protokollführer zuzuziehen.

33. Der dem Angeschuldigten vorgesetzte Minister ist ermächtigt, mit Rücksicht auf den Ausfall der Voruntersuchung, das fernere Verfahren einzustellen und geeignetenfalles nur eine Ordnungsstrafe zu verhängen.

Ist eine sonstige Behörde, welche die Einleitung der Untersuchung verfügt hat, der Ansicht, daß das fernere Verfahren einzustellen sei, so muß sie darüber an den Minister zu dessen Beschlußnahme berichten.

In beiden Fällen erhält der Angeschuldigte Ausfertigung des darauf bezüglichen, mit Gründen zu unterstützenden Beschlusses.

34. Wird das Verfahren nicht eingestellt, so wird nach Eingang einer von dem Beamten der Staatsanwaltschaft anzufertigenden Anschuldigungsschrift der Angeschuldigte unter abschriftlicher Mitteilung dieser Anschuldigungs-

schrift zu einer von dem Vorsitzenden der Disziplinarbehörde zu bestimmenden Sitzung zur mündlichen Verhandlung vorgeladen.

35. Bei der mündlichen Verhandlung, welche in nicht öffentlicher Sitzung stattfindet, gibt zuerst ein von dem Vorsitzenden der Behörde aus der Zahl ihrer Mitglieder ernannter Referent eine Darstellung der Sache, wie sie aus den bisherigen Verhandlungen hervorgeht.

Der Angeschuldigte wird vernommen.

Es wird darauf der Beamte der Staatsanwaltschaft mit seinem Vor- und Antrage und der Angeschuldigte in seiner Verteidigung gehört.

Dem Angeschuldigten steht das letzte Wort zu.

36. Wenn die Behörde auf den Antrag des Angeschuldigten oder des Beamten der Staatsanwaltschaft, oder auch von Amts wegen die Vernehmung eines oder mehrerer Zeugen, sei es durch einen Kommissar oder mündlich vor der Behörde selbst, oder die Herbeischaffung anderer Mittel zur Aufklärung der Sache für angemessen erachtet, so erläßt sie die erforderliche Verfügung und verlegt nötigenfalls die Fortsetzung der Sache auf einen anderen Tag, welcher dem Angeschuldigten bekannt zu machen ist.

37. Der Angeschuldigte, welcher erscheint, kann sich des Beistandes eines (Advokaten oder) Rechtsanwaltes als Verteidigers bedienen. Der nicht erscheinende Angeschuldigte kann sich durch einen (Advokaten oder) Rechtsanwalt vertreten lassen. Der Disziplinarbehörde steht es jedoch jederzeit zu, das persönliche Erscheinen des Angeschuldigten unter der Warnung zu verordnen, daß, bei seinem Ausbleiben, ein Verteidiger zu seiner Vertretung nicht werde zugelassen werden.

38. Bei der Entscheidung hat die Disziplinarbehörde, ohne an positive Beweisregeln gebunden zu sein, nach ihrer freien, aus dem ganzen Inbegriffe der Verhandlungen und Beweise geschöpften Überzeugung zu beurteilen, inwieweit die Anschuldigung für begründet zu erachten

Die Entscheidung kann auch auf eine bloße Ordnungsstrafe lauten.

Die Entscheidung, welche mit Gründen versehen sein muß, wird in der Sitzung, in welcher die mündliche Verhandlung beendigt worden ist, oder in einer der nächsten Sitzungen verkündigt und eine Ausfertigung derselben dem Angeschuldigten auf sein Verlangen erteilt.

39. Über die mündliche Verhandlung wird ein Protokoll aufgenommen, welches die Namen der Anwesenden und die wesentlichen Momente der Verhandlung enthalten muß. Das Protokoll wird von dem Vorsitzenden und dem Protokollführer unterzeichnet.

40. Das Rechtsmittel des Einspruches (Restitution oder Opposition) findet nicht statt.

41. Gegen die Entscheidung steht die Berufung an das Staatsministerium sowohl dem Beamten der Staatsanwaltschaft als dem Angeschuldigten offen.

42. Die Anmeldung der Berufung geschieht zu Protokoll oder schriftlich bei der Behörde, welche die anzugreifende Entscheidung erlassen hat. Von seiten des Angeschuldigten kann sie auch durch einen Bevollmächtigten geschehen.

Die Frist zu dieser Anmeldung ist eine vierwöchentliche, welche mit dem Ablaufe des Tages, an welchem die Entscheidung verkündigt worden ist, und für den Angeschuldigten, welcher hierbei nicht zugegen war, mit dem Ablaufe des Tages beginnt, an welchem ihm die Entscheidung zugestellt worden ist.

43. Zur schriftlichen Rechtfertigung der Berufung steht demjenigen, der dieselbe rechtzeitig angemeldet hat, eine fernere vierzehntägige Frist offen.

Diese Frist kann auf den Antrag des Appellanten angemessen verlängert werden.

Neue Tatsachen, welche die Grundlagen einer andern Beschuldigung bilden, dürfen in zweiter Instanz nicht vorgebracht werden.

44. Die Anmeldung der Berufung und die etwa eingegangene Appellationsschrift wird dem Appellaten in Abschrift zugestellt oder dem Beamten der Staatsanwaltschaft, falls er Appellat ist, in Urschrift vorgelegt.

Innerhalb vierzehn Tagen nach erfolgter Zustellung oder Vorlegung kann der Appellat eine Gegenschrift einreichen.

Diese Frist kann auf den Antrag des Appellaten angemessen verlängert werden.

45. Nach Ablauf der in dem § 44 bestimmten Frist werden die Akten an das Staatsministerium eingesandt.

Das Staatsministerium beschließt auf den Vortrag eines von dem Vorsitzenden ernannten Referenten; in Sachen jedoch, in welchen der Disziplinarhof in erster Instanz geurteilt hat, auf den Vortrag zweier von dem Vorsitzenden ernannten Referenten, von denen einer dem Justizministerium angehören muß.

Ist die Berufung von der Entscheidung einer Provinzialbehörde eingelegt, so kann das Staatsministerium keinen Beschluß fassen, bevor das Gutachten des Disziplinarhofes eingeholt worden ist.

Der Disziplinarhof kann die zur Aufklärung der Sache etwa erforderlichen Verfügungen erlassen. Er kann auch eine mündliche Verhandlung anordnen, zu welcher der Angeschuldigte vorzuladen und ein Beamter der Staatsanwaltschaft zuzuziehen ist. Der letztere wird in diesem Falle vom Minister des Ressorts bezeichnet.

46. Lautet die Entscheidung oder das Gutachten des Disziplinarhofes auf Freisprechung des Angeschuldigten oder nur auf Warnung oder Verweis, so kann das Staatsministerium, wenn es den Angeschuldigten strafbar findet, nicht die Strafe der Dienstentlassung, sondern nur eine geringere Disziplinarstrafe verhängen oder die einstweilige Versetzung in den Ruhestand mit Wartegeld verfügen.

47. Eine jede Entscheidung der Disziplinarbehörde, gegen die kein Rechtsmittel mehr stattfindet und durch welche die Dienstentlassung ausgesprochen ist, bedarf der Bestätigung des Königs, wenn der Beamte vom Könige ernannt oder bestätigt worden ist.

Dritter Abschnitt.

Vorläufige Dienstenthebung.

48. Die Suspension eines Beamten vom Amte tritt kraft des Gesetzes ein:

1. wenn in dem gerichtlichen Strafverfahren seine Verhaftung beschlossen oder gegen ihn ein noch nicht rechtskräftig gewordenes Urteil erlassen ist, welches auf den Verlust des Amtes lautet oder diesen kraft des Gesetzes nach sich zieht[1];

---

[1] Vgl. § 7. Der Amtsverlust kraft Gesetzes tritt nach StGB. §§ 31 ff., 81 ff. ein: bei Verurteilung zur Zucht=

2. wenn im Disziplinarverfahren eine noch nicht rechtskräftige Entscheidung ergangen ist, welche auf Dienstentlassung lautet.

49. In dem im vorhergehenden Paragraphen unter Nr. 1 vorgesehenen Falle dauert die Suspension bis zum Ablauf des zehnten Tages nach Wiederaufhebung des Verhaftungsbeschlusses oder nach eingetretener Rechtskraft desjenigen Urteils höherer Instanz, durch welches der angeschuldigte Beamte zu einer anderen Strafe als der bezeichneten verurteilt wird.

Lautet das rechtskräftige Urteil auf Freiheitsstrafe, so dauert die Suspension, bis das Urteil vollstreckt ist. Wird die Vollstreckung des Urteils, ohne Schuld des Verurteilten, aufgehalten oder unterbrochen, so tritt für die Zeit des Aufenthaltes oder der Unterbrechung eine Gehaltsverkürzung (§ 51) nicht ein. Dasselbe gilt für die im ersten Absatze dieses Paragraphen erwähnte Zeit von zehn Tagen, wenn nicht vor Ablauf derselben die Suspension vom Amte im Wege des Disziplinarverfahrens beschlossen wird.

In dem § 48 unter Nr. 2 erwähnten Falle dauert die Suspension bis zur Rechtskraft der in der Disziplinarsache ergehenden Entscheidung.

50. Die zur Einleitung der Disziplinaruntersuchung ermächtigte Behörde kann die Suspension, sobald gegen den Beamten ein gerichtliches Strafverfahren eingeleitet oder die Einleitung einer Disziplinaruntersuchung verfügt wird, oder auch demnächst im ganzen Laufe

---

hausstrafe, bei Aberkennung der bürgerlichen Ehrenrechte, bei Aberkennung der bekleideten öffentlichen Ämter oder der Fähigkeit zur Bekleidung öffentlicher Ämter u. a. m.

des Verfahrens bis zur rechtskräftigen Entscheidung verfügen.

51. Der suspendierte Beamte behält während der Suspension die Hälfte seines Diensteinkommens.

Auf die für Dienstunkosten besonders angesetzten Beträge ist bei Berechnung der Hälfte des Diensteinkommens keine Rücksicht zu nehmen.

Der innebehaltene Teil des Diensteinkommens ist zu den Kosten, welche durch die Stellvertretung des Angeschuldigten verursacht werden, der etwaige Rest zu den Untersuchungskosten zu verwenden. Einen weiteren Beitrag zu den Stellvertretungskosten zu leisten, ist der Beamte nicht verpflichtet.

52. Der zu den Kosten (§ 51) nicht verwendete Teil des Einkommens wird dem Beamten nicht nachgezahlt, wenn das Verfahren die Entfernung aus dem Amte zur Folge gehabt hat.

Erinnerungen über die Verwendung des Einkommens stehen dem Beamten nicht zu; wohl aber ist ihm auf Verlangen eine Nachweisung über diese Verwendung zu erteilen.

53. Wird der Beamte freigesprochen, so muß ihm der innebehaltene Teil des Diensteinkommens vollständig nachgezahlt werden.

Wird er nur mit einer Ordnungsstrafe belegt, so ist ihm der innebehaltene Teil, ohne Abzug der Stellvertretungskosten, nachzuzahlen, soweit derselbe nicht zur Deckung der Untersuchungskosten und der Ordnungsstrafe erforderlich ist.

54. Wenn Gefahr im Verzuge ist, kann einem Beamten auch von solchen Vorgesetzten, die seine Sus-

pension zu verfügen nicht ermächtigt sind, die Ausübung der Amtsverrichtungen vorläufig untersagt werden; es ist aber darüber sofort an die höhere Behörde zu berichten.

Vierter Abschnitt.
Nähere und besondere Bestimmungen in betreff der Beamten der Justizverwaltung.

(Wegen der gegenwärtigen Bezeichnung der Gerichte s. § 2, 3, 8 der Novelle von 1879 — Nr. 23 —, wegen der Polizeianwalte § 15, der Beamten der gerichtlichen Polizei § 16 der Novelle.)

55. Hinsichtlich der Beamten der Justizverwaltung, welche kein Richteramt bekleiden, gelten die nachfolgenden näheren Bestimmungen.

56. Der Justizminister kann gegen alle Beamte Ordnungsstrafen jeder Art (§§ 15, 19) verhängen, vorbehaltlich der in den §§ 66 bis 68 enthaltenen Einschränkungen.

57. Der Staatsanwalt bei einem (Appellations-, jetzt) Oberlandesgerichte (Oberstaatsanwalt, Generalprokurator) ist befugt, gegen alle im Bezirke des (Appelations-, jetzt) Oberlandesgerichts angestellten Beamten der Staatsanwaltschaft Warnungen und Verweise, gegen die Beamten der Staatsanwaltschaft bei den (Polizeigerichten, jetzt) Amts- und Schöffengerichten (Polizeianwalte, jetzt) Amtsanwalte und gegen die Beamten der gerichtlichen Polizei Warnungen, Verweise und Geldbuße bis zu zehn Talern zu verhängen.

Die Art. 280, 281, 282 der Rheinischen Strafprozeßordnung sind aufgehoben.

58. Der [Erste] Staatsanwalt bei einem [Land-] Gerichte ist befugt, allen Beamten der Staatsanwaltschaft und der gerichtlichen Polizei im Bezirke dieses Gerichtes Warnungen zu erteilen[1].

59. Die Vorgesetzten, welche außer dem Justizminister befugt sind, von Amts wegen oder auf den Antrag der Staatsanwaltschaft gegen Bureau- und Unterbeamte der Gerichte Ordnungsstrafen[2] zu verhängen, sind, vorbehaltlich der Bestimmungen der §§ 60 und 61:

1. Der Erste Präsident des Obertribunals[3] usw. Die Geldbuße darf die Summe von dreißig Talern nicht übersteigen;
2. der Präsident eines (Appelations-, jetzt) Oberlandesgerichts in Ansehung der Beamten innerhalb des (Apellations-, jetzt) Oberlandesgerichtsbezirks, mit der nämlichen Beschränkung in betreff der Geldbußen;
3. der Präsident[4] oder Direktor eines Gerichts erster Instanz in Ansehung der Beamten innerhalb des Bezirks dieses Gerichts. Die Geldbuße darf die Summe von zehn Talern nicht übersteigen;
4. der Dirigent einer Kriegsgerichtsdeputation[5] usw Die Geldbuße darf die Summe von drei Talern nicht übersteigen;
5. der Einzelrichter in Ansehung der bei dem Gerichte

---

[1] S. § 19 der Novelle von 1879.

[2] Vgl. auch §§ 73, 80, 81 des AusfGes. zum DGVG. v. 24. April 1878 (GS. 230).

[3] Aufgehoben.

[4] Auch der Amtsgerichtspräsident beim Amtsgericht Berlin I. Ges v. 10. April 1892 (GS. 77).

[5] Aufgehoben.

(der Gerichtskommission)[1] angestellten Beamten mit der nämlichen Beschränkung in betreff der Geldbuße;

6. der Präsident des Revisionskollegiums[2] in Ansehung der bei dieser Behörde angestellten Beamten. Die Geldbuße darf die Summe von dreißig Talern nicht übersteigen;
7. der Generalauditeur in Ansehung der bei dem Generalauditoriate angestellten oder dieser Behörde untergeordneten Beamten[3] usw.

60, 61[4].

62. Die Beschwerde gegen Ordnungsstrafen geht:

1. in den Fällen des § 59 Nr. 1 und 2 an den Justizminister;
2. in den Fällen des § 59 Nr. 3, 4 und 5[5] an den (Ersten) Präsidenten des (Appellations-, jetzt) Oberlandesgerichts und von dessen Verfügung an den Justizminister;
3. von den Verfügungen eines Beamten der Staatsanwaltschaft an den höheren Beamten derselben, und von dessen Verfügung an den Justizminister;
4. in den Fällen des § 59 Nr. 6 an den Minister für die landwirtschaftlichen Angelegenheiten;
5. in den Fällen des § 59 Nr. 7 an den Kriegsminister.

63. Die Bestimmungen über die Entfernung aus

[1] Amtsgericht.

[2] Oberlandeskulturgericht.

[3] Unterstehen jetzt den Vorschriften des Reichsbeamtengesetzes.

[4] §§ 60, 61 fallen weg zufolge §§ 18, 19 der Novelle.

[5] Zu 5 zunächst an den Landgerichtspräsidenten.

dem Amte (§ 23 Nr. 1, §§ 24 ff.) finden auf die Beamten der Staatsanwaltschaft Anwendung. In Ansehung der (Polizei-, jetzt) Amtsanwalte und der Beamten der gerichtlichen Polizei ist deren sonstige amtliche Eigenschaft für die Zuständigkeit der Disziplinarbehörde maßgebend.

64. Hinsichtlich der Bureau- und Unterbeamten bei den Gerichten (§ 59) treten folgende Modifikationen ein:

1. Die Verfügung wegen Einleitung des Disziplinarverfahrens steht, auch bei den von dem Justizminister ernannten Beamten, dem (Appellations-, jetzt) Oberlandesgerichte, und die Ernennung des Untersuchungskommissars dem (Ersten) Präsidenten des Gerichts zu, unbeschadet der Befugnis des Justizministers zu dieser Verfügung und Ernennung.
2. Die entscheidende Disziplinarbehörde erster Instanz[1] ist das Oberlandesgericht, und zwar in derjenigen Abteilung, in welcher der (Erste) Präsident gewöhnlich den Vorsitz führt.
3. Der Staatsanwalt bei dem [Oberlandes]gerichte kann die Einleitung des Disziplinarverfahrens beantragen. Es werden demselben vor dem Abschlusse der Voruntersuchung die Akten zur Stellung seines Antrages vorgelegt.
4. Wenn der Beamte bei dem Revisionskollegium[2] angestellt ist, so werden die den [Oberlandes]gerichten und deren Ersten Präsidenten unter Nr. 1 und 2 beigelegten Befugnisse von dieser Behörde und deren Präsidenten wahrgenommen, unbeschadet der Befugnis

[1] Jetzt § 11 der Novelle von 1879.
[2] Jetzt Oberlandeskulturgericht.

des Ministers für die landwirtschaftlichen Angelegenheiten, die Einleitung der Untersuchung zu verfügen und den Kommissar zu ernennen.

5. Ist der Beamte bei dem Generalauditoriate[1] usw.

65[2].

66[3]. Auf die Advokaten, Rechtsanwälte und Notarien finden nur die Bestimmungen der §§ 2 bis 7 und der §§ 48 bis 50 dieses Gesetzes Anwendung.

67 bis 76[3].

77[4]. Wenn ein Rechtsanwalt, ein Notar oder ein Gerichtsvollzieher[5] durch Blindheit, Taubheit oder ein sonstiges körperliches Gebrechen, oder wegen Schwäche seiner körperlichen oder geistigen Kräfte zu der Erfüllung seiner Amtspflichten dauernd unfähig ist, so hat der Staatsanwalt bei dem [Oberlandes]gerichte ihn oder seinen nötigenfalls zu bestellenden Kurator schriftlich unter Angabe der Gründe zur Niederlegung des Amtes aufzufordern.

Tritt innerhalb sechs Wochen nach dieser Aufforderung die freiwillige Niederlegung des Amtes nicht ein, so beschließt der Disziplinarsenat des Oberlandesgerichts, nachdem das im § 61 des die Richter betreffenden Ge-

---

[1] Vgl. Note zu § 59 Nr. 7.

[2] § 65 durch §§ 17, 18 der Nov. von 1879 aufgehoben.

[3] Bezüglich der Advokaten, Rechtsanwälte durch die Rechtsanwaltsordnung vom 1. Juli 1878 (RGBl. 177) ersetzt. Wegen der Notare vgl. §§ 21, 22 der Novelle von 1879, §§ 7, 8 des Notariatsges. v. 8. März 1880 (GS. 177) und Art. 93, 144 Nr. 6 des Ges. v. 21. Sept. 1899 (GS. 249).

[4] Gilt nur noch für Notare.

[5] Vgl. § 18 der Novelle von 1879 (folgend Nr. 22).

setzes vom 7. Mai 1851 vorgeschriebene und geeignetenfalls das im § 62 daselbst zugelassene Verfahren stattgefunden hat, nach Anhörung der Staatsanwaltschaft endgültig darüber, ob der Fall der Niederlegung des Amtes vorliege.

Beschließt das Gericht, daß dieser Fall vorhanden sei, so kann der Justizminister die Stelle für erledigt erklären.

Fünfter Abschnitt.

Besondere Bestimmungen in betreff der Gemeindebeamten.

78[1].

Sechster Abschnitt.

Besondere Bestimmungen in betreff der Beamten der Militärverwaltung[2].

Siebenter Abschnitt.

Besondere Bestimmungen in betreff der Entlassung von Beamten, welche auf Widerruf angestellt sind, der Referendarien usw.

83. Beamte, welche auf Probe, auf Kündigung oder sonst auf Widerruf angestellt sind, können ohne ein förmliches Disziplinarverfahren von der Behörde, welche ihre Anstellung verfügt hat, entlassen werden.

Dem auf Grund der Kündigung entlassenen Beamten

---

[1] Jetzt Gesetz über die allgemeine Landesverwaltung v. 30. Juli 1883 (GS. 195) §§ 14, 32, 39, 157, Kreisordnung §§ 68, 134, Provinzialordnung §§ 51, 98, Zuständigkeitsgesetz §§ 20, 36.

[2] An die Stelle dieses Abschnitts treten die Bestimmungen des Reichsbeamtengesetzes und der dasselbe ergänzenden Gesetze.

ist in allen Fällen bis zum Ablaufe der Kündigung sein volles Diensteinkommen zu gewähren.

84. Referendarien oder Auskultatoren, welche durch eine tadelhafte Führung zu der Belassung im Dienste sich unwürdig zeigen oder in ihrer Ausbildung nicht gehörig fortschreiten, können von dem vorgesetzten Minister, nach Anhörung der Vorsteher der Provinzialdienstbehörde, ohne weiteres Verfahren aus dem Dienste entlassen werden.

85. In Ansehung der Entlassung der Supernumerarien und der sonst zur Erlernung des Dienstes bei den Behörden beschäftigten Personen kommen die darauf bezüglichen besonderen Bestimmungen zur Anwendung.

86. In bezug auf Kanzleidiener, Boten, Kastellane und andere in gleicher Kategorie stehende oder bloß zu mechanischen Dienstleistungen bestimmte Diener, welche bei den obersten Verwaltungsbehörden oder in solchen Verwaltungszweigen angestellt sind, in welchen keine Provinzialdienstbehörden bestehen, entscheidet endgültig der Minister, nach Anhörung des Angeschuldigten und auf den Vortrag zweier Referenten, zu denen stets ein Justitiar oder, wenn ein solcher bei der Verwaltungsbehörde nicht angestellt ist, ein Rat des Justizministeriums gehören muß.

Achter Abschnitt.

Verfügungen im Interesse des Dienstes, welche nicht Gegenstand eines Disziplinarverfahrens sind.

87. Die nachbenannten Verfügungen, welche im Interesse des Dienstes getroffen werden können, sind nicht

Gegenstand des Disziplinarverfahrens, vorbehaltlich des im § 46 vorgesehenen Falles:

1. Versetzung in ein anderes Amt von nicht geringerem Range und etatsmäßigem Diensteinkommen[1], mit Vergütung der reglementsmäßigen Umzugskosten.

   Als eine Verkürzung im Einkommen ist es nicht anzusehen, wenn die Gelegenheit zur Verwaltung von Nebenämtern entzogen wird, oder die Beziehung der für die Dienstunkosten besonders ausgesetzten Einnahmen mit diesen Unkosten selbst fortfällt.

   Landräte, welche für einen bestimmten Kreis auf Grund ihrer Ansässigkeit und infolge vorgängiger Wahl ernannt worden, können außer im Wege des Disziplinarverfahrens wider ihren Willen in ein anderes Amt nicht versetzt werden, solange die Erfordernisse erfüllt bleiben, durch welche ihre Wahl bedingt war[2].

2. Einstweilige Versetzung in den Ruhestand mit Gewährung von Wartegeld nach Maßgabe der Vorschriften der Verordnungen vom 14. Juni und 24. Oktober 1848[3].

---

[1] Wegen des Wohnungsgeldzuschusses vgl. § 3 des betreffenden Gesetzes Nr. 26.

[2] Kreisordnung §§ 74, 77.

[3] Das Wartegeld beträgt bei einem Gehaltsatze von 3600 Mark ab die Hälfte, aber nicht über 6000 Mark, bei niedrigerem Gehalte nach dem in den Verordnungen gegebenen Tarife.

Siehe ferner hierzu §§ 104, 105 des AusfGes. zum DGVG. v. 24. April 1878 (GS. 338) und § 151 des Ges über die allgemeine Landesverwaltung v. 30. Juli 1883 (GS. 195).

Außer dem daselbst vorgesehenen Falle können durch Königliche Verfügung jederzeit die nachbenannten Beamten mit Gewährung des vorschriftsmäßigen Wartegeldes einstweilig in den Ruhestand versetzt werden[1]:

Unterstaatssekretäre,
Ministerialdirektoren,
Oberpräsidenten,
Regierungspräsidenten und Vizepräsidenten,
Militärintendanten,
Beamte der Staatsanwaltschaft bei den Gerichten,
Vorsteher Königlicher Polizeibehörden,
Landräte,
die Gesandten und andere diplomatische Agenten.

Wartegeldempfänger sollen bei Wiederbesetzung erledigter Stellen, für welche sie sich eignen, vorzugsweise berücksichtigt werden.

3. Gänzliche Versetzung in den Ruhestand mit Gewährung der vorschriftsmäßigen Pension, nach Maßgabe der §§ 88 ff. dieses Gesetzes.

88. Ein Beamter, welcher durch Blindheit, Taubheit oder ein sonstiges körperliches Gebrechen oder wegen Schwäche seiner körperlichen oder geistigen Kräfte zu der Erfüllung seiner Amtspflichten dauernd unfähig ist, soll in den Ruhestand versetzt werden.

89. Sucht der Beamte in einem solchen Falle seine Versetzung in den Ruhestand nicht nach, so wird ihm oder seinem nötigenfalls hierzu besonders zu bestellenden

---

[1] Auch der Vorsitzende der Ansiedlungskommission für Westpreußen und Posen, § 1 des Ges. v. 21. Juni 1886 (GS. 159).

Kurator von der vorgesetzten Dienstbehörde unter Angabe des zu gewährenden Pensionsbetrages und der Gründe der Pensionierung eröffnet, daß der Fall seiner Versetzung in den Ruhestand vorliege.

90. Innerhalb sechs Wochen nach einer solchen Eröffnung (§ 89) kann der Beamte seine Einwendungen bei der vorgesetzten Dienstbehörde anbringen. Ist dies geschehen, so werden die Verhandlungen an den vorgesetzten Minister eingereicht, welcher, sofern nicht der Beamte von dem Könige ernannt ist, über die Pensionierung entscheidet.

Gegen diese Entscheidung steht dem Beamten der Rekurs an das Staatsministerium binnen einer Frist von vier Wochen nach Empfang der Entscheidung zu[1].

Des Rekursrechtes ungeachtet kann der Beamte von dem Minister sofort der weiteren Amtsverwaltung vorläufig enthoben werden.

Ist der Beamte von dem Könige ernannt, so erfolgt die Entscheidung von dem Könige auf den Antrag des Staatsministeriums.

91. Dem Beamten, dessen Versetzung in den Ruhestand verfügt ist, wird das volle Gehalt noch bis zum Ablaufe desjenigen Vierteljahres fortgezahlt, welches auf den Monat folgt, in dem ihm die schließliche Verfügung über die erfolgte Versetzung in den Ruhestand mitgeteilt worden ist.

92. Wenn der Beamte gegen die ihm gemachte Eröffnung (§ 89) innerhalb sechs Wochen keine Einwendungen erhoben hat, so wird in derselben Weise verfügt,

---

[1] Vgl. § 30 des Pensionsgesetzes v. 27. März 1872 bzw. 31. März 1882.

als wenn er seine Pensionierung selbst nachgesucht hätte.

Die Zahlung des vollen Gehaltes dauert bis zu dem im § 91 bestimmten Zeitpunkte.

93. Ist ein Beamter vor dem Zeitpunkte, mit welchem die Pensionsberechtigung für ihn eingetreten sein würde, dienstunfähig geworden, so kann er gegen seinen Willen nur unter Beobachtung derjenigen Formen, welche für die Disziplinaruntersuchung vorgeschrieben sind, in den Ruhestand versetzt werden.

Wird es jedoch für angemessen befunden, dem Beamten eine Pension zu dem Betrage zu bewilligen, welcher ihm bei Erreichung des vorgedachten Zeitpunktes zustehen würde, so kann die Pensionierung desselben nach den Vorschriften der §§ 88 bis 92 erfolgen.

94. Die vorstehenden Bestimmungen über einstweilige und gänzliche Versetzung in den Ruhestand finden nur auf Beamte in unmittelbarem Staatsdienste Anwendung[1].

95. In bezug auf die mittelbaren Staatsdiener bleiben die wegen Pensionierung derselben bestehenden Vorschriften in Kraft.

Wenn jedoch mittelbare Staatsdiener vor dem Zeitpunkte, mit welchem eine Pensionsberechtigung für sie eingetreten sein würde, dienstunfähig geworden, so können auch sie gegen ihren Willen nur unter den für Beamte im unmittelbaren Staatsdienste vorgeschriebenen Formen (§ 93) in den Ruhestand versetzt werden.

96. Auf Universitätslehrer finden die Bestimmungen der §§ 87 bis 95 keine Anwendung.

---

[1] Vgl. das Vorwort.

Neunter Abschnitt.
Allgemeine und Uebergangs-bestimmungen.

97. Die Vorschriften des gegenwärtigen Gesetzes gelten auch in Ansehung der zur Disposition gestellten oder einstweilen in Ruhestand versetzten Beamten.

98. Rücksichtlich der Vergehen der Zivilstandsbeamten im Bezirke des Rheinischen Appellationsgerichtshofes zu Köln gegen die Gesetze über den Zivilstand wird an den Bestimmungen der bisherigen Gesetzgebung durch dieses Gesetz nichts geändert[1].

99[2].

100. Alle diesem Gesetze entgegenstehenden Bestimmungen sind aufgehoben. Dagegen wird durch dasselbe in der Befugnis der Aufsichtsbehörden, im Aufsichtswege Beschwerden Abhilfe zu verschaffen, oder Beamte zur Erfüllung ihrer Pflichten in einzelnen Sachen anzuhalten und dabei alles zu tun, wozu sie nach den bestehenden Gesetzen ermächtigt sind, nichts geändert.

101[2].

102. Dieses Gesetz tritt an die Stelle der vorläufigen Verordnung vom 11. Juli 1849.

21.

Verordnung, betr. die Ausdehnung der preußischen Disziplinargesetze auf die Beamten in den neuerworbenen Landesteilen[3].

Vom 23. September 1867 (GS. 345).

Wir Wilhelm 2c. 2c. verordnen für die durch das

[1] Vgl. jetzt Reichtsgesetz v. 6. Febr. 1875 (RGBl. 23) § 11.
[2] Erledigte Übergangsbestimmungen.
[3] Wegen des Kreises Herzogtum Lauenburg vgl. Gesetz v. 25. Febr. 1878 (GS. 97).

Gesetz vom 20. September 1866 (GS. 555) und die Gesetze vom 24. Dezember 1866 (GS. 875, 876) mit Unserer Monarchie vereinigten Landesteile, mit Ausnahme des vormaligen Amtsbezirks Meisenheim und der Enklave Kaulsdorf, auf den Antrag Unseres Staatsministeriums, was folgt:

Art. I. In den eingangs bezeichneten Landesteilen treten:

1. das Gesetz vom 7. Mai 1851, betr. die Dienstvergehen der Richter und die unfreiwillige Versetzung derselben auf eine andere Stelle oder in den Ruhestand (GS. 218), mit den im Gesetz vom 26. März 1856 (GS. 201) enthaltenen Aenderungen,
2. das Gesetz vom 21. Juli 1852, betreffend die Dienstvergehen der nicht richterlichen Beamten, die Versetzung derselben auf eine andere Stelle oder in den Ruhestand (GS. 465),

unter nachfolgenden besonderen Bestimmungen in Wirksamkeit.

Art. II bis IV[1].

Art. V. An die Stelle der §§ 60, 61, 65, 67, 68, 69, 72, 73, 74 und 77 des Gesetzes vom 21. Juli 1852 treten die nachstehenden mit gleichen Nummern bezeichneten Paragraphen:

60 bis 74[2].

77[3]. Wenn ein Rechtsanwalt (Anwalt, Advokat), ein

---

[1] Durch die Novelle von 1870 und spätere Gesetze ersetzt.

[2] Ersetzt durch die Novelle von 1879.

[3] Die Verhältnisse der Rechtsanwälte werden jetzt lediglich durch die Deutsche Rechtanwaltsordnung vom 1. Juli 1878 bestimmt. Wegen der Gerichtsvogte s. § 18 der Novelle von 1879.

Notar oder ein Gerichtsvogt durch Blindheit, Taubheit oder ein sonstiges körperliches Gebrechen, oder wegen Schwäche seiner körperlichen oder geistigen Kräfte zu der Erfüllung seiner Amtspflichten dauernd unfähig ist, so hat der Staatsanwalt bei dem Appellationsgerichte ihn oder seinen nötigenfalls zu bestellenden Kurator schriftlich unter Angabe der Gründe zur Niederlegung des Amtes aufzufordern.

Tritt innerhalb sechs Wochen nach dieser Aufforderung die freiwillige Niederlegung des Amtes nicht ein, so beschließt der Disziplinarsenat des Oberlandesgerichts, nachdem das im § 61 des die Richter betreffenden Gesetzes vom 7. Mai 1851 vorgeschriebene und geeignetenfalls das im § 62 daselbst zugelassene Verfahren stattgefunden hat, nach Anhörung der Staatsanwaltschaft endgültig darüber, ob der Fall der Niederlegung des Amtes vorliege.

Beschließt das Gericht, daß dieser Fall vorhanden sei, so kann der Justizminister die Stelle für erledigt erklären.

Art. VI (ist durch Gesetz vom 14. November 1904 [GS. 283] aufgehoben).

Art. VII[1].

Art. VIII. An Gerichtskosten werden ...[2]

Für die Verteidigung können Rechtsanwalte (Advokaten) liquidieren usw.[3].

---

[1] Betrifft Übergangsbestimmungen.

[2] Jetzt § 122 des Gerichtskostengesetzes v. 25. Juli 1910 (GS. 184), wonach nur bare Auslagen erhoben werden.

[3] Laut Art. 2 des Ges. vom 27. Sept. 1899 (GS. 325) findet die Deutsche Gebührenordnung für Rechtsanwälte jetzt auch im Disziplinarverfahren Anwendung.

22.

Gesetz, betreffend die Abänderung von Bestimmungen der Disziplinargesetze.

Vom 9. April 1879 (GS. 345).

— abgeändert durch Ges. v. 24. Febr. 1913 (GS. 25) Art. II[1].

1. Die Bestimmungen

1. der Gesetze vom 7. Mai 1851 und 26. März 1856, betreffend die Dienstvergehen der Richter und die unfreiwillige Versetzung derselben auf eine andere Stelle oder in den Ruhestand,
2. des Gesetzes vom 21. Juli 1852, betreffend die Dienstvergehen der nichtrichterlichen Beamten, die Versetzung derselben auf eine andere Stelle oder in den Ruhestand,
3. der Verordnung vom 23. September 1867, betreffend die Ausdehnung der Preußischen Disziplinargesetze auf die Beamten in den neuerworbenen Landesteilen,
4. des § 5 des Gesetzes vom 27. März 1872, betreffend die Einrichtung und die Befugnisse der Oberrechnungskammer,
5. des § 34 Absatz 2 des Gesetzes vom 12. Mai 1873 über die kirchliche Disziplinargewalt und die Errichtung des Königlichen Gerichtshofes für kirchliche Angelegenheiten,

sowie die in diesen gesetzlichen Bestimmungen (Nr. 1 bis 5) in Bezug genommenen Gesetze werden durch die in den §§ 2 bis 26 enthaltenen Vorschriften abgeändert.

2. Im Sinne der im § 1 bezeichneten Gesetze gelten

---

[1] Hierdurch haben die §§ 15 u. 19 Zusätze erhalten.

als Einzelrichter die Amtsgerichte, als Gerichte erster Instanz die Landgerichte.

3. An die Stelle der Appellationsgerichte treten die Oberlandesgerichte.

4. Zur Erledigung der Angelegenheiten, welche den Plenarversammlungen der Appellationsgerichte zugewiesen sind, werden bei den Oberlandesgerichten Disziplinarsenate gebildet. Dieselben entscheiden in der Besetzung von sieben Mitgliedern mit Einschluß des Vorsitzenden.

5. Vorsitzender des Disziplinarsenats ist der Präsident, im Falle der Verhinderung desselben der älteste Senatspräsident.

Zu den Mitgliedern gehört der älteste Senatspräsident oder, falls dieser den Vorsitz führt, der nächstälteste Senatspräsident.

6. Für den Disziplinarsenat des Oberlandesgerichts zu Berlin[1] gelten die nachstehenden besonderen Bestimmungen:

Vorsitzender des Disziplinarsenats ist der älteste Senatspräsident, im Falle der Verhinderung desselben der nächstälteste Senatspräsident.

Zu den Mitgliedern gehört der nächstälteste Senatspräsident oder, falls dieser den Vorsitz führt, der ihm dem Alter nach folgende Senatspräsident.

7. Die Bestimmung der aus der Zahl der Räte erforderlichen Mitglieder des Disziplinarsenats erfolgt nach den für die Bildung der Zivil- und Strafsenate geltenden Vorschriften.

8. An die Stelle des Obertribunals tritt der bei dem Oberlandesgericht zu Berlin[1] zu bildende große Disziplinarsenat.

---

[1] Führt die Bezeichnung „Kammergericht".

Der große Disziplinarsenat entscheidet in der Be'etzung von fünfzehn Mitgliedern mit Einschluß des Vorsitzenden.

9. Vorsitzender des großen Disziplinarsenats ist der Präsident, im Falle der Verhinderung desselben der älteste Senatspräsident.

Zu den Mitgliedern gehören die fünf ältesten Senatspräsidenten oder, falls der älteste Senatspräsident den Vorsitz führt, die fünf ihm dem Alter nach folgenden Senatspräsidenten.

Die Bestimmung der aus der Zahl der Räte erforderlichen Mitglieder des großen Disziplinarsenats erfolgt nach den für die Bildung der Zivil- und Strafsenate geltenden Vorschriften.

Ein Richter, welcher bei einer durch ein Rechtsmittel angefochtenen Entscheidung mitgewirkt hat, ist von der Mitwirkung bei der Entscheidung des großen Disziplinarsenats kraft Gesetzes ausgeschlossen.

10. Das Alter der Senatspräsidenten wird nach dem Dienstalter, bei gleichem Dienstalter nach dem Lebensalter bestimmt. Die Senatspräsidenten welche im einzelnen Falle infolge rechtlicher oder tatsächlicher Verhinderung an der Entscheidung nicht teilnehmen können, kommen für die nach dem Alter sich ergebende Reihenfolge nicht in Betracht.

11. Die Angelegenheiten, welche den Abteilungen und Senaten der Appellationsgerichte zugewiesen sind, werden von dem Senat des Oberlandesgerichts, in welchem der Präsident den Vorsitz führt, in der Besetzung von fünf Mitgliedern mit Einschluß des Vorsitzenden erledigt.

12. Hilfsrichter sind von der Teilnahme an den Entscheidungen über Disziplinarsachen ausgeschlossen.

Die mit der Voruntersuchung beauftragten Richter sind von der Teilnahme an den Entscheidungen, die Richter, welche an Beschlüssen außerhalb der Hauptverhandlung mitgewirkt haben, von der Teilnahme an dem Hauptverfahren nicht ausgeschlossen.

Die Entscheidungen erfolgen nach der absoluten Mehrheit der Stimmen.

13. Die richterlichen Mitglieder des Disziplinarhofes für nichtrichterliche Beamte müssen dem Oberlandesgericht in Berlin[1] angehören.

14. Die Präsidenten der Oberlandesgerichte, des Revisionskollegiums für Landeskultursachen[2], der Oberrechnungskammer und des Königlichen Gerichtshofes für kirchliche Angelegenheiten[3], sowie der Generalauditeur der Armee[3], unterliegen nicht der Vorschrift des § 13 des Gesetzes vom 7. Mai 1851.

Den bezeichneten Beamten kann die im § 58 des Gesetzes vom 7. Mai 1851 vorgeschriebene Eröffnung nur auf Grund eines Beschlusses des großen Disziplinarsenats gemacht werden.

15. Die in dem Gesetze vom 21. Juli 1852 hinsichtlich der Polizeianwälte getroffenen Bestimmungen finden auf die Amtsanwälte entsprechende Anwendung, und zwar auf die Amtsanwälte, die ein sonstiges Hauptamt nicht bekleiden,

mit folgenden Maßgaben:

1. die Befugnis des Oberstaatsanwalts zur Verhängung

---

[1] Jetzt Kammergericht.

[2] Jetzt Oberlandeskulturgericht.

[3] Besteht nicht mehr.

von Geldstrafen wird bis zum Betrage von 90 Mark erhöht;

2. der Erste Staatsanwalt ist befugt, außer Warnungen auch Verweise zu erteilen und Geldstrafen bis zum Betrage von 30 Mark zu verhängen;

3. für das förmliche Disziplinarverfahren gelten die aus § 64 Nr. 1 bis 3 sich ergebenden Zuständigkeiten.

16. Die in den §§ 57, 58, 63 des Gesetzes vom 21. Juli 1852 hinsichtlich der Beamten der gerichtlichen Polizei getroffenen Bestimmungen finden auf die Beamten des Polizei- und Sicherheitsdienstes, welche Hilfsbeamte der Staatsanwaltschaft sind, mit der Maßgabe Anwendung, daß gegen solche Beamte, welche ihr Amt als Ehrenamt versehen, Ordnungsstrafen von den Justizbehörden nicht festgesetzt werden dürfen.

17. Die im Bezirke des Appellationsgerichtshofes zu Cöln hinsichtlich der Gerichtsschreiber geltenden besonderen Vorschriften werden aufgehoben.

Die Gerichtsschreiber gelten auch in dem gedachten Bezirke im Sinne des Gesetzes vom 21. Juli 1852 als Bureaubeamte bei den Gerichten.

18. Die Gerichtsvollzieher unterliegen denselben Bestimmungen wie die Gerichtsschreiber.

Die Befugnis zur Festsetzung von Ordnungsstrafen gegen Gerichtsvollzieher steht den in Gemäßheit des § 73 des Ausführungsgesetzes zum Deutschen Gerichtsverfassungsgesetze vom 24. April 1878 zu bestimmenden Aufsichtsbeamten zu.

Geldstrafen dürfen verhängt werden:

1. von den Aufsichtsbeamten bei den Oberlandesgerichten bis zum Betrage von neunzig Mark;

2. von den Aufsichtsbeamten bei den Landgerichten bis zum Betrage von dreißig Mark;
3. von den Aufsichtsbeamten bei den Amtsgerichten bis zum Betrage von neun Mark.

19. Hinsichtlich der Bureau- und Unterbeamten, welche unter der alleinigen Aufsicht der Staatsanwaltschaft stehen, finden die hinsichtlich der Bureau- und Unterbeamten bei den Gerichten in dem Gesetze vom 21. Juli 1852 getroffenen Bestimmungen mit der Maßgabe Anwendung, daß die Befugnis zur Festsetzung von Ordnungsstrafen den Beamten der Staatsanwaltschaft zusteht, Geldstrafen jedoch nur verhängt werden dürfen:
1. von dem Oberstaatsanwalt bis zum Betrage von neunzig Mark;
2. von dem Ersten Staatsanwalt bis zum Betrage von dreißig Mark;
3. von dem Staatsanwalte, dem die Geschäfte des Ersten Beamten der Staatsanwaltschaft bei einem Amtsgericht übertragen sind, bis zum Betrage von neun Mark.

20. Beschwerden der in den §§ 17 bis 19 bezeichneten Beamten gegen die Festsetzung von Ordnungsstrafen werden im Aufsichtswege erledigt.

21[1]. In dem Geltungsbereiche des Gesetzes vom 30. April 1847 über die Bildung eines Ehrenrats und im Kreise Herzogtum Lauenburg ist hinsichtlich der Notare der Disziplinarsenat des Oberlandesgerichts (§ 4) das zuständige Disziplinargericht erster Instanz. Auf das Disziplinarverfahren und die vorläufige Enthebung vom

[1] Gilt jetzt für die ganze Monarchie, Art. 93 des Ges. v. 21. Sept. 1899 (GS. 268).

Amte finden mit den aus dem gegenwärtigen Gesetze sich ergebenden Abänderungen die Vorschriften des zweiten und dritten Abschnitts des Gesetzes vom 7. Mai 1851 Anwendung.

22. Wird gegen einen Notar[1], welcher zugleich Rechtsanwalt ist, auf Ausschließung von der Rechtsanwaltschaft rechtskräftig erkannt, so erlischt dessen Amt als Notar von selbst.

23. Richterlichen Beamten gegenüber liegt in dem Recht der Aufsicht (§ 78 des Ausführungsgesetzes zum Deutschen Gerichtsverfassungsgesetze vom 24. April 1878) die Befugnis, die ordnungswidrige Ausführung eines Amtsgeschäfts zu rügen und zu dessen rechtzeitiger und sachgemäßer Erledigung zu ermahnen.

Beantragt der richterliche Beamte die Einleitung der Disziplinaruntersuchung, weil ihm eine Ordnungswidrigkeit oder Säumnis in der Erledigung eines Amtsgeschäfts nicht zur Last falle, so ist diesem Antrage stattzugeben. In dem Endurteil ist zugleich über die Aufrechterhaltung oder Aufhebung der im Aufsichtswege getroffenen Maßregel zu erkennen.

Es kann in diesem Verfahren im Falle der Feststellung eines Disziplinarvergehens auch auf Disziplinarstrafe erkannt werden.

Hat der Beamte die Beschwerde auf Grund des § 85 des Ausführungsgesetzes zum Deutschen Gerichtsverfassungsgesetze eingelegt, so findet der Antrag auf Einleitung der Disziplinaruntersuchung nicht statt. Ebenso

[1] Solchen gegenüber finden auch die §§ 23, 24 Anwendung, vgl. Art. 93 des Ges. v. 21. Sept. 1899 (GS. 268).

schließt der Antrag auf Einleitung der Disziplinaruntersuchung die Beschwerde aus.

24. Die Vorschriften des § 23 Abs. 2 und 3 finden entsprechende Anwendung, wenn auf Grund des § 13 des Gesetzes vom 7. Mai 1851 eine Mahnung erlassen ist.

25. Auf richterliche Beamte, welche nicht unter der Aufsicht der Justizverwaltung oder nicht ausschließlich unter der Aufsicht der Justizverwaltung stehen, finden die Bestimmungen der §§ 23, 24 nicht Anwendung.

26. Die Vorschriften der im § 1 bezeichneten Gesetze finden mit den aus dem gegenwärtigen Gesetze sich ergebenden Abänderungen auf die in Gemäßheit des Ausführungsgesetzes zum Deutschen Gerichtsverfassungsgesetze vom 24. April 1878 zur Verfügung des Justizministers verbleibenden und einstweilig in den Ruhestand tretenden Beamten entsprechende Anwendung.

27. Die Bestimmungen der im § 1 Nr. 1 bezeichneten Gesetze kommen mit den aus dem gegenwärtigen Gesetze sich ergebenden Abänderungen auch im Kreise Herzogtum Lauenburg zur Anwendung.

28[1]. Soweit nach den bestehenden Vorschriften für die Festsetzung von Stempelstrafen gegen Beamte eine Justizbehörde als vorgesetzte Dienst- oder Disziplinarbehörde zuständig ist, geht diese Zuständigkeit auf den Präsidenten des Landgerichts über.

Ueber den Rekurs entscheidet unmittelbar der Justizminister.

29. Die Bestimmungen dieses Gesetzes finden auch auf

[1] Ersetzt durch § 60 des Ges. v. 26. Juli 1897 (GS. 237) bzw. § 19 des Stempelsteuergesetzes v. 30 Juni 1909 (GS. 535).

die vor dem Inkrafttreten desselben anhängig gewordenen Angelegenheiten Anwendung.

30. Dieses Gesetz tritt gleichzeitig mit dem Deutschen Gerichtsverfassungsgesetze in Kraft.

V. Strafrechtliche Vorschriften.

23.

Strafgesetzbuch für das Deutsche Reich.

(RGBl. von 1876 S. 39.)

Achtundzwanzigster Abschnitt.

Verbrechen und Vergehen im Amte.

331. Ein Beamter, welcher für eine in sein Amt einschlagende, an sich nicht pflichtwidrige Handlung Geschenke oder andere Vorteile annimmt, fordert oder sich versprechen läßt, wird mit Geldstrafe bis zu dreihundert Mark oder mit Gefängnis bis zu sechs Monaten bestraft.

332. Ein Beamter, welcher für eine Handlung, die eine Verletzung einer Amts- oder Dienstpflicht enthält, Geschenke oder andere Vorteile annimmt, fordert oder sich versprechen läßt, wird wegen Bestechung mit Zuchthaus bis zu fünf Jahren bestraft.

Sind mildernde Umstände vorhanden, so tritt Gefängnisstrafe ein.

333. Wer einem Beamten oder einem Mitgliede der bewaffneten Macht Geschenke oder andere Vorteile anbietet, verspricht oder gewährt, um ihn zu einer Handlung, die eine Verletzung einer Amts- oder Dienstpflicht enthält, zu bestimmen, wird wegen Bestechung mit Gefängnis bestraft; auch kann auf Verlust der bürgerlichen Ehrenrechte erkannt werden.

Sind mildernde Umstände vorhanden, so kann auf Geldstrafe bis zu eintausendfünfhundert Mark erkannt werden.

334. Ein Richter, Schiedsrichter, Geschworener oder Schöffe, welcher Geschenke oder andere Vorteile fordert, annimmt oder sich versprechen läßt, um eine Rechtssache, deren Leitung oder Entscheidung ihm obliegt, zugunsten oder zum Nachteile eines Beteiligten zu leiten oder zu entscheiden, wird mit Zuchthaus bestraft.

Derjenige, welcher einem Richter, Schiedsrichter, Geschworenen oder Schöffen zu dem vorbezeichneten Zwecke Geschenke oder andere Vorteile anbietet, verspricht oder gewährt, wird mit Zuchthaus bestraft. Sind mildernde Umstände vorhanden, so tritt Gefängnisstrafe ein.

335. In den Fällen der §§ 331 bis 334 ist im Urteile das Empfangene oder der Wert desselben für dem Staate verfallen zu erklären.

336. Ein Beamter oder Schiedsrichter, welcher sich bei der Leitung oder Entscheidung einer Rechtssache vorsätzlich zugunsten oder zum Nachteile einer Partei einer Beugung des Rechtes schuldig macht, wird mit Zuchthaus bis zu fünf Jahren bestraft.

338[1]. Ein Religionsdiener oder Personenstandsbeamter, welcher, wissend, daß eine Person verheiratet ist, eine neue Ehe derselben schließt, wird mit Zuchthaus bis zu fünf Jahren bestraft.

339. Ein Beamter, welcher durch Mißbrauch seiner Amtsgewalt oder durch Androhung eines bestimmten

[1] § 337 ist durch den § 67 des Gesetzes über die Beurkundung des Personenstandes und die Eheschließung v. 6. Februar 1875 (RGBl. 23) ersetzt.

Mißbrauchs derselben jemand zu einer Handlung, Duldung oder Unterlassung widerrechtlich nötigt, wird mit Gefängnis bestraft.

Der Versuch ist strafbar.

In den Fällen der §§ 106, 107, 167 u. 253[1] tritt die daselbst angedrohte Strafe ein, wenn die Handlung von einem Beamten, wenn auch ohne Gewalt oder Drohung, aber durch Mißbrauch seiner Amtsgewalt oder Androhung eines bestimmten Mißbrauchs derselben begangen ist.

340. Ein Beamter, welcher in Ausübung oder in Veranlassung der Ausübung seines Amtes vorsätzlich eine Körperverletzung begeht oder begehen läßt, wird mit Gefängnis nicht unter drei Monaten bestraft. Sind mildernde Umstände vorhanden, so kann die Strafe bis auf einen Tag Gefängnis ermäßigt oder auf Geldstrafe bis zu neunhundert Mark erkannt werden.

Ist die Körperverletzung eine schwere, so ist auf Zuchthaus nicht unter zwei Jahren zu erkennen. Sind mildernde Umstände vorhanden, so tritt Gefängnisstrafe nicht unter drei Monaten ein.

341. Ein Beamter, welcher vorsätzlich, ohne hierzu berechtigt zu sein, eine Verhaftung oder vorläufige Ergreifung und Festnahme oder Zwangsgestellung vornimmt oder vornehmen läßt, oder die Dauer einer Freiheitsentziehung verlängert, wird nach Vorschrift des § 239, jedoch mindestens mit Gefängnis von drei Monaten bestraft.

342. Ein Beamter, der in Ausübung oder in Ver-

---

[1] Die Paragraphen betreffen: Verhinderung in der Ausübung staatsbürgerlicher Rechte, der Verrichtung des Gottesdienstes bzw. Erpressung.

anlassung der Ausübung seines Amtes einen Hausfriedensbruch (§ 123) begeht, wird mit Gefängnis bis zu einem Jahre oder mit Geldstrafe bis zu neunhundert Mark bestraft.

343. Ein Beamter, welcher in einer Untersuchung Zwangsmittel anwendet oder anwenden läßt, um Geständnisse oder Aussagen zu erpressen, wird mit Zuchthaus bis zu fünf Jahren bestraft.

344. Ein Beamter, welcher vorsätzlich zum Nachteile einer Person, deren Unschuld ihm bekannt ist, die Eröffnung oder Fortsetzung einer Untersuchung beantragt oder beschließt, wird mit Zuchthaus bestraft.

345. Gleiche Strafe trifft den Beamten, welcher vorsätzlich eine Strafe vollstrecken läßt, von der er weiß, daß sie überhaupt nicht oder nicht der Art oder dem Maße nach vollstreckt werden darf.

Ist die Handlung aus Fahrlässigkeit begangen, so tritt Gefängnisstrafe oder Festungshaft bis zu einem Jahre oder Geldstrafe bis zu neunhundert Mark ein.

346. Ein Beamter, welcher vermöge seines Amtes bei Ausübung der Strafgewalt oder bei Vollstreckung der Strafe mitzuwirken hat, wird mit Zuchthaus bis zu fünf Jahren bestraft, wenn er in der Absicht, jemand der gesetzlichen Strafe rechtswidrig zu entziehen, die Verfolgung einer strafbaren Handlung unterläßt, oder eine Handlung begeht, welche geeignet ist, eine Freisprechung oder eine dem Gesetze nicht entsprechende Bestrafung zu bewirken, oder die Vollstreckung der ausgesprochenen Strafe nicht betreibt, oder eine gelindere als die erkannte Strafe zur Vollstreckung bringt.

Sind mildernde Umstände vorhanden, so tritt Gefängnisstrafe nicht unter einem Monat ein.

347. Ein Beamter, welcher einen Gefangenen, dessen Beaufsichtigung, Begleitung oder Bewachung ihm anvertraut ist, vorsätzlich entweichen läßt oder dessen Befreiung vorsätzlich bewirkt oder befördert, wird mit Zuchthaus bis zu fünf Jahren bestraft. Sind mildernde Umstände vorhanden, so tritt Gefängnisstrafe nicht unter einem Monat ein.

Ist die Entweichung durch Fahrlässigkeit befördert oder erleichtert worden, so tritt Gefängnisstrafe bis zu sechs Monaten oder Geldstrafe bis zu sechshundert Mark ein.

348. Ein Beamter, welcher, zur Aufnahme öffentlicher Urkunden befugt, innerhalb seiner Zuständigkeit vorsätzlich eine rechtlich erhebliche Tatsache falsch beurkundet oder in öffentliche Register oder Bücher falsch einträgt, wird mit Gefängnis nicht unter einem Monat bestraft.

Dieselbe Strafe trifft einen Beamten, welcher eine ihm amtlich anvertraute oder zugängliche Urkunde vorsätzlich vernichtet, beiseite schafft, beschädigt oder verfälscht.

349. Wird eine der im § 348 bezeichneten Handlungen in der Absicht begangen, sich oder einem anderen einen Vermögensvorteil zu verschaffen oder einem anderen Schaden zuzufügen, so ist auf Zuchthaus bis zu zehn Jahren und zugleich auf Geldstrafe von einhundertfünfzig bis zu dreitausend Mark zu erkennen.

350. Ein Beamter, welcher Gelder oder andere Sachen, die er in amtlicher Eigenschaft empfangen oder in Gewahrsam hat, unterschlägt, wird mit Gefängnis nicht unter drei Monaten bestraft; auch kann auf Verlust der bürgerlichen Ehrenrechte erkannt werden.

Der Versuch ist strafbar.

351. Hat der Beamte in Beziehung auf die Unterschlagung die zur Eintragung oder Kontrolle der Einnahmen oder Ausgaben bestimmten Rechnungen, Register oder Bücher unrichtig geführt, verfälscht oder unterdrückt, oder unrichtige Abschlüsse oder Auszüge aus diesen Rechnungen, Registern oder Büchern, oder unrichtige Belege zu denselben vorgelegt, oder ist in Beziehung auf die Unterschlagung auf Fässern, Beuteln oder Paketen der Geldinhalt fälschlich bezeichnet, so ist auf Zuchthaus bis zu zehn Jahren zu erkennen.

Sind mildernde Umstände vorhanden, so tritt Gefängnisstrafe nicht unter sechs Monaten ein.

352. Ein Beamter, Advokat, Anwalt oder sonstiger Rechtsbeistand, welcher Gebühren oder andere Vergütungen für amtliche Verrichtungen zu seinem Vorteile zu erheben hat, wird, wenn er Gebühren oder Vergütungen erhebt, von denen er weiß, daß der Zahlende sie überhaupt nicht oder nur in geringerem Betrage verschuldet, mit Geldstrafe bis zu dreihundert Mark oder mit Gefängnis bis zu einem Jahre bestraft.

Der Versuch ist strafbar.

353. Ein Beamter, welcher Steuern, Gebühren oder andere Abgaben für eine öffentliche Kasse zu erheben hat, wird, wenn er Abgaben, von denen er weiß, daß der Zahlende sie überhaupt nicht oder nur in geringerem Betrage verschuldet, erhebt, und das rechtswidrig Erhobene ganz oder zum Teil nicht zur Kasse bringt, mit Gefängnis nicht unter drei Monaten bestraft.

Gleiche Strafe trifft den Beamten, welcher bei amtlichen Ausgaben an Geld oder Naturalien dem Empfänger vorsätzlich und rechtswidrig Abzüge macht und die Ausgaben als vollständig geleistet in Rechnung stellt.

353 a. Ein Beamter im Dienste des Auswärtigen Amtes des Deutschen Reichs, welcher die Amtsverschwiegenheit dadurch verletzt, daß er ihm amtlich anvertraute oder zugängliche Schriftstücke oder eine ihm von seinem Vorgesetzten erteilte Anweisung oder deren Inhalt anderen widerrechtlich mitteilt, wird, sofern nicht nach anderen Bestimmungen eine schwerere Strafe verwirkt ist, mit Gefängnis oder mit Geldstrafe bis zu fünftausend Mark bestraft.

Gleiche Strafe trifft einen mit einer auswärtigen Mission betrauten oder bei einer solchen beschäftigten Beamten, welcher den ihm durch seinen Vorgesetzten amtlich erteilten Anweisungen vorsätzlich zuwiderhandelt, oder welcher in der Absicht, seinen Vorgesetzten in dessen amtlichen Handlungen irrezuleiten, demselben erdichtete oder entstellte Tatsachen berichtet.

354, 355[1].

356. Ein Advokat, Anwalt oder ein anderer Rechtsbeistand, welcher bei den ihm vermöge seiner amtlichen Eigenschaft anvertrauten Angelegenheiten in derselben Rechtssache beiden Parteien durch Rat oder Beistand pflichtwidrig dient, wird mit Gefängnis nicht unter drei Monaten bestraft.

Handelt derselbe im Einverständnisse mit der Gegenpartei zum Nachteile seiner Partei, so tritt Zuchthausstrafe bis zu fünf Jahren ein.

357. Ein Amtsvorgesetzter, welcher seine Untergebenen zu einer strafbaren Handlung im Amte vorsätzlich ver-

[1] Betreffen Post- und Telegraphenbeamte.

leitet oder zu verleiten unternimmt, oder eine solche strafbare Handlung seiner Untergebenen wissentlich geschehen läßt, hat die auf diese strafbare Handlung angedrohte Strafe verwirkt.

Dieselbe Bestimmung findet auf einen Beamten Anwendung, welchem eine Aufsicht oder Kontrolle über die Amtsgeschäfte eines anderen Beamten übertragen ist, sofern die von diesem letzteren Beamten begangene strafbare Handlung die zur Aufsicht oder Kontrolle gehörenden Geschäfte betrifft.

358. Neben der nach Vorschrift der §§ 331, 339 bis 341, 352 bis 355 und 357 erkannten Gefängnisstrafe kann auf Verlust der Fähigkeit zur Bekleidung öffentlicher Aemter auf die Dauer von einem bis zu fünf Jahren erkannt werden.

359. Unter Beamten im Sinne dieses Strafgesetzes sind zu verstehen alle im Dienste des Reichs oder in unmittelbarem oder mittelbarem Dienste eines Bundesstaats auf Lebenszeit, auf Zeit oder nur vorläufig angestellte Personen, ohne Unterschied, ob sie einen Diensteid geleistet haben oder nicht, ingleichen Notare, nicht aber Advokaten und Anwälte.

Ferner:

174. Mit Zuchthaus bis zu fünf Jahren werden bestraft:

. . . .

2. Beamte, die mit Personen, gegen welche sie eine Untersuchung zu führen haben oder welche ihrer Obhut anvertraut sind, unzüchtige Handlungen vornehmen;
3. Beamte, Aerzte oder andere Medizinalpersonen, welche in Gefängnissen oder in öffentlichen, zur Pflege von Kranken, Armen oder anderen Hilflosen bestimmten Anstalten beschäftigt oder angestellt sind, wenn sie mit den

in das Gefängnis oder in die Anstalt aufgenommenen Personen unzüchtige Handlungen vornehmen.

Sind mildernde Umstände vorhanden, so tritt Geängnisstrafe nicht unter sechs Monaten ein.

VI. Einkommensverhältnisse.

24.

Gesetz, betreffend die Zahlung der Beamtenbesoldung und des Gnadenvierteljahrs. Vom 7. März 1908 (GS. 35)[1].

§ 1. Die unmittelbaren Staatsbeamten, welche eine etatsmäßige Stelle bekleiden, erhalten ihre Besoldung, soweit sie ihnen in festen Barbezügen zusteht, aus der Staatskasse vierteljährlich im voraus.

§ 2. Hinterläßt ein unmittelbarer Staatsbeamter, welcher eine etatsmäßige Stelle bekleidete, eine Witwe oder eheliche oder legitimierte Nachkommen, so wird die volle Besoldung des Verstorbenen noch für die auf den Sterbemonat folgenden drei Monate (Gnadenvierteljahr) unter Anrechnung der vor dem Tode fällig gewordenen Besoldungsteile gewährt[2]. An wen das Gnadenvierteljahr zu gewähren ist, bestimmt der Verwaltungschef oder die von ihm bezeichnete Behörde.

In gleicher Weise kann den Hinterbliebenen eines unmittelbaren Staatsbeamten, welcher eine etatsmäßige Stelle nicht bekleidete, aber zur Befriedigung eines dauernden Bedürfnisses und nicht nur aushilfsweise beschäftigt war, das Gnadenvierteljahr von den ihm in

[1] Hierzu MinErl. v. 11. April 1908 (MBl. 131).

[2] Und zwar neben den militärischen Gnadengebührnissen bei Kriegsteilnehmern AllgVf. v. 19. Jan. 1915 (JMBl. 12).

festen monatlichen oder vierteljährlichen Beträgen zustehenden Diensteinkünften gewährt werden.

§ 3. Das Gnadenvierteljahr kann von dem Verwaltungschef oder der von ihm bezeichneten Behörde auch dann gewährt werden, wenn der Verstorbene Verwandte der aufsteigenden Linie, Geschwister, Geschwisterkinder oder Pflegekinder, deren Ernährer er ganz oder überwiegend gewesen ist, in Bedürftigkeit hinterläßt, oder wenn und soweit der Nachlaß nicht ausreicht, um die Kosten der letzten Krankheit und der Beerdigung zu decken.

§ 4. In dem Genusse der Dienstwohnung, die von einem der im § 2 genannten Beamten bewohnt war, ist die hinterbliebene Familie nach Ablauf des Sterbemonats noch drei fernere Monate zu belassen.

Hinterläßt der Beamte keine Familie, so ist denjenigen, auf welche sein Nachlaß übergeht, eine vom Todestag an zu rechnende dreißigtägige Frist zur Räumung der Dienstwohnung zu gewähren.

In jedem Falle müssen Arbeits- und Sitzungszimmer sowie sonstige für den amtlichen Gebrauch bestimmte Räumlichkeiten sofort geräumt werden.

Sofern das dienstliche Interesse es ausnahmsweise erfordert, ist die ganze Dienstwohnung auf Anordnung des Verwaltungschefs bereits vor Ablauf der in Abs. 1 und 2 genannten Zeiten gegen Gewährung voller Entschädigung für die Beschaffung eines anderweiten angemessenen Unterkommens zu räumen. Der Betrag der Entschädigung wird von dem Verwaltungschef in Gemeinschaft mit dem Finanzminister endgültig festgesetzt.

§ 5. Die Vorschriften dieses Gesetzes finden auch auf die zur Disposition stehenden Beamten und Wartegeldempfänger sowie auf deren Hinterbliebene Anwendung.

§ 6. Außer Kraft treten:

1. das Gesetz vom 6. Februar 1881, betreffend die Zahlung der Beamtengehälter und Bestimmungen über das Gnadenquartal, (GS. 17),
2. die Kabinettsorder vom 27. April 1816 wegen der den Hinterbliebenen Königlicher Beamten zu bewilligenden Gnaden- und Sterbequartale (GS. 134),
3. die Kabinettsorder vom 15. November 1819, daß auf die nach dem Tode eines Beamten geschehenen allgemeinen Gnadenbewilligungen die Gläubiger keine Ansprüche haben sollen (GS. 1820 S. 45).

25.

Gesetz, betr. die Bereitstellung von Mitteln zu Diensteinkommensverbesserungen. Vom 26. Mai 1909 (GS. 85).

§ 2. Die Gewährung der Diensteinkünfte ausschließlich der Wohnungsgeldzuschüsse erfolgt auf Grund der anliegenden Besoldungsordnung[1] an die in dieser aufgeführten Beamten.

Die Bezüge für Nebenämter und Nebenbeschäftigungen, soweit nicht die Besoldungsordung hierüber Bestimmungen enthält, bleiben von vorstehender Vorschrift unberührt.

Abänderungen der Besoldungsordnung können insoweit durch den Staatshaushaltsetat erfolgen, als sie durch Änderungen in der Organisation des Staatsdienstes, ins-

[1] Die durch Gesetz vom 29. Juni 1914 (GS. 121) geänderte Besoldungsordnung — nur die Sätze an Gehalt, Zulagen, Mietentschädigung u. dgl. für die verschiedenen Beamtenarten enthaltend — ist hier nicht mitabgedruckt; ebensowenig das Richterbesoldungsgesetz vom 29. Mai 1907 (GS. 111), geändert durch § 6 des Ges. v. 26. Mai 1909 (GS. 85).

besondere durch Einrichtung neuer, in der Besoldungsordnung nicht aufgeführter Beamtenklassen erforderlich werden, auch kann, soweit in der Besoldungsordnung Zulagen für eine ziffernmäßig bestimmte Zahl von Beamten vorgesehen sind, diese Zahl durch den Staatshaushaltsetat geändert werden. In gleicher Weise kann die Bewilligung von Zulagen für einzelne Beamte erfolgen.

§ 3 (Abs. 1). Den im § 1 Nr. 1 und im § 2 Abs. 1 enthaltenen Vorschriften über Diensteinkommensverbesserungen der Beamten wird rückwirkende Kraft vom 1. April 1908 ab beigelegt. Dies gilt auch zugunsten der seit dem Beginne des Etatsjahrs 1908 aus dem Dienste geschiedenen Beamten mit der Wirkung, daß auch die Pensionen der nach dem 1. April 1908 in den Ruhestand getretenen Beamten und die Versorgungsansprüche der Hinterbliebenen der seit dem 1. April 1908 verstorbenen Beamten anderweitig festgesetzt werden.

26.

Vorschriften für die Festsetzung der nach Dienstaltersstufen geregelten Gehälter der unmittelbaren Staatsbeamten.

(Gehaltsvorschriften.)

— ZBl. f. Abg. 1911 S. 316, JMBl. 351. —

Gültig vom 1. April 1911 ab.

Vorbemerkung.

Die nachstehenden Vorschriften gelten für alle etatmäßigen[1] unmittelbaren Staatsbeamten, deren Gehälter nach Dienstaltersstufen geregelt sind. Sie finden keine Anwendung auf die in Klasse 54 der Besoldungsordnung

---

[1] Wegen der Diätenbezüge der diätarisch beschäftigten Justizbeamten Allg. Verf. v. 2. Juni 1909 (JMBl. 151).

aufgeführten Beamten[1] sowie auf die richterlichen Beamten und die höheren Beamten der Staatsanwaltschaft.

A. Allgemeines.

1. Das Aufsteigen im Gehalt erfolgt nach Dienstaltersstufen. Die Aufrückungsfrist beträgt drei Jahre, die hiernach bis zur Erreichung des Höchstgehalts zu gewährenden Beträge sind in der Besoldungsordnung angegeben.

2. Ein Rechtsanspruch auf die vorgeschriebene Gehaltsfestsetzung und auf die Gewährung von Gehaltszulagen steht den Beamten nicht zu. Den Beamten dürfen weder bei der Anstellung noch anderweit irgendwelche Zusicherungen gemacht werden, auf die ein solcher Anspruch etwa gegründet werden könnte.

3. Eine der Zeit nach fällige Gehaltszulage kann dem Beamten versagt werden, wenn eine erhebliche Ausstellung gegen sein dienstliches oder außerdienstliches Verhalten vorliegt. Vor der Versagung ist der Beamte zu hören. Wird die Gehaltszulage versagt, so sind dem Beamten die Gründe unter Feststellung zu den Personalakten zu eröffnen. Sind die Anstände beseitigt, so ist die vorenthaltene Zulage zu gewähren, und zwar, wenn die Verfügung an dem ersten Tage eines Kalendervierteljahrs ergeht, von diesem Tage, anderenfalls von dem ersten Tage des folgenden Kalendervierteljahrs ab. Nur aus besonderen, aktenkundig zu machenden Gründen ist die Gewährung von einem früheren Zeitpunkt ab zulässig. Eine Nachgewährung für zurückliegende Etatsjahre bedarf der Genehmigung des Verwaltungschefs. Ob und in-

[1] D. h. solche, deren Gehälter nicht nach Dienstaltersstufen aufsteigen.

wieweit die einstweilige Versagung einer Zulage und die spätere Bewilligung einer einstweilen vorenthaltenen Zulage in gewissen Fällen, insbesondere bei höheren Beamten, höherer Genehmigung bedarf oder höheren Orts anzuzeigen ist, bleibt der Bestimmung des Verwaltungschefs vorbehalten.

4. Die einstweilige Versagung einer Gehaltszulage hat für sich allein nicht die Wirkung, daß dadurch der Zeitpunkt für das Aufsteigen in die nächstfolgende Gehaltsstufe hinausgeschoben wird.

5. Gehaltsaufbesserungen, die sich aus einer Abänderung des etatmäßigen Gehalts oder der Gehaltsstufen der Beamtenklasse ergeben, sollen nicht mit Rücksicht auf das Verhalten des Beamten versagt werden.

B. Bewilligung der Gehaltszulagen.

6. Die Gehaltszulagen sind vom ersten Tage eines Kalendervierteljahres ab zu bewilligen, und zwar den Beamten, welche am ersten Tage des Kalendervierteljahres eine höhere Dienstaltersstufe erreichen, von diesem Tage ab, Beamten, welche innerhalb des Kalendervierteljahres eine höhere Dienstaltersstufe erreichen, vom nächsten Vierteljahrsersten ab. Dieser Grundsatz findet auch Anwendung für die Berechnung des Gehaltssatzes bei der ersten etatmäßigen Anstellung, wenn das Besoldungsdienstalter infolge Anrechnung von Militär- oder Zivildienstzeit verbessert wird. Künftig wegfallende Diensteinkünfte sind, soweit nicht die Besoldungsordnung etwas anderes bestimmt, durch Anrechnung auf die zu bewilligenden Gehaltszulagen in Wegfall zu bringen.

7. Sofern die rechtzeitige Anweisung einer Gehaltszulage versehentlich unterblieben ist oder erst nachträglich

Umstände bekannt geworden sind, die eine Vorrückung des Besoldungsdienstalters bedingen, kann die Nachzahlung verfügt werden, für zurückliegende Etatsjahre jedoch nur mit Genehmigung des Verwaltungschefs.

8. Ergibt sich nach dem Ableben eines Beamten oder nach seinem Eintritt in den Ruhestand, daß die Anweisung einer nach Nr. 6 zu gewährenden Zulage unterblieben ist, so ist diese nachträglich zu bewilligen, es sei denn, daß nach Nr. 3 ein Anlaß zu ihrer Versagung gegeben war. Eine Nachzahlung für zurückliegende Etatsjahre bedarf der Genehmigung des Verwaltungschefs. Tritt ein Beamter mit Ende des Vierteljahrs, nach dessen Ablauf ihm eine Gehaltszulage hätte gewährt werden können, in den Ruhestand, so unterbleibt deren Bewilligung, und es wird die Pension nach dem bisherigen Gehalte berechnet.

C. Grundsätze für die Festsetzung des Besoldungsdienstalters.

Beginn des Besoldungsdienstalters.

9. I. Das Besoldungsdienstalter eines Beamten beginnt mit dem Tage der Anstellung in der jeweiligen etatmäßigen Stelle (Nr. 12), soweit in diesen Vorschriften nichts Abweichendes bestimmt oder zugelassen ist. Von diesem Zeitpunkt ab sind die Zeitabschnitte für das Verbleiben in der untersten Gehaltsstufe und für das Aufsteigen in die höheren Gehaltsstufen zu rechnen. Hinsichtlich der Dolmetscher im Bereiche der Justizverwaltung verbleibt es bei den bestehenden besonderen Vorschriften.

II. Der Beamte ist von der Festsetzung des Besoldungsdienstalters schriftlich zu benachrichtigen.

10. Das Besoldungsdienstalter ist in jedem Falle

genau auf den Kalendertag, nicht auf den nächstfolgenden Vierteljahrsersten festzusetzen. Dienstzeiten, welche nicht volle Jahre, vom Tage des Dienstantritts gerechnet, umfassen, sind, unbeschadet der Vergünstigung gemäß Nr. 22, nach Tagen, und zwar einschließlich der 31. Monatstage zu berechnen. Mehrere getrennte Dienstzeiten sind rechnungsmäßig besonders zu behandeln. Bei der Zusammenrechnung werden je 365 Tage als ein Jahr angesetzt, und zwar auch dann, wenn bei den einzelnen Dienstzeiten Schalttage zur Anrechnung gekommen sind.

11. Das Besoldungsdienstalter kommt nur für die Regelung der Gehaltsbezüge in Betracht und hat auf die sonstigen Verhältnisse des Beamten, insbesondere auf die Berechnung der Dienstzeit bei Pensionierungen, die Reihenfolge der Beförderungen, die Vorschläge für die Verleihung von Titeln, die Rangverhältnisse usw., keinen Einfluß.

Beginn der etatmäßigen Anstellung.

12. Als Zeitpunkt der etatmäßigen Anstellung gilt derjenige Tag, von welchem ab dem Beamten eine etatmäßige Stelle dauernd — sei es unwiderruflich, sei es auf Widerruf oder Kündigung — mit dem damit verbundenen Diensteinkommen verliehen worden ist. Die probeweise oder widerrufliche Übertragung der Verwaltung einer etatmäßigen Stelle bleibt auch dann außer Betracht, wenn der Beamte während dieser Zeit das volle Stelleneinkommen bezogen hat. (Vgl. jedoch Nr. 23.)

13. Hat die Verleihung einer etatmäßigen Stelle an einen Beamten sich infolge eines verwaltungsseitigen Versehens verzögert, so ist zur Be-

seitigung eines Nachteils bei der Festsetzung des Besoldungsdienstalters die ministerielle Genehmignng nachzusuchen, sofern eine des Ausgleichs bedürfende Härte oder Unbilligkeit vorliegt.

Anrechnung von Militärdienstzeit auf das Besoldungsdienstalter der aus dem Militäranwärterstande hervorgegangenen Beamten[1]).

14. I. Den Militäranwärtern, die neun Jahre und darüber im Heere oder in der Marine gedient haben, wird bei der ersten etatmäßigen Anstellung die Militär- und Marinedienstzeit

a) soweit diese und die nachfolgende Zivildienstzeit zwölf Jahre übersteigt, bis zu drei Jahren, mindestens jedoch mit einem Jahre,

b) soweit die Militär- und Marinedienstzeit und die nachfolgende Zivildienstzeit zwölf Jahre nicht übersteigt, mit einem Jahre

auf das Besoldungsdienstalter angerechnet.

II. Als Zivildienstzeit ist anzusehen die Zeit einer nach dem Ausscheiden aus dem Heere oder der Marine erfolgten informatorischen Beschäftigung, die Zeit des nach dem Ausscheiden aus dem Heere oder der Marine abgeleisteten Probedienstes (§ 19 der Anstellungsgrundsätze vom 20. Juni 1907) sowie eine diätarische Dienstzeit, in allen diesen Fällen jedoch nur dann, wenn die Dienstzeiten in demjenigen Verwaltungszweige, in dem die etatmäßige Anstellung erfolgt, behufs ihrer Erlangung zurückgelegt sind. Mit Genehmigung des Verwaltungs-

---

[1] S. a. Allerh. Erl. v. 22. März 1909 und 24. Mai 1911 (JMBl. 1911 S. 357, 359).

chefs können indessen auch informatorische Beschäftigung, Probedienstzeit und diätarische Dienstzeit in einem anderen Dienstzweige derselben Verwaltung oder in einer anderen Verwaltung berücksichtigt werden.

III. Außer Betracht bleibt die Zeit, während welcher die etatmäßige Anstellung wegen unzureichender Befähigung des Militäranwärters oder aus anderen in seiner Person beruhenden Ursachen ausgesetzt worden ist.

IV. Den Militäranwärtern, die weniger als neun Jahre im Heere und in der Marine gedient haben, wird die tatsächlich abgeleistete Dienstzeit bei der ersten etatmäßigen Anstellung als mittlere Beamte, Zeichner oder Kanzleibeamte bis zu einem Jahre auf das Besoldungsdienstalter angerechnet.

V. Dem Militärdienste steht gleich der Dienst bei den Kaiserlichen Schutztruppen, ferner bei den Polizeitruppen sowie als Grenz- und Zollaufsichtsbeamter in den Schutzgebieten. Die vor dem vollendeten 17. Lebensjahre liegende Militär- und Marinedienstzeit bleibt außer Betracht. Wegen des Dienstes in der Gendarmerie oder Schutzmannschaft vgl. Nr. 47 A.

VI. Es macht keinen Unterschied, ob die Anstellung des Militäranwärters in einer dieser Klasse vorbehaltenen oder in einer anderen Stelle erfolgt.

VII. Eine Anrechnung von Militärdienstzeit findet nicht statt

A. bei Inhabern des Zivilversorgungsscheines, die

a) schon vor dem Eintritt in das Heer oder in die Marine als Zivilanwärter bei einer Behörde beschäftigt waren, nach dem Ausscheiden aus dem Heere wieder in ihr früheres Dienstverhältnis zurücktraten und demnächst gemäß der auf diesem Wege —

vor oder nach der Erlangung des Zivilversorgungsscheines — erworbenen Anwartschaft als Zivilanwärter etatmäßig angestellt werden, oder

b) erst nach dem Ausscheiden aus dem Heere oder der Marine, aber bevor sie den Zivilversorgungsschein besaßen, als Zivilanwärter angenommen wurden und demnächst gemäß der auf diesem Wege — vor oder nach Erlangung des Zivilversorgungsscheins — erworbenen Anwartschaft als Zivilanwärter etatmäßig angestellt werden, oder

c) erst nach dem Ausscheiden aus dem Heere oder der Marine und nach der Erlangung des Zivilversorgungsscheins für eine Laufbahn, deren Stellen zum Teil den Militäranwärtern vorbehalten sind, nicht nach den Anstellungsgrundsätzen für Militäranwärter, sondern auf ihren Wunsch unter den für Zivilanwärter vorgeschriebenen Bedingungen angenommen und demnächst auch als Zivilanwärter etatmäßig angestellt werden;

B. bei solchen ehemaligen Militäranwärtern, die als etatmäßige Beamte bereits pensioniert waren und von neuem etatmäßig angestellt werden. (Vgl. jedoch Nr. 15.)

15. I. Die Anrechnung der aktiven Militärdienstzeit auf das Besoldungsdienstalter nach Maßgabe der vorstehenden Grundsätze findet auch statt, wenn eine etatmäßige Stelle ohne Pension aufgegeben ist und demnächst eine anderweite etatmäßige Anstellung auf Grund des Zivilversorgungsscheines erfolgt, ohne daß das Besoldungsdienstalter nach Maßgabe des früher bezogenen Gehalts bestimmt wird. Werden aktive oder pensionierte Unterbeamte aus der Klasse der ehemaligen Militär-

anwärter als mittlere Beamte, Zeichner oder Kanzleibeamte angestellt, so findet eine Anrechnung der Militär- und Marinedienstzeit nach Maßgabe der vorstehenden Bestimmungen insoweit statt, als nicht schon die bei der Anstellung als Unterbeamte stattgehabte Anrechnung von Militär- und Marinedienstzeit zu einer gleichen Verbesserung des Diensteinkommens in der neuen Klasse führt.

II. Für Verwaltungen, in denen die etatmäßige Anstellung in einer Unterbeamtenstelle organisationsmäßige Voraussetzung für die Erlangung einer Stelle mittleren Dienstes ist, kann bei Militäranwärtern, die neun Jahre und darüber im Heere oder in der Marine gedient haben, im Einvernehmen mit der Finanzverwaltung die in der Unterbeamtenstelle zurückgelegte Dienstzeit als Zivildienst im Sinne der Nr. 14 Abs. 1 angesehen werden und demgemäß eine Anrechnung von Militär- und Marinedienstzeit bis zu drei Jahren erfolgen.

Anrechnung diätarischer Dienstzeit.

16. I. Bei der Festsetzung des Besoldungsdienstalters für die höheren Beamten ist von der Zeit der Beschäftigung im Staatsdienste, welche zwischen dem Tage des für die Anstellung maßgebenden Dienstalters und dem Tage der ersten etatmäßigen Anstellung liegt, falls das Anfangsgehalt der Stelle 3000 M nicht übersteigt der über vier Jahre, sofern es 3600 M nicht übersteigt, der über sieben Jahre und im übrigen der über zehn Jahre hinausgehende Teil bis zu zwei Jahren auf das Besoldungsdienstalter anzurechnen.

II. Bei den mittleren Beamten, die in einem Amte mit einem Anfangsgehalte von mehr als 2100 M Anstellung finden, kommt die zwischen dem Beginne des

Diätariats in dem gleichen Dienstzweige und der ersten etatmäßigen Anstellung liegende Zeit, soweit sie acht Jahre übersteigt, bei den übrigen mittleren Beamten mit einem Anfangsgehalte von nicht mehr als 2100 M, sowie bei den Zeichnern, den Kanzleibeamten und Unterbeamten, soweit sie fünf Jahre übersteigt, unbeschränkt in Anrechnung (vgl. Nr. 60).

III. Dies gilt auch für diejenige Dienstzeit, welche pensionierte oder freiwillig — sei es aus dem Staatsdienst überhaupt, sei es nur aus ihrer Etatstelle — ausgeschiedene Beamte, einschließlich der Gendarmen und Schutzmänner nach dem Wiedereintritt in den Staatsdienst oder nach dem Übertritt in einen anderen Dienstzweig im diätarischen Verhältnisse daselbst zurückgelegt haben.

IV. Bei denjenigen Forstassessoren, welche Mitglieder des Reitenden Feldjägerkorps sind, ist der Dienst als Feldjäger dem als Forstassessor gleich zu erachten.

17. Eine Anrechnung diätarischer Beschäftigung kommt nur insoweit in Frage, als die etatmäßige Anstellung durch den Mangel an offenen Stellen oder durch sonstige, von dem Zutun des Beamten unabhängige Gründe verzögert worden ist. Demnach sind auch Verzögerungen der etatmäßigen Anstellung infolge des Vorrechts der vormaligen Unteroffiziere mit mindestens achtjähriger Militärdienstzeit gegenüber den nichtvorzugsberechtigten Militäranwärtern, den Inhabern des Anstellungsscheines und den nichtanstellungsberechtigten Anwärtern (§ 22 Abs. 1 bis 3 der Anstellungsgrundsätze für Militäranwärter und Inhaber des Anstellungsscheines) zu berücksichtigen. Ist die etatmäßige Anstellung infolge unzureichender Befähigung oder aus anderen in der

Person des Beamten beruhenden Ursachen ausgesetzt worden, so bleibt diese Zeit bei der Anrechnung außer Betracht.

18. Bei den mittleren Beamten, den Zeichnern, Kanzleibeamten und Unterbeamten darf diätarische Beschäftigung in einem anderen Dienstzweige derselben Verwaltung nur mit Genehmigung des Verwaltungschefs, diätarische Beschäftigung in Dienstzweigen anderer Verwaltungen nur mit ministerieller Genehmigung angerechnet werden. Ihre Anrechnung ist ausgeschlossen, wenn der Übertritt in die neue Anwärterklasse für den Beamten mit Vorteilen im Gehaltsbezuge bei der etatmäßigen Anstellung verbunden ist. Als Vorteil im Gehaltsbezug ist es auch anzusehen, wenn der Anwärter bei der ersten etatmäßigen Anstellung zwar kein höheres Gehalt erhält, als er in dem Dienstzweige, dem er früher angehörte, erhalten haben würde, wohl aber die Aussicht erlangt, in kürzerer Zeit im Gehalt aufzusteigen oder ein höheres Höchstgehalt zu erreichen.

19. I. Bei Militäranwärtern erfolgt die Anrechnung der diätarischen Dienstzeit neben der nach Nr. 14 vorzunehmenden Anrechnung von Militärdienstzeit.

II. Zivilanwärtern wird bei Berechnung der nach Nr. 16 zu berücksichtigenden diätarischen Dienstzeit auch diejenige Dienstzeit bis zu einem Jahre angerechnet, um welche das Diätariendienstalter durch Anrechnung von Militärdienstzeit nach Nr. 2[1] der Bestimmungen,

---

[1] Nr. 2 des AllerhErl. v. 14. Dez. 1891 lautet:

Den Subalternbeamten wird bei Feststellung des Dienstalters, welches für ihre Berufung zur ersten etatmäßigen Anstellung in Betracht kommt, die Zeit, welche sie während

betreffend die Anrechnung der Militärdienstzeit auf das Dienstalter der Zivilbeamten, vom 14. Dezember 1891 vorgerückt worden ist. In gleicher Weise wird, wenn und insoweit der Anwärter der Militärpflicht erst nach Beginn der diätarischen Dienstzeit genügt hat, die Zeit des Militärdienstes bis zu einem Jahre in die diätarische Dienstzeit eingerechnet.

III. Für Beamte, die vor oder während der aktiven Militärdienstzeit zur etatmäßigen Anstellung heranrücken, aber erst nach der Rückkehr vom Militär oder nach endgültiger Befreiung von der aktiven Militärdienstpflicht etatmäßig angestellt werden, wird das Besoldungsdienstalter so festgesetzt, als wenn die Anstellung in der Reihenfolge des Anwärterdienstalters erfolgt wäre.

20. I. Als Zeitpunkt für den Beginn der diätarischen Beschäftigung (Diätariendienstalter im Sinne dieser Gehaltsvorschriften) gilt

a) bei den aus den Klassen der Zivilsupernumerare oder der Justizanwärter hervorgegangenen Beamten der Ablauf dreier Jahre seit Antritt des Vorbereitungsdienstes. Soweit jedoch der Vorbereitungsdienst aus einer in der Person des Beamten beruhenden Ursache über drei Jahre hinaus verlängert ist,

---

ihrer Ausbildungs- oder Vorbereitungszeit in Erfüllung der aktiven Dienstpflicht im stehenden Heere oder in der Marine gedient haben, bis zum Höchstbetrag eines Jahres insoweit in Anrechnung gebracht, als sie infolge der Erfüllung der Dienstpflicht die Befähigung zur Bekleidung des betreffenden Amtes später erlangt haben (nach Staatsmin.-Beschl. v. 30. Sept. 1915 — JMBl. 258 — auch auf ehemalige aktive Offiziere anwendbar).

wird der Beginn des Diätariendienstalters entsprechend hinausgeschoben.

Bei den Amtsanwälten rechnet die diätarische Dienstzeit von dem Bestehen der Amtsanwaltsprüfung oder von dem Beginne der Dienstzeit als Amtsanwalt im Hauptamte;

b) bei den aus der Klasse der Militäranwärter hervorgegangenen Beamten der Tag der endgültigen Übernahme in den Zivilstaatsdienst, soweit es sich aber um Beamte des mittleren nichttechnischen Eisenbahndienstes handelt, der Ablauf von sechs Monaten seit dem Antritt ihrer Beschäftigung in diesem Dienstzweige.

II. Das so festgesetzte Diätariendienstalter ist, sofern die für die Erlangung der Befähigung zur etatmäßigen Anstellung vorgeschriebene Prüfung aus einer in der Person des Beamten beruhenden Ursache nicht zu dem frühesten zulässigen Zeitpunkte mit Erfolg abgelegt worden ist, um den Zeitraum der Verzögerung zu kürzen. Diese Bestimmung findet indes keine Anwendung auf diejenigen Beamtenklassen, deren Vorbereitungsdienst erst durch die Ablegung der erforderlichen Prüfung abgeschlossen wird.

21. I. Bei der ersten etatmäßigen Anstellung von Forstversorgungsberechtigten als Förster wird bei Berechnung des Diätariats diejenige Dienstzeit berücksichtigt, welche sie nach Erlangung des Forstversorgungsscheines im Staatsforstdienste gegen Gewährung von Diäten oder im berufsmäßigen Gemeinde-, Anstalts- oder Privatforstdienst gegen Entgelt zugebracht haben.

II. Der berufsmäßigen Beschäftigung gleichgeachtet wird bei denjenigen Oberjägern, welche den Forstversorgungsschein nach neunjähriger aktiver Dienstzeit erhalten haben, auch die über neun Jahre im aktiven Militärdienste beim Jägerkorps zugebrachte Dienstzeit.

22. Wenn ein Beamter den Dienst bei einer Behörde beabsichtigtermaßen mit dem Beginn eines Kalendermonats antreten sollte, ihn aber, weil der erste oder auch noch der zweite Tag des Monats ein Sonn- oder Festtag war, erst am darauf folgenden Werktag antreten konnte, so ist der Beginn der diätarischen Beschäftigung so festzusetzen, als ob der Dienstantritt am ersten Tage des Kalendermonats erfolgt wäre.

23. Eine etwaige Probedienstleistung oder eine Beschäftigung gegen Lohn oder Schreibgebühren gilt nicht als diätarische Beschäftigung. Dagegen ist die Zeit einer zunächst probeweise oder unter Vorbehalt des Widerrufs erfolgten Verwaltung einer etatmäßigen Stelle durch einen Diätar als diätarische Dienstzeit anzusehen. (Vgl. auch Nr. 12.)

24. Insoweit nach Maßgabe der für einzelne Verwaltungszweige geltenden Bestimmungen etatmäßige Stellen des mittleren oder unteren Dienstes mit Personen besetzt werden, welche nicht zu den Zivilsupernumeraren oder Zivilanwärtern der Justizverwaltung oder zu den Militäranwärtern gehören, bleiben die hinsichtlich der Berechnung der diätarischen Dienstzeit dieser Personen bestehenden besonderen Vorschriften unberührt.

D. Gehaltsfestsetzung beim Übertritte von Beamten aus einer Besoldungsklasse in eine andere infolge Beförderung oder Versetzung aus dienstlichen Rücksichten.

Vorrückung des Besoldungsdienstalters zur Abwendung einer Gehaltseinbuße.

25. I. Beim Übertritte der Beamten aus einer Be-

soldungsklasse in eine andere infolge Beförderung oder infolge Versetzung aus dienstlichen Rücksichten ist das Besoldungsdienstalter für die neue Besoldungsklasse wie folgt festzusetzen: Der Beamte tritt sogleich in die seinem Normalgehalte (vgl. Nr. 31) in der früheren Besoldungsklasse entsprechende Gehaltsstufe der neuen Besoldungsklasse ein. Besteht ein diesem Gehalt entsprechender Gehaltssatz in der neuen Besoldungsklasse nicht, so rückt er in die nächsthöhere Stufe ein. Er verbleibt in der letzteren die volle für das weitere Aufsteigen im Gehalte vorgeschriebene Zeit. Wäre er jedoch in der früheren Besoldungsklasse bereits vor Ablauf dieser Zeit in die nächsthöhere Gehaltsstufe aufgestiegen und hätte er dadurch ein Gehalt erlangt, welches über das ihm in der neuen Besoldungsklasse 'gewährte hinausgeht, so steigt er in dieser bereits zu derjenigen Zeit in die nächsthöhere Gehaltsstufe auf, zu welcher er in der früheren Besoldungsklasse aufgestiegen sein würde. Eine weitere Berücksichtigung der beim Verbleiben in der bisherigen Besoldungsklasse erreichbar gewesenen Bezüge findet nicht statt. Eine Vorrückung des Besoldungsdienstalters unterbleibt, wenn das Anfangsgehalt der neuen Stelle höher ist als der Gehaltssatz, den der Beamte in der alten Besoldungsklasse zur Zeit des Übertritts bezieht oder beim nächsten normalmäßigen Aufsteigen erreicht haben würde. Zu den Versetzungen aus dienstlichen Rücksichten sind auch Versetzungen aus Anlaß von Verwaltungsänderungen, dagegen nicht die wegen unbefriedigenden Verhaltens erfolgten Versetzungen zu rechnen.

II. Geht ein Beamter aus einem Dienstzweige in einen anderen über, ohne daß damit eine Änderung der Besoldungsklasse verbunden ist, so behält er das bisherige Besoldungsdienstalter.

26. Bezog der Beamte in der früheren Besoldungsklasse nach seinem Besoldungsdienstalter bereits das Höchstgehalt, so hat er in der Stufe, in welche er nach Nr. 25 eintritt, stets die volle für das weitere Aufsteigen im Gehalte vorgeschriebene Zeit zuzubringen.

27. Bezog der Beamte in der früheren Besoldungsklasse ein höheres als das Normalgehalt, und ist aus diesem Grunde das sich nach Nr. 25 ergebende Gehalt der neuen Stelle niedriger als sein bisheriges Gehalt, so ist ihm letzteres so lange zu belassen, bis er in eine gleich hohe oder höhere Gehaltsstufe aufsteigt.

28. Hat zu einer im Interesse des Dienstes erfolgenden Versetzung eines Beamten dessen unbefriedigendes Verhalten Anlaß gegeben und kommt bei der Gehaltsbemessung in der neuen Besoldungsklasse die Anrechnung früherer Dienstzeit in Frage, so ist die Entscheidung des Verwaltungschefs einzuholen.

29. Beim Übertritte eines Beamten aus einer etatsmäßigen Stelle, deren Gehalt nicht nach Dienstaltersstufen geregelt ist, in eine solche mit Dienstaltersstufen, ist, sofern eine Vorrückung des Besoldungsdienstalters in Frage kommt, die ministerielle Entscheidung einzuholen.

30. Ein höheres Gehalt als das Höchstgehalt der neuen Besoldungsklasse darf in keinem Falle bewilligt werden.

Begriff des Normalgehalts.

31. Unter dem Normalgehalte der früheren Besoldungsklasse ist das Gehalt zu verstehen, welches dem

Besoldungsdienstalter des Beamten an demjenigen Tage entspricht, zu welchem die Beförderung oder Versetzung erfolgt. Ist die Beförderung oder Versetzung im Laufe eines Kalendervierteljahres und zu einer Zeit erfolgt, zu welcher der Beamte die für das weitere Aufsteigen im Gehalte vorgeschriebene Dienstzeit schon zurückgelegt hatte, so gilt als Normalgehalt derjenige Gehaltssatz, welcher ihm vom ersten Tage des nächsten Kalendervierteljahres ab zu zahlen gewesen wäre.

32. I. Der Wohnungsgeldzuschuß sowie Funktions- und andere Zulagen und etwaige Nebenbezüge bleiben, auch wenn sie pensionsfähig sind, außer Berechnung.

II. Dem anrechnungsfähigen Gehalte hinzuzurechnen sind jedoch bei einer Versetzung aus einer Stelle mit Zulage in eine solche ohne Zulage:

a) die pensionsfähigen Zulagen des ständigen Vertreters des Präsidenten der Justizprüfungskommission, der Oberregierungsräte, Verwaltungsgerichtsdirektoren, Oberforstmeister, Oberbergräte, Oberbauräte sowie mit der Unterstützung des Präsidenten in den Präsidialgeschäften beauftragten Oberkonsistorialräte bei den Konsistorien;

ferner die pensionsfähigen Zulagen, welche und insoweit sie den in der Besoldungsordnung in Klasse

42 unter 4 und 5
43 „ 1, 2, 3, 5 bis 10, 12 bis 14,
44 „ 2,
45 „ 1 bis 8,
46 „ 2 bis 5 und
47 „ 2

aufgeführten Beamten neben ihrem Gehalt bewilligt worden sind, sowie die persönlichen Zulagen der Landesgewerberäte (Klasse 47 Nr. 1) in Höhe des pensionsfähigen Betrages;

b) der pensionsfähige Geldwert der Nebenbezüge (Brennholz, Einnahmen aus der Jagd usw.) der Revierförster und Förster.

Sondervorschriften.

(§§ 33—49 betreffend Assessoren, Lehrer, Lehrerinnen, Schulbeamte, Kreisärzte, ehem. Gendarmen und Schutzmänner.)

— Hier nicht mit abgedruckt. —

E. Gehaltsfestsetzung bei Versetzungen, welche lediglich auf Antrag des Beamten erfolgen.

50. Etatmäßige Beamte sollen bei der Staatsverwaltung in andere Beamtenklassen grundsätzlich nur übergeführt werden, wenn zugleich ein dienstliches Bedürfnis dazu vorliegt. Versetzungen lediglich zu dem Zwecke, dem Beamten Vorteile im Gehaltsbezuge zu gewähren, sind untersagt. Die Anerkennung eines dienstlichen Bedürfnisses wird nicht dadurch ausgeschlossen, daß ein Beamter seine Überführung in einen anderen Dienstzweig selbst beantragt hat.

51. Sollte in einem Einzelfall eine Überführung lediglich auf Antrag des Beamten — ohne daß gleichzeitig dienstliche Rücksichten vorliegen — in Erwägung genommen werden, so ist eine Anrechnung früherer Dienstzeit bei der Bemessung des Gehalts der neuen Stelle nur mit ministerieller Genehmigung gestattet, die vor der Entscheidung über den Versetzungsantrag einzuholen ist.

52. Wird die Vorrückung des Besoldungsdienstalters von den zuständigen Ministern nicht genehmigt, so darf die Versetzung nur verfügt werden, nachdem der Beamte auf seinen durch die bisherige Anstellung begründeten Gehaltssatz ausdrücklich verzichtet hat.

F. Gehaltsfestsetzung bei der Wiederanstellung von zur Disposition gestellten oder auf Wartegeld gesetzten Beamten und von pensionierten Beamten.

Zur Disposition gestellte oder auf Wartegeld gesetzte Beamte.

53. Die Bestimmungen über die Festsetzung des Besoldungsdienstalters beim Übertritte von Beamten in andere Klassen (Abschnitt D) finden sinngemäße Anwendung, wenn einem zur Disposition gestellten oder auf Wartegeld gesetzten Beamten eine etatmäßige Stelle wieder verliehen wird. Dabei ist von der Zeit der Dispositionsstellung oder von der Wartegeldzeit die Zeit einer etwaigen Beschäftigung im Staatsdienst als aktive Dienstzeit in der früheren Stellung anzurechnen. Die übrige Zeit seit dem Ausscheiden aus dem aktiven Dienste bleibt außer Betracht.

Pensionierte Beamte.

54. Die Bestimmungen über die Festsetzung des Besoldungsdienstalters beim Übertritte von Beamten in andere Klassen (Abschnitt D) finden sinngemäß Anwendung bei der etatmäßigen Wiederanstellung von pensionierten Staatsbeamten. Die Zeit vom Ausscheiden aus der etatmäßigen Stelle bis zur etatmäßigen Wiederanstellung bleibt außer Betracht, soweit sie nicht nach Nr. 16 Absatz III in Anrechnung zu bringen ist. Etwaiges unbefriedigendes Verhalten des Beamten in der früheren Stelle schließt die Anrechnung der in dieser zurückgelegten Dienstzeit nicht aus.

55. Bei der Berechnung des Normalgehalts der früheren Stelle sind ohne Rücksicht auf etwaige spätere allgemeine Besoldungsaufbesserungen diejenigen Gehalts-

sätze zugrunde zu legen, welche zur Zeit der Pensionierung des Beamten in Kraft waren. Ist die Pensionierung erfolgt, bevor für die Beamtenklasse die Gehaltsbemessung nach Dienstaltersstufen eingeführt war, so sind die Gehaltssätze zugrunde zu legen, die bei der ersten Regelung der Gehälter dieser Beamtenklasse nach Dienstaltersstufen eingeführt wurden.

56. Hat ein Beamter den Wiedereintritt in den Staatsdienst durch eigene Schuld oder aus eigener Entschließung erheblich verzögert, so findet eine Anrechnung früherer Dienstzeit in der Regel nicht statt. Sollten ausnahmsweise Gründe für eine solche Anrechnung geltend zu machen sein, so ist die Entscheidung des Verwaltungschefs einzuholen.

G. Gehaltsfestsetzung bei der Wiederanstellung von Beamten, welche freiwillig ausgeschieden sind oder deren früheres Beamtenverhältnis durch Dienstentlassung gelöst worden ist.

57. Ist ein Beamter aus einer etatmäßigen Stelle des Staatsdienstes freiwillig ausgeschieden oder ist sein früheres Beamtenverhältnis durch Dienstentlassung gelöst worden, so darf im Falle seiner Wiederanstellung bei der Festsetzung des Besoldungsdienstalters und des Gehalts der neuen Stelle auf das Besoldungsdienstalter und das Gehalt der frühern Stelle keine Rücksicht genommen werden. Beamte, die ihre Stelle freiwillig aufgeben wollen, sind hierauf ausdrücklich hinzuweisen.

58. Sollten im einzelnen Falle besondere Gründe dafür geltend zu machen sein, von diesem allgemeinen Grundsatz ausnahmsweise abzuweichen, so ist vor der Wiederanstellung des Beamten die ministerielle Entscheidung einzuholen.

H. Gehaltsfestsetzung beim Übertritte von Beamten aus dem Reichsdienste, dem Landesdienste von Elsaß-Lothringen und dem Dienste in den Schutzgebieten.

59. Beim Übertritte von Beamten des Reichsdienstes (ausschließlich der Heeres- und Marineverwaltung), des Landesdienstes von Elsaß-Lothringen oder des Dienstes in den Schutzgebieten in den preußischen Staatsdienst finden Nr. 25 bis 32 entsprechende Anwendung. Sind indessen die Gehälter der Besoldungsklasse, aus welcher der Austritt erfolgt, im Reiche oder in Elsaß-Lothringen höher als die Gehälter der gleichwertigen preußischen Besoldungsklasse, so sind bei der Feststellung des Normalgehalts der früheren Stelle die niedrigeren Gehälter der preußischen Besoldungsklasse zugrunde zu legen. Beim Übertritte in etatmäßige Ratsstellen wird nach Nr. 33 verfahren. Bei Gendarmen und Schutzmännern findet Nr. 47 Anwendung.

60. Den aus dem preußischen Staatsdienste in den Reichsdienst, in den Landesdienst von Elsaß-Lothringen oder in den Dienst in den Schutzgebieten übergetretenen Beamten ist beim Rücktritt in den preußischen Staatsdienst, wenn sie in diesem schon vorher etatmäßig angestellt waren, ihr früheres Besoldungsdienstalter, anderenfalls aber dasjenige Dienstalter beizulegen, welches sie erhalten haben würden, wenn sie anstatt des in der Anwartschaft zur etatmäßigen Anstellung ihnen unmittelbar folgenden Beamten derselben Anwärterklasse angestellt worden wären. Sind die zurücktretenden Beamten nach ihrer früheren Anwartschaft zur etatmäßigen Anstellung noch nicht an der Reihe, so ist ihr Besoldungsdienstalter bei der späteren Anstellung so festzusetzen, als wenn sie ununterbrochen im preußischen Staatsdienste verblieben wären. (Vgl. Nr. 16 Abs. II.)

61. Den nicht aus dem preußischen Staatsdienste hervorgegangenen Beamten der Reichseisenbahnen in Elsaß-Lothringen, welche auf Grund einer Vereinbarung der beiderseitigen Verwaltungen in den preußischen Staatseisenbahndienst übertreten, ist das von der Verwaltung der Reichseisenbahnen für den Dienstzweig ihnen beigelegte Besoldungsdienstalter unverkürzt zu belassen. Diese Vergünstigung erstreckt sich nicht auf solche Beamte, die nach Lösung ihres Dienstverhältnisses zur Reichseisenbahnverwaltung auf Grund unmittelbarer Bewerbung in den preußischen Staatseisenbahndienst eintreten.

62. Beim Übertritte von Beamten der Heeres- und der Marineverwaltung in den preußischen Staatsdienst ist wegen Festsetzung des Besoldungsdienstalters, soweit eine Anrechnung früherer Dienstzeit in Frage kommt, die ministerielle Entscheidung einzuholen.

J. Inhaltsfestsetzung bei Versetzungen auf Grund eines Disziplinarurteils.

63. Gelangt eine Versetzung auf Grund eines Disziplinarurteils in der Weise zur Ausführung, daß der Beamte in eine Stelle mit gleichen Gehaltssätzen und Dienstaltersstufen versetzt wird, so ist,

a) wenn auf Strafversetzung ohne Verminderung des Diensteinkommens erkannt ist, dem Beamten sein Gehalt und Besoldungsdienstalter auch in der neuen Stelle unverkürzt zu belassen,

b) wenn auf Strafversetzung mit Verminderung des

Diensteinkommens erkannt ist, dem Beamten das Besoldungsdienstalter zwar ebenfalls unverkürzt zu belassen, in jeder Gehaltsstufe aber das ihm danach zustehende Gehalt um den Betrag der in dem Disziplinarurteile festgesetzten Einkommensverminderung zu kürzen.

64. Kann die Strafversetzung nur in der Weise zur Ausführung gebracht werden, daß der Beamte in eine Besoldungsklasse versetzt wird, für die andere Gehaltssätze oder Dienstaltersstufen bestehen, so ist wegen der Festsetzung des Besoldungsdienstalters der neuen Besoldungsklasse die ministerielle Entscheidung nachzusuchen.

65. Ob und wann in den Fällen einer Strafversetzung mit Einkommensverminderung von der Kürzung des Gehalts, insbesondere nach Erreichung der höchsten Dienstaltersstufe, ganz oder zum Teil wieder abzusehen ist, bleibt in jedem einzelnen Falle der Entscheidung des Verwaltungschefs vorbehalten.

K. Widerruf unrichtiger Gehaltsbewilligungen.

66. Ist ein Besoldungsdienstalter vorschriftswidrig festgesetzt oder ein Gehaltssatz unrichtig bewilligt, so hat die Berichtigung des vorgekommenen Versehens zu erfolgen. Zuviel gezahlte Gehaltsbeträge sind wieder einzuziehen. Über die einzuzahlenden Beträge ist dem Verwaltungschef unter Angabe der Berechnungsweise Anzeige zu erstatten.

Schluß.

67. In Fällen, die durch die vorstehenden Bestimmungen nicht geregelt sind, ist wegen der Festsetzung

des Besoldungsdienstalters die ministerielle Entscheidung einzuholen. Ebenso ist zu verfahren, wenn bei der etatmäßigen Anstellung eines Beamten, der vorher nicht im preußischen Staatsdienst, im Reichsdienst, im Landesdienste von Elsaß-Lothringen oder im Dienst in den Schutzgebieten gestanden hat, die ausnahmsweise Anrechnung eines vor der Anstellung liegenden Zeitraums auf das Besoldungsdienstalter in Frage kommen sollte und nicht über dessen Anrechnung oder Nichtanrechnung im vorstehenden bereits besondere Bestimmung getroffen ist.

68. Wo in den vorstehenden Bestimmungen die ministerielle Entscheidung vorbehalten ist, ist hierunter die Entscheidung des Verwaltungschefs und des Finanzministers zu verstehen.

27.

Gesetz, betreffend die Gewährung von Wohnungsgeldzuschüssen an die unmittelbaren Staatsbeamten.

Vom 12. Mai 1873 (GS. 209)

— in der Fassung nach dem abändernden Gesetze vom 25. Juni 1910 (nachfolgend) —.

§ 1. Den unmittelbaren Staatsbeamten, welche eine etatsmäßige Stelle bekleiden und ihre Besoldung aus der Staatskasse beziehen, ferner den Lehrern und Beamten der Universitäten und derjenigen Unterrichts- und sonstigen Anstalten, bei welchen die Gewährung der erforderlichen Unterhaltungszuschüsse ausschließlich dem Staate obliegt, wird vom 1. Januar 1873 ab ein Wohnungsgeldzuschuß nach Maßgabe des diesem Gesetze beiliegenden Tarifs gewährt.

Der Wohnungsgeldzuschuß wird auch denjenigen

unmittelbaren Staatsbeamten gewährt, welche bei der Umgestaltung der Behörden in den neuen Provinzen etatsmäßige Stellen verloren haben und zurzeit noch außeretatsmäßig im unmittelbaren Staatsdienst beschäftigt werden.

2. Für den zu gewährenden Wohnungsgeldzuschuß ist der mit der Amtsstellung verbundene Dienstrang[1], nicht der einem Beamten etwa persönlich beigelegte höhere Rang, maßgebend.

Beamte, welche nach ihrer Dienststellung zwischen den Abteilungen des Tarifs rangieren, werden der entsprechenden niederen Abteilung zugerechnet.

Für solche Beamte und Lehrer, welchen ein bestimmter Dienstrang nicht beigelegt ist, wird durch den Ressortchef im Einvernehmen mit dem Finanzminister festgesetzt, welcher der im Tarif bestimmten Beamtenklassen dieselben beizuzählen sind.

Die Stellung der Orte in den verschiedenen im Tarife bezeichneten Ortsklassen bestimmt sich nach dem Ortsklassenverzeichnisse, wie es nach reichsgesetzlicher Regelung für die Gewährung von Wohnungsgeldzuschüssen an die Reichsbeamten jeweilig maßgebend ist.

Welcher Ortsklasse ein außerhalb Deutschlands gelegener, in diesem Ortsklassenverzeichnisse nicht enthaltener Ort, an dem preußische Beamte ihren dienstlichen Wohnsitz haben, zuzuweisen ist, wird durch den beteiligten

---

[1] Vgl. Note [1] auf S. 5, ferner §§ 1 und 10 des Gesetzes betr. die Tagegelder und Reisekosten v. 26. Juli 1910 und § 9 des Umzugskostengesetzes v. 24. Febr. 1877 (beide hinten abgedruckt).

Ressortminister im Einvernehmen mit dem Finanzminister bestimmt.

3. Bei Versetzungen erlischt der Anspruch auf den dem bisherigen amtlichen Wohnorte entsprechenden Satz des Wohnungsgeldzuschusses mit dem Zeitpunkte, zu welchem der Bezug der Besoldung aus der bisherigen Dienststelle aufhört.

Die bei einer Versetzung an einen Ort einer geringeren Ortsklasse eintretende Verminderung des Wohnungsgeldzuschusses wird als eine Verkürzung des Diensteinkommens (§ 53 des Gesetzes, betreffend die Dienstvergehen der Richter und die unfreiwillige Versetzung derselben auf eine andere Stelle oder in den Ruhestand, vom 7. Mai 1851, GS. S. 218, und § 87 des Gesetzes, betreffend die Dienstvergehen der nichtrichterlichen Beamten, vom 21. Juli 1852 GS. S. 465) nicht angesehen.

4. Der Wohnungsgeldzuschuß wird nicht gewährt an Beamte, welche Dienstwohnungen innehaben, oder anstatt derselben Mietentschädigungen beziehen.

Die Mietsvergütigungen, welche Beamte für die ihnen überlassenen Dienstwohnungen zu entrichten haben, werden von dem im § 1 bestimmten Zeitpunkte ab um den Betrag des Wohnungsgeldzuschusses gekürzt.

5. Beamte, welche mehrere Ämter bekleiden, erhalten den Wohnungsgeldzuschuß nur einmal, und zwar für dasjenige Amt, welches auf den höchsten Satz Anspruch gibt.

6. Bei der Feststellung der Umzugskostenvergütungen (§ 4 des AllerhErl. v. 26. März 1855, GS. 190) bleibt der Wohnungsgeldzuschuß außer Ansatz[1].

---

[1] Abs. 1 durch das Umzugskostengesetz v. 24. Februar 1877 ersetzt.

Bei Bemessung der Pension (§ 10 des Gesetzes, betreffend die Pensionierung der unmittelbaren Staatsbeamten usw., vom 27. März 1872, GS. S. 268) wird der pensionsfähige Durchschnittssatz des Wohnungsgeldzuschusses für sämtliche Ortsklassen, wie er im Tarif angegeben ist, in Anrechnung gebracht. Dieser Satz gilt auch für diejenigen Beamten, welche eine Dienstwohnung beziehungsweise eine Mietentschädigung erhalten. Im übrigen gilt der Wohnungsgeldzuschuß in allen Beziehungen mit der im § 3 Abs. 2 bestimmten Maßgabe als ein Teil der Besoldung.

7. Dieses Gesetz findet keine Anwendung auf die gesandtschaftlichen Beamten, sowie auf Beamte in Dienststellungen, wie sie im § 5 des allegierten Gesetzes vom 27. März 1872 bezeichnet sind.

Tarif.

Bezeichnung der Beamten.	Jahresbetrag des Wohnungsgeldzuschusses in den Orten der Ortsklasse:					Pensionsfähiger Durchschnittssatz
	A ℳ	B ℳ	C ℳ	D ℳ	E ℳ	ℳ
I. Beamte der 1. Rangklasse	2100	1680	1260	1080	900	1404
II. Beamte der 2. und 3. Rangklasse . . .	1680	1260	1020	900	810	1134
III. Beamte der 4. und 5. Rangklasse . . .	1300	920	800	720	630	874
IV. Mittlere Beamte der Provinzial-, Kreis- und Lokalbehörden, Kanzleibeamte und andere Beamte gleichen Ranges .	800	630	520	450	330	546
V. Unterbeamte . . .	480	360	290	220	150	300

27 a.

Gesetz zur Abänderung der Vorschriften über die Wohnungsgeldzuschüsse und Mietentschädigungen[1]. Vom 25. Juni 1910 (GS. 105).

Art. I. Das Gesetz vom 26. Mai 1909 (GS. 91) zur Abänderung des Gesetzes, betr. die Gewährung von Wohnungsgeldzuschüssen an die unmittelbaren Staatsbeamten, vom 12. Mai 1873 (GS. 209) wird aufgehoben.

Art. II. Das Gesetz, betreffend die Gewährung von Wohnungsgeldzuschüssen an die unmittelbaren Staatsbeamten, vom 12. Mai 1873 (GS. 209) wird abgeändert, wie folgt:

— Die Änderungen[2] sind in dem vorangehenden Gesetzestexte Nr. 27 berücksichtigt. —

Art. III. Die für unmittelbare Staatsbeamte an Orten der Servisklassen A, I, II, III, IV vorgesehenen Mietentschädigungen gelten in Zukunft für die Orte der Ortsklassen A, B, C, D, E.

Art. IV. Beamten, für welche die Einführung der neuen Ortsklasseneinteilung eine Verringerung ihres Bezugs an Wohnungsgeldzuschuß oder Mietentschädigung mit sich bringen würde, wird bis zum Zeitpunkt einer etwaigen Versetzung der bisherige Betrag fortgewährt, soweit nicht durch eine Steigerung ihres Diensteinkommens an Gehalt, Zulagen, Wohnungsgeldzuschuß oder Mietentschädigung ein Ausgleich eintritt.

---

[1] Ausf. Erl. JMBl. 274 u. ZBl. f. Abg. S. 297 von 1910.

[2] Geändert sind § 2 Abs. 4, 5, § 3 Abs. 2, § 6 Abs. 2, und an die Stelle des bisherigen Tarifs ist ein neuer getreten.

Mit entsprechender Beschränkung ist auch den im Staatsdienste wiederangestellten Pensionären ein etwaiger Ausfall an Pension und Diensteinkommen, den sie infolge der Vorschriften dieses Gesetzes erleiden, zu ersetzen.

Diensteinkommensteigerungen (Abs. 1), die vor dem 1. Juli 1910 eintreten, bleiben außer Betracht.

Art. V. — betrifft Lehrer und Lehrerinnen an den öffentlichen Volksschulen —.

Art. VI. Dieses Gesetz tritt mit Wirkung vom 1. April 1910 ab in Kraft.

Die Pensionen der nach dem 1. April 1908 in den Ruhestand getretenen Beamten und die Versorgungsansprüche der Hinterbliebenen der seit dem 1. April 1908 verstorbenen Beamten werden auf Grund des im beiliegenden Tarif angegebenen pensionsfähigen Durchschnittssatzes des Wohnungsgeldzuschusses anderweitig festgestellt; Nachzahlungen für die vor dem 1. April 1910 liegende Zeit finden nicht statt. Diese Bestimmung findet für die Volksschullehrer und -lehrerinnen und deren Hinterbliebene sinngemäß Anwendung.

28.

Allerhöchster Erlaß, betreffend den Gehaltsabzug bei Beurlaubung von Beamten.

Vom 15. Juni 1863 (MBl. 137, JMBl. 191).

Auf den Bericht des Staatsministeriums vom 31. v. M. will ich hiermit genehmigen, daß . . . bei Beurlaubungen von Zivilbeamten und nicht Servis beziehenden Militärbeamten fortan folgende Grundsätze befolgt werden:

1. Bei der Beurlaubung eines Beamten wird auf die ersten $1^1/_2$ Monate des Urlaubs das Gehalt unver-

kürzt gezahlt, für weitere $4^1/_2$ Monate tritt ein Gehaltsabzug zum Betrage der Hälfte des Gehalts des betreffenden Beamten ein, während bei fernerem Urlaube kein Gehalt zu gewähren ist.

2. Bei Beurlaubungen wegen Krankheit und zur Herstellung der Gesundheit findet auch für die über $1^1/_2$ Monate hinausgehende Zeit der unumgänglich notwendigen Abwesenheit des Beamten kein Abzug vom Gehalte statt.

29.

Gesetz, betreffend die Erweiterung des Rechtsweges. Vom 24. Mai 1861[1] (Auszug) (GS. 241).

Erster Abschnitt.

In Beziehung auf die Ansprüche der Staatsbeamten wegen ihrer Diensteinkünfte.

1. Über vermögensrechtliche Ansprüche[2] der Staatsbeamten aus ihrem Dienstverhältnis, insbesondere über Ansprüche[3] auf Besoldung, Pension oder Wartegeld, findet mit folgenden Maßgaben der Rechtsweg statt.

2. Die Entscheidung des Verwaltungschefs muß mit Ausnahme des Falles, wo ein Beamter durch eine von

---

[1] Der erste Abschnitt dieses Gesetzes gilt zufolge der Verordnung v. 16. Sept 1867 (GS. 1515) mit der dort in den Art. V und VI enthaltenen Maßgabe auch in den 1866 erworbenen Landesteilen und unter denselben Bedingungen nach § 3 des Gesetzes v. 25. Febr. 1878 (GS. 97) auch in dem Kreis Herzogtum Lauenburg.

[2] Für diese sind ohne Rücksicht auf den Wert des Streitgegenstandes die Landgerichte ausschließlich zuständig. § 39 des AusfGes. zum Deutschen GVG.

[3] Solche Ansprüche verjähren gemäß § 197 BGB. in vier Jahren.

der Oberrechnungskammer getroffene Festsetzung verkürzt zu sein glaubt, der Klage vorhergehen, und letztere sodann bei Verlust des Klagerechts innerhalb sechs Monaten, nachdem dem Beamten die Entscheidung des Verwaltungschefs oder die Festsetzung der Oberrechnungskammer bekannt gemacht worden, angebracht werden[1].

3. Die Klage ist gegen diejenige Provinzialbehörde des betreffenden Verwaltungsressorts und in Ermangelung einer solchen, sowie seitens der Justizbeamten im Bezirke des Appellationsgerichtshofes zu Cöln, gegen diejenige Bezirksregierung zu richten, in deren Amtsbezirk der Beamte zu der Zeit, wo der streitige Anspruch entstanden ist, vermöge seines dienstlichen Wohnsitzes seinen persönlichen Gerichtsstand gehabt hat Der Stadtbezirk von Berlin[2] wird in dieser Beziehung zum Bezirk der Regierung zu Potsdam gerechnet[3].

Für Prozesse von Beamten in den Hohenzollernschen Landen ist die Regierung in Sigmaringen zur Vertretung des Fiskus befugt.

4[4].

5. Die Entscheidungen der Disziplinar- und Verwaltungsbehörden darüber, ob und von welchem Zeitpunkt ab ein Beamter aus seinem Amte zu entfernen, einstweilen oder definitiv in den Ruhestand zu versetzen oder zu suspendieren sei, über die Verhängung von Ordnungsstrafen, sowie darüber, ob und wie weit eine

---

[1] Vgl. § 4 des EinfGes. zur Deutschen ZPO. v. 30. Jan. 1877 (RGBl. 244).

[2] Jetzt besonderer Verwaltungsbezirk, Ges. v. 30. Juli 1883 (GS. 195) § 1.

[3] Vgl. § 86 des AusfGes. zum GVG.

[4] Durch andere Vorschriften ersetzt.

geforderte Vergütigung in Ermangelung eines vorher bestimmten Betrages oder Maßstabes derselben mit der betreffenden Leistung im Verhältnis stehe, sind für die Beurteilung der vor den Gerichten geltend gemachten vermögensrechtlichen Ansprüche maßgebend.

6. Ingleichen sind bei der richterlichen Beurteilung nächst den, dem Beamten besonders erteilten Zusicherungen und den Bestimmungen der allgemeinen Landesgesetze, die zur Zeit der Entstehung des streitigen Anspruchs in Kraft gewesenen Königlichen Anordnungen, sowie die seitens der Zentralbehörden ergangenen, den Provinzialbehörden mitgeteilten und die mit Genehmigung der Zentralbehörden von den Provinzialbehörden erlassenen allgemeinen Verfügungen, soweit solche nicht den Gesetzen oder Königlichen Anordnungen zuwiderlaufen, zum Grunde zu legen.

7. Soweit über vermögensrechtliche Ansprüche der Staatsbeamten bereits vor dem Eintritt der Gesetzeskraft des § 1 von dem Könige oder dem Staatsministerium entschieden worden ist, können dieselben bei den Gerichten nicht weiter verfolgt werden.

8. Alle den §§ 1 bis 7 entgegenstehenden Bestimmungen und aufgehoben.

Zweiter Abschnitt usw.

30.

Deutsche Zivilprozeßordnung

(RGBl. v. 1898 S. 369/410).

811[1]. Folgende Sachen sind der Pfändung nicht unterworfen:

[1] Gilt auch für das Verwaltungszwangsverfahren wegen Beitreibung von Geldbeträgen, § 31 der Verordnung v. 7. Sept. 1879 (GS. 591).

1. usw.
7. bei . . Beamten . . Notaren . . die zur Verwaltung des Dienstes oder Ausübung des Berufs erforderlichen Gegenstände, sowie anständige Kleidung;
8. bei . . Beamten . . ein Geldbetrag, welcher dem der Pfändung nicht unterworfenen Teile des Diensteinkommens oder der Pension für die Zeit von der Pfändung bis zum nächsten Termine der Gehalts- oder Pensionszahlung gleichkommt;
11. . . . Orden und Ehrenzeichen.

832. Das Pfandrecht, welches durch die Pfändung einer Gehaltsforderung oder einer ähnlichen in fortlaufenden Bezügen bestehenden Forderung erworben wird, erstreckt sich auch auf die nach der Pfändung fällig werdenden Beträge.

833. Durch die Pfändung eines Diensteinkommens wird auch dasjenige Einkommen betroffen, welches der Schuldner infolge der Versetzung in ein anderes Amt, der Übertragung eines neuen Amts oder einer Gehaltserhöhung zu beziehen hat.

Diese Bestimmung findet auf den Fall der Änderung des Dienstherrn keine Anwendung.

850[1]. Der Pfändung sind nicht unterworfen:
1. usw.
7. die Pensionen der Witwen und Waisen und die denselben aus Witwen- und Waisenkassen zukommenden Bezüge, die Erziehungsgelder und die Studienstipendien, sowie die Pensionen invalider Arbeiter;
8. das Diensteinkommen . . . . der Beamten . . . .; die

[1] Gilt im wesentlichen auch für das Verwaltungszwangsverfahren, § 51 der Verordnung v. 7. Sept. 1879.

Pension dieser Personen nach deren Versetzung in einstweiligen oder dauernden Ruhestand, sowie der nach ihrem Tode den Hinterbliebenen zu gewährende Sterbe- oder Gnadengehalt.

Übersteigen in den Fällen Nr. 7 und 8 das Diensteinkommen, die Pension oder die sonstigen Bezüge die Summe von fünfzehnhundert[1] Mark für das Jahr, so ist der dritte Teil des Mehrbetrags der Pfändung unterworfen.

. . . . . .

In den Fällen der beiden vorhergehenden Absätze ist die Pfändung ohne Rücksicht auf den Betrag zulässig, wenn sie wegen der den Verwandten, dem Ehegatten und dem früheren Ehegatten für die Zeit nach Erhebung der Klage und für das diesem Zeitpunkte vorausgehende letzte Vierteljahr kraft Gesetzes zu entrichtenden Unterhaltsbeiträge beantragt wird. Das gleiche gilt in Ansehung der zugunsten eines unehelichen Kindes von dem Vater für den bezeichneten Zeitraum kraft Gesetzes zu entrichtenden Unterhaltsbeiträge; diese Vorschrift findet jedoch insoweit keine Anwendung, als der Schuldner zur Bestreitung seines notdürftigen Unterhalts und zur Erfüllung der ihm seinen Verwandten, seiner Ehefrau oder seiner früheren Ehefrau gegenüber gesetzlich obliegenden Unterhaltspflicht der Bezüge bedarf. Hierbei werden ausschließlich die Leistungen berücksichtigt, welche vermöge einer solchen Unterhaltspflicht für den nämlichen Zeitraum oder, falls die Klage zugunsten des unehelichen Kindes nach der Klage eines Unterhaltsberechtigten erhoben ist, für die Zeit von dem Beginne des der Klage

---

[1] Zufolge Bekanntmachung des Reichskanzlers v. 12. Mai 1915 (RGBl. 285) vorübergehend auf 2000 M. erhöht.

dieses Berechtigten vorausgehenden letzten Vierteljahrs ab zu entrichten sind.

Die Einkünfte, welche zur Bestreitung eines Dienstaufwandes bestimmt sind, und der Servis der Offiziere, Militärärzte und Militärbeamten sind weder der Pfändung unterworfen noch bei der Ermittelung, ob und zu welchem Betrage ein Diensteinkommen der Pfändung unterliege, zu berechnen[1].

VII. Dienstwohnungen.

31.

Gesetz, betreffend den Staatshaushalt vom 11. Mai 1898 (GS. 77).

§ 28. Die Überlassung von Dienstwohnungen an Beamte erfolgt nach Maßgabe des Etats.

29. Die Überlassung von Wohnungen und von anderen Nutzungen an den zur Verfügung des Staates stehenden Gebäuden und Grundstücken, sowie von sonstigen Naturalbezügen an Beamte darf nur gegen Entgelt stattfinden, sofern nicht in den Spezialetats etwas anderes bestimmt ist.

Die für Dienstwohnungen zu entrichtenden Vergütungen sind, soweit sie nicht gemäß der Bestimmung

[1] Auch nicht die Verstümmelungs-, Kriegs- und Alterszulagen pensionierter Offiziere § 37 des Ges. v. 31. Mai 1906 (RGBl. 565) und die Versorgungsgebührnisse pensionierter Mannschaften § 40 des Ges. v. 31. Mai 1906 (RGBl. 593).

im § 4 Abs. 2 des Gesetzes vom 12. Mai 1873, betreffend die Gewährung von Wohnungsgeldzuschüssen an die unmittelbaren Staatsbeamten (GS. 209), gegen den Wohnungsgeldzuschuß aufgerechnet werden, als Einnahmen nachzuweisen.

32.

Regulativ über die Dienstwohnungen der Staatsbeamten vom 26. Juli 1880

(MBl. 264, JMBl. 331)

in der durch Nachtrag[1] vom 20. April 1898 (MBl. 120, JMBl. 197) geänderten Fassung.

Geltungsbereich.

§ 1. Dieses Regulativ findet Anwendung auf alle Dienstwohnungen der Staatsbeamten, der Beamten und Lehrer staatlicher oder vom Staate zu unterhaltender Unterrichtsanstalten, sowie derjenigen Geistlichen und Schullehrer, welchen der Staat in ihrer Eigenschaft als solche Dienstwohnungen überläßt, unbeschadet der ihnen etwa zustehenden Befreiung von Kommunallasten und Abgaben.

2. Ausgeschlossen bleiben die Lokalbeamten der Domänen- und Forstverwaltung[2] sowie die zum Ressort der Bergwerks-, Hütten- und Salinenverwaltung gehörigen Werksunterbeamten mit Rücksicht auf die besonderen dieserhalb bestehenden Vorschriften.

Auch findet das Regulativ auf Geistliche, Kirchen-

---

[1] Derselbe hat § 14 litt. i geändert und §§ 18 bis 22 durch eine neue Bestimmung ersetzt.

[2] Vorschriften über die Benutzung und bauliche Unterhaltung der Dienstgehöfte der Staatsforstverwaltung vom 31. Jan. 1893 (MBl. 31).

beamte und Schullehrer, denen Dienstwohnungen von Kommunen und fiskalischen oder Privatpatronen überwiesen sind, keine Anwendung[1].

Oberaufsicht.

3. Die zuständige Aufsichtsbehörde hat die Befolgung der den Inhabern obliegenden Verpflichtungen zu überwachen, von dem Zustande der Dienstwohnungen sowohl während der Benutzung seitens der Inhaber, als auch während der Übergangsfrist zwischen Rückgewähr und Übergabe durch ihre Verwaltungsorgane oder Techniker Kenntnis zu nehmen und bei Wahrnehmung von Verstößen und Mängeln die entsprechende Abhilfe anzuordnen.

Inventarium.

4. Über jede Dienstwohnung nebst Zubehör muß ein vollständiges und übersichtliches, geeignetenfalls mit einem Grundplan oder doch mit einer Handzeichnung zu versehendes Inventarium in zwei gleichlautenden Exemplaren, von denen das eine durch die Aufsichtsbehörde (§ 3), das andere durch den Wohnungsinhaber aufbewahrt wird, angelegt und durch Nachtragung aller während der Benutzungszeit genehmigten Abänderungen vervollständigt werden, so daß das Inventarium stets den zeitigen Stand der Wohnungen erkennen läßt und

---

[1] (Allerh. Erl. vom 27. April 1881 an die Minister der Finanzen und der geistl. usw. Angelegenheiten:) „Auf Ihren gemeinschaftlichen Bericht vom 25. d. M. genehmige Ich, daß die Vorschriften des Regulativs über die Dienstwohnungen der Staatsbeamten vom 26. Juli 1880 vom 1. April d. J. ab auch auf die Dienstwohnungen der Beamten der unter staatlicher Verwaltung stehenden Stiftungsanstalten und Stiftungsfonds des Ressorts der geistlichen, Unterrichts- und Medizinalverwaltung zur Anwendung gebracht werden.“

eine ausreichende Grundlage für die Rückgewähr bildet.

5. Das Inventarium muß enthalten:

a) Zahl, Maß und Ausstattung der Räume,

b) die Bezeichnung der etwaigen Repräsentationsräume und ihrer Ausstattung,

c) die auf der Wohnung oder dem Dienstgrundstück haftenden Lasten und Besitzeinschränkungen,

d) bei Dienstwohnungen mit Garten oder Ackernutzung die Angabe des Flächeninhalts und die Beschreibung der Grenzen, beziehentlich der Bewährungen usw. gegen die Nachbargrundstücke, sowie einen Vermerk darüber, ob und welche Vergütung der Wohnungsinhaber für die Nutzung der Ländereien zu entrichten hat.

Im übrigen bestimmt sich die Einrichtung des Inventariums in Form und Inhalt nach den besonderen Verhältnissen der Dienstwohnung.

6. Der Wohnungsinhaber darf in dem von ihm aufzubewahrenden Exemplar des Inventariums eigenmächtig keine Eintragung vornehmen. Die Nachtragung der Abänderungen erfolgt in beiden Exemplaren des Inventariums gleichlautend, auf Anordnung der Aufsichtsbehörde. Etwaige Mängel des Inventariums sind bei den im § 3 erwähnten Revisionen, beziehungsweise bei der Abnahme oder Übergabe der Dienstwohnungen zu berichtigen.

Zuweisung und Entziehung.

7. Die Überlassung von Dienstwohnungen erfolgt nach Maßgabe des Etats. Die Annahme einer vom Staate angewiesenen Dienstwohnung kann nicht verweigert werden. Wird dem Beamten auf seinen Antrag

aus besonderen Gründen die Benutzung der Dienstwohnung erlassen, so erfolgt die Festsetzung der näheren Bedingungen durch den Ressortchef im Einvernehmen mit dem Finanzminister.

8. Der Inhaber einer Dienstwohnung darf dieselbe oder einen Teil oder ein Zubehör derselben ohne Genehmigung der Aufsichtsbehörde weder abtreten noch vermieten.

9. Aus der Zuweisung einer Dienstwohnung erwirbt der Beamte keinen Anspruch auf dauernde Belassung derselben, vielmehr hat die Rückgewähr auch dann, wenn letztere bei der Überweisung nicht ausdrücklich vorbehalten ist, auf Verlangen der vorgesetzten Behörde binnen einer von der letzteren zu bestimmenden angemessenen Räumungsfrist zu erfolgen, ohne daß dem Beamten hierdurch ein Anspruch auf besondere Entschädigung erwächst.

10. Die Übergabe und die Rückgewähr[1] einer Dienstwohnung wird in allen Fällen durch einen von der Aufsichtsbehörde ernannten Kommissar bewirkt, welcher hierbei den neu einziehenden Beamten ausdrücklich zu eröffnen hat, daß für die Überweisung und Benutzung der Dienstwohnung die Bestimmungen dieses Regulativs maßgebend sind.

In der über den Hergang aufzunehmenden, von den Beteiligten zu vollziehenden Verhandlung sind alle Mängel, welche sich bei der Besichtigung unter Zugrundelegung des Inventars ergeben, zu verzeichnen.

Gleichzeitig ist anzugeben, ob die für die Abhilfe aufzuwendenden Kosten der Staatskasse oder dem bisherigen

---

[1] Wegen Räumung beim Tode des Inhabers siehe § 4 des Ges. v. 7. März 1908 — unter Nr. 24 abgedruckt.

Inhaber, beziehentlich dessen Erben zur Last fallen. Die Abschätzung der Herstellungskosten hat durch den Kommissar und bei höheren Beträgen durch den zuzuziehenden Techniker zu erfolgen.

11. Kommt wegen der Abhilfe solcher Mängel und Schäden, die nicht für Rechnung der Verwaltung zu beseitigen sind, zwischen dem bisherigen Inhaber, beziehentlich dessen Erben und dem neu anziehenden Inhaber ein Vergleich zustande, so ist dessen Inhalt in die Verhandlung aufzunehmen. Dasselbe gilt, wenn die Mängel und die erfolgte Abschätzung als richtig anerkannt und die Kosten der erforderlichen Herstellung von dem abziehenden Beamten, bzw. dessen Erben, übernommen werden. Andernfalls ist der Sach- und Streitstand genau zu verzeichnen und durch den Kommissarius der Aufsichtsbehörde zur Entscheidung vorbehaltlich des Rechtsweges vorzulegen.

12. Der Wohnungsinhaber oder dessen Erben sind verpflichtet, den im gütlichen Wege ermittelten oder von der Aufsichtsbehörde festgestellten Kostenbetrag (§ 11) zur Staatskasse einzuzahlen. Dieselben bleiben außerdem zur Nachzahlung eines demnächst etwa verausgabten, gehörig belegten Mehrkostenbetrages verpflichtet. Ein etwaiger Mehrbetrag der Einzahlung über die wirklich erwachsenen Kosten ist ihnen dagegen zurückzuerstatten.

13. Können Rückgewähr und Übergabe der Dienstwohnung nicht gleichzeitig vorgenommen werden, so ist dieselbe an einen Beamten oder eine sonst geeignete Person zur Beaufsichtigung und Unterhaltung zu übergeben. Hierüber, sowie über die dem Aufseher etwa zu gewährende Entschädigung hat der Kommissar das Nähere

in das Protokoll aufzunehmen. Die Übergabe und Rückgewähr der Dienstwohnung ist tunlichst durch denselben Kommissar zu bewirken.

Unterhaltungspflicht des Wohnungsinhabers.

14. Dem Wohnungsinhaber liegen — außer der Fürsorge für die Reinigung und Lüftung — die nachstehenden Leistungen ob:

a) die Erhaltung der Verglasung in den Fenstern, Glastüren, Glaswänden und Oberlichtern, letztere soweit sie nicht als ein Teil des Daches anzusehen sind;

b) das Fegen der Schornsteine nebst der Reinigung der Heizkörper und ihrer Feuerzüge von Ruß, Asche und Schlacken;

c) die Unterhaltung der Öfen, Kochherde, Bratöfen, Kesselfeuerungen, Koch- und Backapparate bezüglich der durch den fortgesetzten Gebrauch nötig gewordenen Reparaturen, jedoch unter Ausschluß ihrer Erneuerung und ihres Umsetzens (§ 15 litt. b);

d) die Unterhaltung der Beschläge und Schlösser an Türen und Fenstern, sofern das Bedürfnis nur einzelne Teile derselben betrifft, und nicht eine Erneuerung des Gesamtbeschlages oder des ganzen Schlosses erforderlich ist, ingleichen die Unterhaltung vorhandener Glockenzüge oder ähnlicher Vorrichtungen zum Herbeirufen des Gesindes;

e) der Anstrich der inneren Türen und Fenster, der Paneele, hölzernen Verschläge und Wandschränke, soweit einzelne durch den Gebrauch abgenutzte Stellen eine Wiederherstellung der Farbendecke erfordern und das Bedürfnis eines neuen Anstrichs des gesamten Objekts nicht anzuerkennen ist (§ 15 litt. c);

f) das Bohnen und Frottieren der Dielungen und Fußleisten in den durch den Gebrauch und das Erhaltungsbedürfnis bedingten Fristen, sowie kleine Reparaturen des Anstrichs der Fußbodendielung;

g) die Unterhaltung der inneren Wände und der Decken in betreff ihrer Tünche, Färbung und Malerei, oder Tapezierung, das hierbei etwa erforderliche Abreiben des Abputzes, sowie die Beseitigung unwesentlicher Verletzungen des Putzes und das Abreiben unrein gewordener Tapetenwände und Decken, insofern es sich nicht um eine Erneuerung der Gesamtflächen handelt;

h) die Unterhaltung derjenigen Teile der Wasser- und Gasleitungen, welche mit dem Gebäude nicht in fester Verbindung stehen, sowie die Beschaffung und Unterhaltung der zu diesen Anlagen etwa erforderlichen, unter den Begriff der Mobilien fallenden Gegenstände, wie z. B. der nicht befestigten Wannen, Gartenspritzen, Schläuche, Kronenleuchter, tragbaren Lampen und dergleichen, ferner die Aufwendung der Kosten für den Verbrauch[1] des durch die Leitungen zugeführten Wassers und Gases und die Vorkehrung zum Schutze der Leitungen gegen das Einfrieren;

i) die Wiederherstellung des früheren Zustandes im Falle von Beschädigungen, welche durch Mutwillen oder Fahrlässigkeit des Inhabers, seiner Angehörigen und seines Gesindes veranlaßt sind, — nach Maßgabe der Vorschriften des bürgerlichen Rechts;

k) die Übernahme solcher Abgaben und Lasten, welche

---

[1] Über Festsetzung der Entschädigung für Wasserverbrauch und Zentralheizung s. Allg. Verf. des FinMin. v. 25. Jan. 1909 (ZBl. f. Abg. 148).

der Mieter gesetzlich oder ortsüblich zu den Kommunalbedürfnissen zu leisten hat, sowie:

die Übernahme der Einquartierungslast, wenn dieselbe durch die Gemeindebehörden beziehentlich durch Ortsstatut auf die Wohnungsinhaber lediglich nach Maßgabe des entbehrlichen Raumes verteilt ist, mag dieselbe in natura oder in Geld zu leisten sein;

l) die Anschaffung und Unterhaltung von Gegenständen des Luxus, der Neigung oder Bequemlichkeit, sowie der Pflanzungen und der Verbesserungen, welche der Inhaber in dem mit der Dienstwohnung etwa verbundenen Garten oder Ackerlande bewirkt hat, dergestalt, daß der Inhaber hierfür weder eine Entschädigung aus der Staatskasse noch auch die Übernahme jener Gegenstände oder Anlagen seitens des Dienstnachfolgers verlangen darf;

m) die Unterhaltung der zur Dienstwohnung gehörigen Gärten, soweit nicht besondere Festsetzungen getroffen sind.

Bei einem gemeinsamen Gebrauch von Räumen und Anlagen zu mehreren Dienstwohnungen werden die den Wohnungsinhaber treffenden Kosten nach Bestimmung der Aufsichtsbehörde anteilig von jedem Inhaber getragen.

Der Schlußabsatz bezieht sich auf litt. a. — m.

Unterhaltung durch den Staat.

15. Soweit die Kosten der Unterhaltung von Dienstwohnungen nicht dem Inhaber auferlegt sind, fallen dieselben der Staatskasse zur Last, insbesondere treffen die letztere:

a) die Herstellung aller Schäden, welche von Naturereignissen, Gewittern, Orkanen, Hagelschlag, Erdbeben usw. angerichtet werden;

b) die notwendige Erneuerung von Hauptbestandteilen der Feuerungen und Heizungen, namentlich von Heiztüren, Rauchröhren, Kochplatten, Kacheln und metallenen Muffeln oder Einsätzen der Bratöfen, insofern die Notwendigkeit der Erneuerung nicht durch fahrlässigen Gebrauch veranlaßt ist (§ 14 litt. c);

c) die Unterhaltung und Erneuerung von plastischen Ausstattungen, sowie des Anstrichs der äußeren Türen, Doppeltüren, Tore, Fenster, Doppelfenster, Fensterbretter und inneren .und äußeren Fensterläden auf beiden Seiten, desgleichen der Anstrich der inneren Türen und Fenster, der Paneele, hölzernen Verschläge und Wandschränke, wenn das Bedürfnis sich nicht auf einzelne schadhafte Stellen beschränkt, endlich das Verkitten der Scheiben außer dem im § 14 litt. a vorgesehenen Falle,

d) die Erneuerung von Hauptbestandteilen der Glockenzüge oder ähnlicher Vorrichtungen zum Herbeirufen des Gesindes;

e) die Unterhaltung und Erneuerung von Garten- und Hofbewährungen, einschließlich der Pforten, Torwege und Tore;

f) die Unterhaltung und Erneuerung des zur Erhaltung der Dielungen dienenden Anstrichs und das damit verbundene Verkitten der Fugen;

g) die sonst nach § 14 dem Wohnungsinhaber obliegende Unterhaltung der davon betroffenen Gegenstände in allen den Fällen, in welchen die Ursachen des Reparatur- und Erneuerungsbedürfnisses erweislich aus Mängeln der ersten Anlage oder aus Veränderungen in der technischen Struktur des Gebäudes, wie Rissen und Lösungen der Mauern oder Decken usw., hervorgehen;

h) die Übernahme der Einquartierungslast, wenn dieselbe durch die Gemeindebehörden beziehentlich durch Ortsstatut auf die Hauseigentümer verteilt ist.

16. Bei gemeinsamer Benutzung von Gebäuden zu Dienstwohnungen und Geschäftsräumen gelten folgende Bestimmungen:

1. in den zu beiden Zwecken gemeinschaftlich benutzten Räumen, wie Fluren, Korridoren, Treppen usw. trägt der Staat auch die dem Wohnungsinhaber obliegenden Leistungen;
2. zu den im § 14 b bezeichneten Kosten leistet der Wohnungsinhaber einen von der Aufsichtsbehörde festzusetzenden angemessenen Beitrag;
3. von den im § 14 k bezeichneten Kommunalabgaben und Lasten trägt der Staat für die Geschäftsräume, soweit an sich keine Befreiung desselben begründet ist, einen angemessenen Anteil.

Ausnahme zugunsten der Unterbeamten.

17. Unterbeamte haben nur die in dem § 14 sub litt. a, h, i k und l aufgeführten Leistungen zu erfüllen. Als Unterbeamte im Sinne dieses Regulativs gelten die in Gemäßheit des Gesetzes vom 24. Februar 1877, betreffend die Umzugskosten der Staatsbeamten (GS. 15) § 1 Nr. VIII zu den Unterbeamten zu zählenden Staatsbeamten.

Vergütung.

18 bis 22 ersetzt durch folgende Bestimmung:

Sofern die Dienstwohnung nicht im Etat als freie bezeichnet und dem Beamten als solche bewilligt ist, hat dieser für ihre Benutzung eine Vergütung an die Staatskasse zu leisten.

Diese Vergütung wird bezüglich etatmäßiger Beamten auf die für sie in Betracht kommenden Sätze des Wohnungsgeldzuschusses festgesetzt und durch deren Einbehaltung nach § 4 Abs. 2 des Gesetzes vom 12. Mai 1873, betreffend die Gewährung von Wohnungsgeldzuschüssen (GS. 209), beglichen.

Bezüglich außeretatsmäßiger Beamten, welche ein monatsweise zahlbares Diensteinkommen beziehen, ist sie nach Hundertteilen dieses Diensteinkommens zu bemessen und nach der Klasseneinteilung abzustufen, wie solche in Gemäßheit des Gesetzes vom 25. Juni 1868, betreffend die Quartierleistung für die bewaffnete Macht während des Friedenszustandes (Bundes-Gesetzbl. 523), durch den jeweiligen Servistarif gegeben ist. Danach beträgt die zu zahlende Vergütung:

in	Orten	der	Servisklasse	A	10	vom	Hundert,
„	„	„	„	I	$7^1/_2$	„	„
„	„	„	„	II	6	„	„
„	„	„	„	III	5	„	„
„	„	„	„	IV	4	„	„
„	„	„	„	V[1]	$3^1/_2$	„	„

des Diensteinkommens.

Bei Veränderungen in der Servisklasseneinteilung kommt mit dem Beginne des auf ihre Verkündigung folgenden Kalendervierteljahres der veränderte Satz der Mietsvergütung zur Anwendung.

Tagegeldempfänger sind von Entrichtung der Mietsvergütung freizulassen.

---

[1] Aufgehoben, s. Note S. 122.

Beamte (mit Einschluß der Militäranwärter), welchen die einstweilige Verwaltung einer Dienststelle übertragen und hierbei die mit der Stelle verbundene Dienstwohnung angewiesen worden ist, können für die Dauer dieses Verhältnisses von der Leistung der Vergütung entbunden werden.

23. Für die Benutzung von Gärten, welche nach der von dem Verwaltungschef zu treffenden Entscheidung als Zubehör der Dienstwohnung anzusehen sind, ist eine Vergütung an die Staatskasse nicht zu entrichten.

24. Insoweit Beamten die Benutzung von Dienstwohnungen zur Zeit des Inkrafttretens dieses Regulativs gegen eine geringere Vergütung verstattet ist, tritt die Berechnung der höheren Vergütung erst in dem Falle ein, wenn dem Wohnungsinhaber eine das Mehr der Vergütung übersteigende Erhöhung seines Diensteinkommens zuteil wird.

Dienstwohnungen mit Repräsentation.

25. In betreff der Dienstwohnungen, die einer Ausstattung mit Mobiliar, Tafel-, Haus- und Wirtschaftsgerät bedürfen, bleiben die Vorschriften des Allerhöchsten Erlasses vom 24. Juni 1861, in betreff der Dienstwohnungen der Minister diejenigen des Allerhöchsten Erlasses vom 12. Februar 1866 und bezüglich der Gärten diejenigen des Allerhöchsten Erlasses vom 19. November 1862 maßgebend.

26. Mobilien und Ausstattungsgegenstände, welche auf Kosten des Staats für die Repräsentationsräume einer Dienstwohnung beschafft und bei diesem im Inventarium (§ 5 litt. b) verzeichnet sind, dürfen von dem Wohnungsinhaber in anderen Räumen nicht verwendet werden.

27. Bei Dienstwohnungen mit Repräsentationsräumen werden in letzteren sämtliche für Wiederherstellung oder Erneuerung der Wand- und Deckenflächen, mögen sie getüncht, gefärbt, gemalt, tapeziert oder mit plastischer Bekleidung ausgestattet sein, erforderlichen Ausgaben, ingleichen die Kosten für Unterhaltung und Erneuerung des Anstrichs der inneren Türen und Fenster, der Paneele, hölzernen Verschläge und Wandschränke, sowie für Beschaffung und Unterhaltung von Glockenzügen oder ähnlicher Vorrichtungen zum Herbeirufen des Gesindes, von der Staatskasse getragen.

28. Gehört zu Dienstwohnungen, deren Inhabern eine Repräsentation obliegt, ein Garten, so fällt die Unterhaltung desselben der Staatskasse zur Last. Welche Dienstwohnungen hierher zu rechnen sind, wird durch den Verwaltungschef im Einvernehmen mit dem Finanzminister bestimmt. Die Unterhaltungskosten der Gärten sind zu veranschlagen und in den Kassenetats als Unterfonds zu vermerken.

Verfahren bei Veränderungen in den Dienstwohnungen.

29. Veränderungen in der Anordnung und Ausstattung der Dienstwohnungen nebst Zubehör sind nur unter Zustimmung der Aufsichtsbehörde und Berichtigung des Inventars (§§ 4 ff.) statthaft.

30. Die Aufsichtsbehörde hat bei Genehmigung des Gesuchs zu bestimmen:

a) ob bei der Rückgewähr der frühere Zustand wieder herzustellen oder die Abänderung beizubehalten ist;
b) ob letzterenfalls der für die Staatskasse sich ergebende Vorteil dazu angetan erscheint, einen Beitrag aus Staatsmitteln zu den Herstellungskosten entweder sofort

oder bei der Rückgewähr bei dem Verwaltungschef in Antrag zu bringen.

Dienstwohnungen in gemieteten Gebäuden.

31. Auf Dienstwohnungen, welche vom Staate angemietet sind, findet dieses Regulativ nur insoweit Anwendung, als es die besonderen Verhältnisse des einzelnen Falles, insbesondere der abgeschlossene Mietvertrag gestatten. Sind von der Behörde in dem Mietvertrage besondere Verpflichtungen in betreff der Unterhaltung der Räume oder ihrer Zubehörungen übernommen, so hat der Wohnungsinhaber für Erfüllung solcher Verabredungen in der Regel nur insoweit aufzukommen, als Verpflichtungen gleicher Art den Inhaber einer Dienstwohnung in einem Staatsgebäude treffen würden, während alle weitergehenden Verpflichtungen dem Staate zur Last fallen.

Die nähere Festsetzung hierüber bleibt im Einzelfalle dem Verwaltungschef vorbehalten.

32. Bei Dienstwohnungen in angemieteten Räumen darf die Aufnahme eines Inventars (§ 4) unterbleiben, sofern der Mietvertrag die erforderlichen Angaben in ausreichender Übersichtlichkeit enthält.

Schlußbestimmungen.

33. Das vorstehende Regulativ tritt für den ganzen Umfang der Monarchie mit dem 1. April 1881 in Kraft.

Die entgegenstehenden Vorschriften, namentlich das Regulativ vom 18. Oktober 1822 und die dasselbe ergänzenden und abändernden Bestimmungen sind aufgehoben.

Das Regulativ findet auch auf die Beamten Anwendung, welche sich am 1. April 1881 im Genusse einer Dienstwohnung befinden. Nur für diejenigen dieser

Beamten, denen zur Zeit des Inkrafttretens dieses Regulativs ein Rechtsanspruch auf eine besondere Behandlung hinsichtlich der Unterhaltungspflicht ihrer Dienstwohnungen zusteht, bewendet es auf deren Verlangen lediglich bei den jenen Anspruch begründenden Vorschriften.

34. In zweifelhaften Fällen bei Anwendung dieses Regulativs entscheidet der Verwaltungschef im Einvernehmen mit dem Finanzminister.

33.

Erlaß des Finanzministers zu dem Regulativ[1].

Vom 27. Oktober 1880

(MBl. 263).

Die Königliche Regierung erhält anbei . . . Druck-Exemplare des unterm 26. Juli d. J. Allerhöchst genehmigten, mit dem 1. April k. J. in Kraft tretenden Regulativs über die Dienstwohnungen der Staatsbeamten.

Für die Ausführung dieses Regulativs, durch welches alle seither hinsichtlich der Dienstwohnungen erlassenen allgemeinen und besonderen Vorschriften aufgehoben sind, wird auf nachstehende Gesichtspunkte hingewiesen:

1. Zur Sicherung einer ordnungsmäßigen Führung der Inventarien (§§ 4—6 des Regulativs) ist es erforderlich, daß zwischen den beiden, durch die Aufsichtsbehörde und durch den Wohnungsinhaber aufzubewahrenden Exemplaren des Inventariums stets vollständige Übereinstimmung in Form und Inhalt stattfindet.

Neben der im § 3 des Regulativs erwähnten all-

---

[1] Vgl. auch die hiermit wesentlich übereinstimmenden Erlasse des Justizmin. vom 14. Dez. 1880 (JMBl. 330) und des Min. der geistl. usw. Angelegenheiten v. 24. Nov. 1880. G. III. 8236.

gemeinen Prüfung des Zustandes der Dienstwohnungen sind die Inventarien sowohl bei der Übergabe und Rückgewähr der Dienstwohnungen, als auch während der Benutzung seitens des Inhabers der Regel nach alljährlich einmal einer Revision zu unterziehen. Dieselbe hat sich auf die Prüfung der im Inventarium nachgetragenen Zugänge, der nachgewiesenen Abgänge und auf das Vorhandensein der sonach verbliebenen Gegenstände zu erstrecken.

Über das Ergebnis einer jeden Revision ist eine Verhandlung aufzunehmen und zu den Akten zu bringen.

2. Da die Überlassung von Dienstwohnungen nur nach Maßgabe des Etats zu erfolgen hat (§ 7 des Regulativs), so müssen sämtliche den Beamten überwiesene Dienstwohnungen in den Spezialetats der betreffenden Verwaltungen aufgeführt werden. Ist für die Dienstwohnung eine Vergütung nicht zu entrichten, so ist dieselbe als „freie“ zu bezeichnen (§ 18 des Regulativs).

3. Bei der Übergabe der Dienstwohnung ist dem neu einziehenden Beamten die im § 10 des Regulativs bezeichnete ausdrückliche Eröffnung zu machen, daß für die Überweisung und Benutzung der Dienstwohnung die Bestimmungen dieses Regulativs maßgebend sind. Daß dies geschehen, ist in die Übergabeverhandlung aufzunehmen.

4. Die erleichterte Unterhaltungspflicht des Wohnungsinhabers bedingt eine strenge und unausgesetzte Aufsicht über den Zustand der Dienstwohnung und über die dem Inhaber obliegenden Leistungen, wie solches im § 3 des Regulativs vorgeschrieben ist.

Da abweichend von den bisherigen Vorschriften nach den Bestimmungen im § 14 litt. g und § 15 litt. c des Regulativs die Kosten der Tapezierungen, der Erneuerung des Anstrichs der Wände, Decken, Türen, Fenster usw. die Staatskasse treffen, sofern es sich um eine Wiederherstellung der Gesamtflächen handelt, so ist in der Regel zunächst das Bedürfnis sorgfältig festzustellen, namentlich darauf zu sehen, ob eine den besonderen Verhältnissen entsprechende Abnutzungszeit vergangen ist und ob nicht die Notwendigkeit der Wiederherstellung durch Mutwillen oder Fahrlässigkeit des Inhabers, seiner Angehörigen oder seines Gesindes veranlaßt ist, so daß der Inhaber nach der Bestimmung im § 14 litt. i für die Wiederherstellung des früheren Zustandes in Anspruch zu nehmen ist.

5. Nach § 17 des Regulativs gelten als Unterbeamte, denen eine erhebliche Erleichterung in der Unterhaltungspflicht der Dienstwohnungen zuteil wird, die in Gemäßheit des Gesetzes vom 24. Februar 1877, betreffend die Umzugskosten der Staatsbeamten (GS. 15), § 1 Nr. VIII zu den Unterbeamten zu zählenden Staatsbeamten. Ausgeschlossen hiervon bleiben diejenigen Beamten, welche nach § 1 ad VII im Artikel I des Gesetzes vom 28. Juni 1875, betreffend die Abänderung des Gesetzes vom 24. März 1873 über die Tagegelder und Reisekosten der Staatsbeamten (GS. 370), zu einem Tagegeldersatze von 4 Mk. 50 Pf. berechtigt sind und dementsprechend zu der Klasse VII im § 1 des gedachten Umzugskostengesetzes gezählt werden.

6. Nachdem die bisherigen Sätze der für die Benutzung

der Dienstwohnungen zu entrichtenden Vergütung anderweit festgesetzt sind (vgl. §§ 18 bis 21 des Regulativs), soll die Berechnung der danach zu entrichtenden höheren Vergütung, falls Beamten die Benutzung von Dienstwohnungen zur Zeit des Inkrafttretens des Regulativs gegen eine geringere Vergütung verstattet ist, nach der Bestimmung im § 24 erst in dem Falle eintreten, wenn dem Wohnungsinhaber eine das Mehr der Vergütung übersteigende Erhöhung seines Diensteinkommens zuteil wird. Ist dagegen die zurzeit zu entrichtende Vergütung höher als der regulativmäßige Satz, so hat die anderweite Normierung der Vergütung schon vom 1. April k. J. ab zu erfolgen.

7. Für die Benutzung von Gärten, welche als Zubehör der Dienstwohnung anzusehen sind, ist eine Vergütung an die Staatskasse nicht zu entrichten (§ 23 des Regulativs). Es wird dieses in der Regel zutreffen, wenn die Gärten nur für die Erholung des Inhabers oder für die Erzielung von Gemüsen oder Gartenfrüchten seines Haushaltsbedarfs bestimmt sind und ihre Lage eine andere Verwertung nicht tunlich erscheinen läßt. Sind die Gärten jedoch nach dem Umfange ihres Areals für eine landwirtschaftliche Nutzung oder vermöge ihrer abgesonderten Lage zur Einzelverpachtung geeignet, so ist für den Genuß einer derartigen Nutzung von dem Wohnungsinhaber eine derselben entsprechende und durch sachverständige Schätzung zu ermittelnde Vergütung zu zahlen. Walten in Fällen vorstehender Art Zweifel ob, so ist die diesseitige Entscheidung einzuholen. Insoweit von dem Wohnungsinhaber für

die Benutzung von Gärten bisher eine Vergütung entrichtet ist, behält es hierbei bis auf weiteres sein Bewenden.

Sofern sich bei Anwendung dieses Regulativs noch in dem einen oder dem anderen Punkte prinzipielle Bedenken ergeben sollten, so bleibt dieserhalb hierher zu berichten.

VIII. Tagegelder, Reise- und Umzugskosten.

34.

Gesetz, betreffend die Reisekosten der Staatsbeamten[1]. Vom 26. Juli 1910.

(GS. 150.)

§ 1. Die Staatsbeamten erhalten bei Dienstreisen Tagegelder nach den folgenden Sätzen:

---

[1] Über die Anwendbarkeit obiger Vorschriften in den vor die ordentlichen Gerichte gehörigen Rechtssachen, auf welche die Zivilprozeßordnung, die Strafprozeßordnung oder die Konkursordnung Anwendung findet, bestimmt § 14 der Deutschen Gebührenordnung für Zeugen und Sachverständige in der Fassung der Novelle vom 10. Juni 1914 (RGBl. 214) folgendes:

§ 14. Öffentliche Beamte erhalten Tagegelder und Erstattung von Reisekosten nach Maßgabe der für Dienstreisen geltenden Vorschriften, falls sie zugezogen werden:

1. als Zeugen über Umstände, von denen sie in Ausübung ihres Amtes Kenntnis erhalten haben;
2 als Sachverständige, wenn sie aus Veranlassung ihres Amtes zugezogen werden und die Ausübung der Wissen-

I.	Aktive Staatsminister	35	Mark;
II.	Beamte der ersten Rangklasse . . .	28	„
III.	Beamte der zweiten und dritten Rangklasse	22	„
IV.	Beamte der vierten und fünften Rangklasse	15	„
V.	Beamte, die nicht zu den obigen Klassen gehören	12	„
	soweit sie bisher zu diesem Satze berechtigt waren,		
VI.	Subalternbeamte der Provinzial-, Kreis- und Lokalbehörden und andere Beamte gleichen Ranges	8	„
VII.	Andere Beamte	6	„
	soweit sie bisher zu diesem Satz berechtigt waren, im übrigen . . .	4	„

Wird die Dienstreise an demselben Tage angetreten und beendet, so werden ermäßigte Tagegelder gewährt, und zwar bei I 23 Mark, bei II 18 Mark, bei III

---

schaft, der Kunst oder des Gewerbes, deren Kenntnis Voraussetzung der Begutachtung ist, zu den Pflichten des von ihnen versehenen Amtes gehört.

Soweit allgemeine Vorschriften für Dienstreisen nicht erlassen sind, kann die oberste Verwaltungsbehörde über die Gewährung der den öffentlichen Beamten in den Fällen des Abs. 1 den Gerichten gegenüber zustehenden Tagegelder und Reisekosten besondere Vorschriften erlassen.

Werden nach den Vorschriften dieses Paragraphen Tagegelder und Reisekosten gewährt, so findet eine weitere Vergütung an den Zeugen oder Sachverständigen nicht statt.

15 Mark, bei IV 12 Mark, bei V 9 Mark, bei VI 6 Mark, bei VII 4,50 Mark oder 3 Mark.

Erstreckt sich die Dienstreise auf zwei Tage und wird sie innerhalb 24 Stunden beendet, so wird das einundeinhalbfache der Sätze unter I bis VII gewährt.

§ 2. Werden etatmäßig angestellte Beamte vorübergehend außerhalb ihres Wohnorts bei einer Behörde beschäftigt, so erhalten sie neben ihrer Besoldung die im § 1 Abs. 1 festgesetzten Tagegelder.

Dauert eine solche Beschäftigung dieser Beamten längere Zeit, so bestimmt die vorgesetzte Behörde die Höhe der Tagegelder. Das gleiche gilt, wenn nicht etatmäßig angestellte Beamte außerhalb ihres Wohnorts verwendet werden.

Für die Dauer der Hin- und Rückreise erhalten die Beamten auf jeden Fall die im § 1 Abs. 1 festgesetzten Tagegelder.

§ 3. Bei Dienstreisen erhalten an Fahrkosten für das Kilometer, einschließlich der Kosten der Gepäckbeförderung,

1. für Wegestrecken, die auf Eisenbahnen oder Schiffen zurückgelegt werden können,

a) die im § 1 unter I bis IV genannten Beamten wenn der Fahrpreis für die erste Wagenklasse bezahlt ist, sonst	9 ₰ 7 „
b) die unter V und VI genannten Beamten wenn der Fahrpreis für die zweite Wagenklasse oder die erste Schiffsklasse bezahlt ist, sonst	7 „ 5 „
c) die unter VII genannten Beamten	5 „

2. für Wegestrecken, die nicht auf Eisenbahnen, Kleinbahnen oder Schiffen zurückgelegt werden können,

a) die unter I bis IV genannten Beamten . . 60 ₰
b) die unter V und VI genannten Beamten . . 40 „
c) die unter VII genannten Beamten . . . . 30 „

Der Nachweis, für welche Wagen- oder Schiffsklasse der Fahrpreis bezahlt ist, wird durch die Versicherung des Beamten geführt.

In den Fällen des Abs. 1 Nr. 1 erhalten für jeden Zu- oder Abgang am Wohnort oder an einem auswärtigen Übernachtungsorte

die unter I bis IV genannten Beamten . . 1,50 ℳ
die unter V und VI genannten Beamten . . 1,00 „
die unter VII genannten Beamten . . . . 0,50 „

Hat in den Fällen des Abs. 1 Nr. 1 einer der unter I und II genannten Beamten einen Diener mitgenommen, so erhält er für diesen 5 Pfennig für das Kilometer.

Haben in den Fällen des Abs. 1 Nr. 2 mehrere Beamte gemeinschaftlich dasselbe Verkehrsmittel benutzt, so erhält der einzelne Beamte 30 Pfennig für das Kilometer, es sei denn, daß die Fahrkosten des einzelnen Beamten sich trotz der gemeinschaftlichen Benutzung des Verkehrsmittels nicht ermäßigt haben.

§ 4. Über die Benutzung von Kleinbahnen (Straßenbahnen) und Kraftwagen[1] durch die Beamten bei Dienstreisen und über die Höhe der in diesen Fällen zu gewährenden Fahrkosten bestimmt das Staatsministerium das Nähere.

§ 5. Soweit Beamte Dienstreisen mit unentgeltlich gestellten Verkehrsmitteln ausführen, erhalten sie, abgesehen von den bestimmungsmäßigen Entschädigungen für Zu- und Abgang, keine Fahrkosten. Das Nähere

---

[1] Vgl. Nr. 36.

darüber bestimmt das Staatsministerium, das auch eine Entschädigung für Nebenkosten gewähren kann.

§ 6. Die Fahrkosten werden für die Hin- und Rückreise besonders berechnet.

Hat ein Beamter Dienstgeschäfte an verschiedenen Orten unmittelbar nacheinander erledigt, so ist der von Ort zu Ort wirklich zurückgelegte Weg ungeteilt der Berechnung der Fahrkosten zugrunde zu legen.

Bei Berechnung der Entfernungen wird jedes angefangene Kilometer für ein volles Kilometer gerechnet.

§ 7. Für Geschäfte am Wohnort erhält der Beamte keine Tagegelder und Fahrkosten. Dies gilt auch von Geschäften außerhalb des Wohnorts in geringerer Entfernung als zwei Kilometer von diesem. War der Beamte durch außergewöhnliche Umstände genötigt, eine Fahrgelegenheit zu benutzen, oder hat er sonstige notwendige Unkosten wie Brücken- oder Fährgeld gehabt, so werden die Auslagen erstattet.

Für einzelne Ortschaften kann der Verwaltungschef in Gemeinschaft mit dem Finanzminister bestimmen, daß den Beamten bei Geschäften außerhalb des Dienstgebäudes die verauslagten Fahrkosten erstattet werden.

§ 8. Haben an Fahrkosten, einschließlich der Auslagen für Zu- und Abgänge, höhere als die bestimmungsmäßigen Beträge aufgewendet werden müssen, so sind diese zu erstatten.

Erfordert eine Dienstreise einen außergewöhnlichen Aufwand, so kann der Verwaltungschef einen Zuschuß oder eine Pauschvergütung bewilligen. Das gleiche gilt für Reisen außerhalb des Reichsgebiets.

§ 9. Für Beamte, denen ein Amtsbezirk überwiesen

ist oder die durch die Art ihrer Dienstgeschäfte zu häufigen oder regelmäßig wiederkehrenden Dienstreisen genötigt werden, kann das Staatsministerium oder der Verwaltungschef in Gemeinschaft mit dem Finanzminister an Stelle der gesetzmäßigen Tagegelder und Fahrkosten anderweitige Beträge festsetzen. Das gleiche gilt für Dienstreisen zwischen nahe gelegenen Orten[1].

§ 10. Beamte, die für ihre Reisen innerhalb ihres Amtsbezirkes neben oder in ihrem Einkommen eine Pauschsumme für Reisekosten oder für die Unterhaltung von Fahrzeug oder Pferden beziehen, erhalten Tagegelder und Fahrkosten nur dann, wenn sie außerhalb ihres Amtsbezirkes Dienstgeschäfte erledigen und der Ort des Dienstgeschäfts nicht weniger als zwei Kilometer von der Grenze des Amtsbezirkes entfernt ist.

§ 11. Werden Beamte, die nach den §§ 9, 10 eine Pauschsumme beziehen, wegen Urlaubs oder sonstiger Verhinderung vertreten, so haben sie den Stellvertreter angemessen zu entschädigen. Die Entschädigung und die unter besonderen Umständen zulässigen Ausnahmen bestimmt die vorgesetzte Behörde und zwar, sofern nicht allgemeine Anordnungen bestehen, nach Anhörung der beteiligten Beamten.

§ 12. Beamte, die sich im Vorbereitungsdienste befinden, erhalten für Dienstreisen Tagegelder und Fahrkosten, wenn die Reisen nicht lediglich zum Zwecke ihrer Ausbildung erfolgen. Ob dies der Fall ist, entscheidet die vorgesetzte Behörde.

§ 13. Der mit dem Amte verbundene Rang ist für die Feststellung der Tagegelder- und Fahrkostensätze maß-

[1] Vgl. Nr. 37.

gebend, auch wenn der persönliche Rang des Beamten höher ist. Beamte, die im Range zwischen zwei Klassen stehen, erhalten die für die niedrigere Klasse bestimmten Sätze. Für Beamte, denen ein bestimmter Rang nicht verliehen ist, entscheidet der Verwaltungschef in Gemeinschaft mit dem Finanzminister über die ihnen nach diesem Gesetze zu gewährenden Sätze.

§ 14. Für die Ansprüche der Beamten auf Grund der Vorschriften über die Reisekosten der Staatsbeamten sind die Ausführungsbestimmungen[1] maßgebend, die vom Staatsministerium oder, soweit die Zuständigkeit der Verwaltungschefs und des Finanzministers begründet ist, von diesen getroffen werden.

§ 15. Dieses Gesetz tritt am 1. Oktober 1910 in Kraft.

Für Dienstreisen, die vor dem 1. Oktober 1910 begonnen und an diesem Tage oder später beendigt werden, sind die Tagegelder uud Fahrkosten nach den bisherigen Bestimmungen zu gewähren.

§ 16. Alle diesem Gesetz entgegenstehenden Bestimmungen sind aufgehoben. Wo in besonderen Vorschriften auf die hiernach aufgehobenen Bestimmungen Bezug genommen wird, treten die entsprechenden Vorschriften dieses Gesetzes an deren Stelle.

§ 17. Die gesetzlichen und sonstigen Vorschriften, die für einzelne Dienstzweige oder Dienstgeschäfte über die Tagegelder und Fahrkosten der Beamten ergangen sind, bleiben in Kraft. Sie können durch Königliche Verordnung abgeändert werden[2].

[1] Vgl. Nr. 35.

[2] Hinsichtlich der Tagegelder und Reisekosten der einzelnen Dienstzweige sind nachstehende Gesetze und Verordnungen ergangen, und zwar für:

Abgesehen von den Fällen des § 8 Abs. 2 dürfen aber nicht höhere als die im § 1 Abs. 1 und § 3 bestimmten Vergütungen gewährt werden und ist eine über die Vorschrift des § 6 hinausgehende Abrundung der Entfernungen und die Gewährung der bestimmungsmäßigen Tagegelder und Fahrkosten bei geringerer Entfernung als zwei Kilometer nicht statthaft.

Ansiedlungskommission für Westpreußen und Posen: V. v. 29. Sept. 1906 (GS. 195) u. 23. Sept. 1911 (210);

Auseinandersetzungsbeamte: V. v. 23. Sept. 1911 (GS. 210);

Baukassenrendanten: V. v. 21. Juni 1905 (GS. 319);

Berg-, Hütten- und Salinenverwaltungsbeamte: V. v. 20. März 1909 (GS. 23);

Eisenbahnbeamte: V. v. 12. Okt. 1897 (GS. 415), 18. Jan. 1899 (21) u. 22. Juli 1905 (323);

Beamte bei der Revision von Eisenbahnstrecken und in Strombefahrungsangelegenheiten: V v. 7. Jan. 1876 (GS. 31);

Gerichtsvollzieher: § 17 der Reichsgebührenordnung für Gerichtsvollzieher (RGBl. v. 1898 S. 683);

gesandtschaftliche Beamte: V. v. 1. Mai 1879 (GS. 351), 28. März 1881 (276) u. 13. Okt. 1910 (297);

Justizbeamte: Verf. v. 3. Jan. 1899 (JMBl. 4), 26., 28., 29. Sept. 1910 (358, 360), 6. Juni 1911 (244), 18 Nov. 1912 (379), 14. April 1913 (125); für Reisen in gerichtl. Angelegenheiten V. v. 4. Nov. 1912 (GS. 225) Verf. v. 2. Jan. 1913 (JMBl. 8), während des Krieges Verf. v. 29. Oktober 1914 (JMBl. 780), 17. Juli 1915 (135);

Landgendarmerie: V. v. 1. April 1874 (GS. 131),

Unter den gleichen Beschränkungen kann die Gewährung von Tagegeldern und Fahrkosten für einzelne Dienstzweige oder Dienstgeschäfte auch ferner durch Königliche Verordnung besonders geregelt werden.

---

11. Mai 1898 (103), 29. Febr. 1904 (27), 16. Jan. 1900 (21) und 7. April 1906 (126);

landwirtschaftliche Verwaltung; Forsteinrichtungsbureau 23. Sept. 1911 (GS. 210);

Medizinalbeamte: V. v. 14. Juli 1909 (GS. 635).

Meliorationsverwaltungsbeamte: V. v. 23. Sept. 1911 (GS. 210);

Meliorationsbauverwaltungsbeamte: V. v. 9. Juli 1912 (GS. 203);

Notare: § 21 der Gebührenordnung für Notare (GS. 1899, 374);

Staatsbeamte bei der Abschätzung von Manöverflurschäden: Verordnung v. 28. Dez. 1910 (GS. 1911, 17);

Steuer:

Mitglieder der Bezirks- und Veranlagungskommissionen für die anderweite Regelung der Grundsteuer: V. v. 19. Mai 1873 (GS. 226);

Kommissions- und Ausschußmitglieder in Angelegenheiten der direkten Staatssteuern: V. v. 28. Dez. 1910 (GS. 1911 S. 1);

Schutzmannschaft in Berlin, Charlottenburg, Neukölln und Schöneberg: V. v. 2. Juni 1902 (GS. 204); in Lichtenberg v. 1. Dez. 1908 (217);

Strafanstaltsbeamte: V. v. 13. April 1898 (GS. 65);

Veterinärbeamte: V. v. 25. Juni 1905 (GS. 250) u. 15. Jan. 1913 (15);

Beamte der Lokalverwaltung der Zölle und indirekten Steuern: V. v. 22. April 1885 (GS. 125) u. 9. Aug. 1892 (240).

Desgleichen können die Sätze von Tagegeldern und Fahrkosten, welche den in Angelegenheiten der direkten Staatssteuern berufenen Kommissions- und Ausschußmitgliedern zu gewähren sind, durch Königliche Verordnung geändert oder neu bestimmt werden.

Alle Königlichen Verordnungen und allgemeinen Anordnungen des Staatsministeriums sowie des Verwaltungschefs in Gemeinschaft mit dem Finanzminister, welche auf Grund der §§ 4, 5, 9, 14, 17 dieses Gesetzes ergangen sind, sind dem Landtage, wenn er versammelt ist, sofort, sonst bei seinem nächsten Zusammentritte vorzulegen.

35.

Ausführungsbestimmungen[1] des Staatministeriums zu den Vorschriften über die Reisekosten der Staatsbeamten.

Vom 24. Sept. 1910 (GS. 269).

Auf Grund der §§ 4, 5, 14 des Gesetzes, betreffend die Reisekosten der Staatsbeamten, vom 26. Juli 1910 (GS. 150) wird unter Aufhebung der Ausführungsbestimmungen zu den Vorschriften über die Tagegelder und Reisekosten der Staatsbeamten vom 11. November 1903 (GS. 231) und der sonstigen entgegenstehenden Vorschriften folgendes bestimmt:

I. Ausführung der Reise.

§ 1. Die Beamten sind verpflichtet, Dienstreisen, zu

Ferner für

Beamte bei ihrer Vernehmung als **Zeugen** oder **Sachverständige**: § 14 der Reichsgebührenordnung für Zeugen und Sachverständige (RGBl. 1898 S. 689), sowie Zirkular des Ministers des Innern nebst Tarif vom 27. Februar 1884 (MBl. S. 30).

[1] Die Anlagen sind hier nicht mit abgedruckt.

denen auch Versetzungsreisen rechnen, mit möglichst geringem Zeitaufwand auszuführen, unnötige Hin- und Herreisen zu vermeiden, soweit angängig mehrere Dienstgeschäfte bei einer Reise zu verbinden und überhaupt darauf bedacht zu sein, daß der Staatskasse möglichst geringe Kosten erwachsen.

§ 2. Beamte, denen für Eisenbahnreisen innerhalb des Reichsgebiets ein Kilometersatz von 7 Pf. oder mehr zusteht, sind zur Benutzung von Schnellzügen verpflichtet, wenn dadurch eine im dienstlichen Interesse liegende Zeitersparnis erzielt oder eine Unterbrechung der Reise vermieden wird. Die gleiche Verpflichtung haben auch die übrigen Beamten, wenn diese Züge die dritte Wagenklasse führen.

§ 3. Die Beamten sind verpflichtet, bei Dienstreisen Kleinbahnen (nebenbahnähnliche Kleinbahnen und Straßenbahnen) zu benutzen.

Auf die Reisen mit nebenbahnähnlichen Kleinbahnen sind die Vorschriften über die Reisen mit Eisenbahnen entsprechend anzuwenden.

Ob eine Kleinbahn eine nebenbahnähnliche ist, entscheidet die Angabe des Reichskursbuchs, nötigenfalls der Verwaltungschef in Gemeinschaft mit dem Finanzminister.

§ 4. Zur Reise sind, wenn dadurch Mehrkosten vermieden werden können, auch Sonn- und Feiertage zu benutzen[1].

§ 5. Dienstreisen müssen in den Monaten April bis September von 6 Uhr morgens und in den Monaten Oktober bis März von 7 Uhr morgens ab angetreten

---

[1] Die Vorschrift soll keine ausnahmslose Verpflichtung begründen, Staatsmin.-Beschluß v. 20. Mai 1912 (GS. 135).

werden, wenn die Zahl der Reisetage dadurch beeinflußt wird; wird trotzdem die Reise aus besonderen Rücksichten zu einem späteren Zeitpunkt angetreten, so ist dies in der Reisekostenrechnung zu begründen.

§ 6. Die Weiter- oder Rückreise hat nach beendetem Dienstgeschäfte noch an demselben Tage zu erfolgen, wenn dies mit den bestehenden Verbindungen möglich ist, nötigenfalls unter Benutzung von Lohnfuhrwerk. Hat das Dienstgeschäft oder die Hinreise nebst dem Dienstgeschäfte sieben Stunden oder mehr in Anspruch genommen, so darf bei Reisen, die nicht besonders beschleunigt werden müssen, die Weiter- oder Rückreise an demselben Tage unterbleiben, wenn noch ein Reiseweg von mehr als zwei Stunden zurückzulegen ist.

Ist die Weiter- oder Rückreise an demselben Tage unterblieben, ohne daß die Voraussetzungen des Abs. 1 vorlagen, so ist dies in der Reisekostenrechnung zu begründen.

§ 7. Bei Bemessung der Gesamtdauer einer Reise, die mit der Eisenbahn, dem Schiffe oder der Post angetreten oder beendet wird, gilt als Zeitpunkt des Antritts und der Beendigung der Zeitpunkt, in welchem das Verkehrsmittel fahrplanmäßig die Station oder den Anlegeplatz des Wohnorts verläßt oder erreicht. Verspätungen kommen nur in Betracht, wenn sie mehr als eine Stunde betragen.

Bei anderen Reisen ist für den Antritt und die Beendigung der Reise der Zeitpunkt maßgebend, in welchem der Beamte die Wohnung, den Dienstraum usw. verläßt oder wieder betritt. Das gleiche gilt im Falle des Abs. 1, wenn die Eisenbahnstation oder der Anlegeplatz 2 km oder mehr von der Grenze des Wohnorts entfernt liegt.

§ 8. Zum Zwecke der Übernachtung darf eine Eisenbahn- oder Schiffsreise, die nicht außergewöhnlich beschleunigt werden muß, nur unterbrochen werden, wenn der Geschäftsort und bei der Rückreise der Wohnort trotz vorschriftsmäßigen Antritts der Reise (§ 5) mit den bestehenden Verbindungen erst nach einer mindestens 12 stündigen Reisezeit erreicht werden kann.

Ist bei einer Eisenbahnreise infolge der Benutzung eines Schlafwagens eine Ersparnis an Tagegeldern eingetreten, so wird dem Beamten der Preis für die Schlafwagenkarte erstattet.

Eine Schiffsreise darf, auch wenn die Voraussetzung des Abs. 1 vorliegt, zum Zwecke der Übernachtung nicht unterbrochen werden, wenn an Bord Schlafeinrichtungen für Reisende vorhanden sind oder durch eine Ausschiffung die Reisedauer infolge ungünstiger weiterer Beförderungsgelegenheiten wesentlich verlängert werden würde.

Eine Landwegreise, die nicht außergewöhnlich beschleunigt werden muß, darf zum Zwecke der Übernachtung unterbrochen werden, wenn mindestens 75 km Landweg zurückgelegt sind.

Wird die Reise zum Zwecke der Übernachtung unterbrochen, so gelten für die Weiterreise am folgenden Tage die Bestimmungen des § 5.

Hat ein Beamter, obwohl die Voraussetzungen der Abs. 1, 3 und 4 nicht gegeben waren, die Reise zum Zwecke der Übernachtung unterbrochen, so hat er dies in der Reisekostenrechnung zu begründen.

§ 9. Wird ein Beamter genötigt, aus privaten Rücksichten oder, weil er erkrankt, eine Dienstreise oder die dienstliche Tätigkeit während einer Dienstreise zu unterbrechen, so hat er dies der vorgesetzten Behörde tunlichst unverzüglich anzuzeigen.

Durch eine Unterbrechung aus privaten Rücksichten dürfen der Staatskasse keine Mehrkosten erwachsen.

§ 10. Eine Dienstreise und eine Urlaubsreise dürfen nur mit Zustimmung der vorgesetzten Behörde verbunden werden.

II. Voraussetzungen für die Gewährung von Reisekosten.

§ 11. Reisekosten (Tagegelder und Fahrkosten) werden gewährt, wenn die Entfernung von der Grenze des Wohnorts bis zur Mitte des Geschäftsorts (bei Versetzungsreisen bis zur Mitte des neuen Wohnorts) und die Entfernung von der Grenze des Geschäftsorts bis zur Mitte des Wohnorts (bei Versetzungsreisen von der Grenze des neuen bis zur Mitte des bisherigen Wohnorts) mindestens je 2 km betragen. Werden auf einer Dienstreise mehrere Geschäftsorte berührt, so werden Reisekosten gewährt, wenn zwischen dem Wohnort und einem der Geschäftsorte diese Entfernungen über die Mitte der übrigen Geschäftsorte in der einen wie in der anderen Reiserichtung mindestens je 2 km betragen (vgl. Beispiel 4).

Beträgt eine dieser Entfernungen weniger als 2 km, so werden notwendige Unkosten wie Brücken- und Fährgeld erstattet, die Auslagen für die Beförderung aber nur dann, wenn der Beamte durch außergewöhnliche Umstände genötigt war, eine Fahrgelegenheit zu benutzen.

Für die Berechnung der Entfernung (Abs. 1) ist die kürzeste fahrbare und in Ermangelung einer fahrbaren die kürzeste benutzbare Landwegstrecke und, soweit eine

Landwegverbindung nicht vorhanden, ist die Luftlinie maßgebend. Die Feststellung erfolgt mit den im § 53 für Landwegstrecken angegebenen Hilfsmitteln.

Der Anspruch auf Reisekosten wird im Falle des Abs. 1 nicht dadurch ausgeschlossen, daß die Entfernung bei Benutzung der Eisenbahn, Kleinbahn oder des Schiffes weniger als 2 km beträgt.

§ 12. Als Wohnort gilt die hauptsächlich von Gebäuden oder eingefriedigten Grundstücken eingenommene Fläche eines Gemeinde- oder Gutsbezirkes, in der sich der Dienstraum (dienstlicher Wohnort) oder die Wohnung (tatsächlicher Wohnort) des Beamten befindet. Dabei gilt als Ortsgrenze die Außenlinie dieser Fläche ohne Rücksicht auf vereinzelte Ausbauten oder Anlagen. Eine solche Fläche gilt auch dann als einziger Ort, wenn für einzelne Teile besondere Ortsbezeichnungen üblich sind. Sind in einem Gemeinde- oder Gutsbezirke mehrere getrennt voneinander liegende geschlossene Ortschaften oder geschlossene Ortsteile vorhanden, so ist jede Ortschaft und jeder Ortsteil für sich als ein Ort anzusehen. Hierbei gelten die durch öffentliche Anlagen, Gewässer, Festungswerke und Rayonbeschränkungen bewirkten Unterbrechungen des baulichen Zusammenhanges nicht als Trennung.

Liegt der Dienstraum oder die Wohnung des Beamten außerhalb eines solchen Ortes, so sind sie im Sinne dieser Bestimmungen als Wohnort anzusehen.

Die vorgesetzte Behörde bestimmt im Zweifelsfalle, welcher Dienstraum für die Bestimmung des dienstlichen Wohnorts maßgebend ist.

§ 13. Als Geschäftsort (Ort des Dienstgeschäfts) gilt

die hauptsächlich von Gebäuden oder eingefriedigten Grundstücken eingenommene Fläche eines Gemeinde- oder Gutsbezirkes, in der das Dienstgeschäft ausgeführt wird; § 12 Abs. 1 Satz 2—5 finden entsprechende Anwendung. In sinngemäßer Weise bestimmt sich der Begriff des auswärtigen Übernachtungsorts und des Urlaubsorts.

Liegt die Stelle, an der das Dienstgeschäft ausgeführt wird oder das auswärtige Nacht- oder Urlaubsquartier sich befindet, außerhalb eines solchen Ortes, so ist sie im Sinne dieser Bestimmungen als Geschäftsort, Übernachtungsort oder Urlaubsort anzusehen.

§ 14. Wenn der Wohnort des Beamten als Anfangs- oder Endpunkt einer Dienstreise in Betracht kommt, ist darunter der dienstliche Wohnort zu verstehen.

Ist der tatsächliche, vom dienstlichen verschiedene Wohnort zugleich Geschäftsort oder ergibt sich unter Berücksichtigung der Bestimmungen des § 11 zwischen dem Geschäftsort und dem tatsächlichen Wohnort eine geringere Entfernung als 2 km, so bleibt der dienstliche Wohnort außer Betracht. Nötigen in diesem Falle dienstliche Gründe dazu, die Reise vom dienstlichen Wohnort aus anzutreten, so werden die Auslagen für die Beförderung erstattet; eine Belegung ist nicht erforderlich.

§ 15. Werden eine Dienstreise und eine Urlaubsreise miteinander verbunden, so werden Reisekosten nur für den dienstlich zurückgelegten Teil der Reise gewährt. Als dienstlich zurückgelegt gilt:

1. beim Anschluß einer Urlaubsreise an eine Dienstreise die Strecke vom Wohnorte zum Geschäftsort und zurück;

2. beim Abschluß einer Dienstreise an eine Urlaubsreise die Strecke vom Urlaubsorte zum Geschäftsort und von diesem zum Wohnorte, soweit sie die Strecke übersteigt, die der Beamte auch ohne das Dienstgeschäft zur Rückkehr vom Urlaube hätte zurücklegen müssen;
3. bei Unterbrechung des Urlaubs durch eine Dienstreise die Strecke vom Urlaubsorte zum Geschäftsort und von diesem zu dem Orte, an dem der Beamte den weiteren Urlaub verbringt, die letztere Strecke aber nur, soweit sie nicht größer ist als die erstere;
4. in den Fällen 2 und 3, wenn der Auftrag zu dem Dienstgeschäft schon vor Antritt der Urlaubsreise erteilt und die Urlaubsreise mit Rücksicht darauf eingerichtet war, die Strecke vom Wohnorte zum Geschäftsort und zurück.

Erledigt der beurlaubte Beamte im Falle 3 das Dienstgeschäft am Wohnorte, so erhält er für den Aufenthalt dort keine Tagegelder. Erledigt er das Dienstgeschäft ohne Reise, zum Beispiel am Urlaubsorte selbst oder unter Berücksichtigung der Bestimmungen des § 11 in geringerer Entfernung als 2 km von ihm, so erhält er nur Tagegelder für die zur Erledigung des Dienstgeschäfts erforderliche Zeit.

§ 16. Die Gänge eines Beamten zwischen seinem Wohnort und seiner regelmäßigen Dienststätte gelten nicht als Dienstreise, auch wenn die Entfernung 2 km oder mehr beträgt.

Auch die in Ausübung des regelmäßigen Dienstes ständig wiederkehrenden Gänge eines Beamten gelten nicht als Dienstreisen. Die Feststellung und die Entscheidung darüber, ob die Zurücklegung einer Strecke als ein solcher Gang anzusehen ist, erfolgt im Zweifelsfalle durch den Verwaltungschef.

Benutzt der Beamte in den Fällen der Abs. 1 und 2 mit Zustimmung der vorgesetzten Behörde zur Beschleunigung die vorhandenen regelmäßigen Fahrgelegenheiten, so werden ihm die Auslagen für die Beförderung erstattet; eine Belegung ist nicht erforderlich.

§ 17. Wird eine Dienstreise oder die dienstliche Tätigkeit während einer Dienstreise durch besondere Umstände, die nicht auf privaten Rücksichten beruhen, oder durch Sonn- oder Feiertage oder durch Krankheit des Beamten unterbrochen, so erhält der Beamte auch für die Zeit der Unterbrechung Tagegelder. Solche Unterbrechungen sind in der Reisekostenrechnung zu begründen.

Stehen dienstliche Gründe oder die bestehenden Verbindungen der Rückkehr zum Wohnorte nicht entgegen und ist im Falle der Erkrankung der Beamte außerdem reisefähig, so werden, gleichgültig, ob der Beamte zurückgereist ist oder nicht, Tagegelder für die Zeit der Unterbrechung oder Reisekosten für die Reise zum Wohnort und zurück gewährt, je nachdem es für die Staatskasse günstiger ist. Das gleiche gilt unter den gleichen Voraussetzungen, wenn der Beamte bei einer mehrere Tage erfordernden Diensttätigkeit täglich zum Wohnorte zurückkehren kann. Soweit in diesen Fällen Eisenbahnstrecken oder Schiffstrecken in Betracht kommen, wird der Vergleichsberechnung, wenn für den Beamten verschiedene Kilometersätze vorgesehen sind, der höhere Kilometersatz zugrunde gelegt. Stellt sich dabei die Reise zum Wohnort und zurück billiger, so werden, wenn der Beamte zum Wohnorte tatsächlich zurückgekehrt ist, die Fahrkosten nach der Wagen- oder Schiffsklasse, für die der Fahrpreis bezahlt ist, unter Berücksichtigung der §§ 24 ff., sonst nach § 26 Satz 2 gewärt.

§ 18. Unter Zugang und Abgang wird die Zurücklegung des Weges zu und von der Eisenbahnstation, der Haltestelle der Kleinbahn oder dem Anlege- oder Liegeplatz des Schiffes an einem der in den §§ 12 und 13 bezeichneten Orte verstanden.

Die Zurücklegung dieses Weges gilt nicht als Zugang oder Abgang, wenn die Eisenbahnstation, die Haltestelle der Kleinbahn oder der Anlege- oder Liegeplatz des Schiffes 2 km oder mehr von der Ortsgrenze entfernt ist. An einem Geschäftsort, an dem nicht übernachtet wird, gilt die Zurücklegung dieses Weges auch dann nicht als Zugang oder Abgang, wenn die im Satz 1 genannten Punkte außerhalb der Ortsgrenze liegen und an die Zurücklegung dieses Weges eine Landwegstrecke unmittelbar anschließt.

Ein Zugang oder Abgang ist nicht vorhanden, wenn die Reise bei Eisenbahnreisen unmittelbar vom Bahngebiete, bei Schiffsreisen unmittelbar vom Anlege- oder Liegeplatz oder vom Ufer oder vom Gebiete der Strom- oder Hafenanlagen aus unternommen oder dort beendet wird oder von dort aus, ohne daß diese Gebiete verlassen werden, fortgesetzt wird.

§ 19. Unter unentgeltlich gestellten Verkehrsmitteln werden solche verstanden, deren Kosten aus staatlichen Kassen bestritten werden und solche, die sonst dem Beamten zur unentgeltlichen Benutzung oder Mitbenutzung eingeräumt werden.

III. Berechnung der Reisekosten.

1. Berechnung der Tagegelder.

§ 20. Der Tag der Abreise und der Tag der Ankunft werden als Reisetage berechnet, unbeschadet der Pflicht des Beamten, die Reisetage möglichst auch zur Erledigung der Dienstgeschäfte zu benutzen.

§ 21. Tagegelder können für denselben Tag nur einmal gewährt werden, auch wenn mehrere Reisen ausgeführt werden. Die ermäßigten Tagegelder für Reisen, die an demselben Tage angetreten und beendet werden, oder die sich auf zwei Tage erstrecken und innerhalb 24 Stunden beendet werden, sind auch dann nur einmal zu zahlen, wenn mehrere Reisen innerhalb dieser Zeitäume ausgeführt werden.

Ist nach einer Sonderbestimmung ein geringerer Tagegeldersatz als nach dem Reisekostengesetze vorgesehen, so kann in den Fällen des Abs. 1 die vorgesetzte Behörde, wenn nach ihrem pflichtmäßigen Ermessen der geringere Tagegeldersatz nicht ausreichend erscheint, ihn bis zum Betrage der Sätze des Reisekostengesetzes erhöhen.

§ 22. Bezieht ein Beamter, der vorübergehend außerhalb seines Wohnorts beschäftigt wird, die vollen Tagegelder, so erhält er bei weiteren Dienstreisen daneben keine Tagegelder. Bezieht er für die Dauer einer derartigen Beschäftigung ermäßigte Tagegelder oder eine Pauschvergütung, so erhält er bei weiteren Dienstreisen daneben die gesetz- oder verordnungsmäßigen Tagegelder unverkürzt.

§ 23. Sind einem Beamten für die Zeit seines Aufenthalts außerhalb des Reichsgebiets erhöhte Tagegelder bewilligt, so erhält er für den Tag des Überganges von dem Reichsgebiet in das Ausland die erhöhten, für den Tag der Rückkehr in das Reichsgebiet die niedrigeren Tagegelder. Erfolgt der Übergang von dem Reichsgebiet in das Ausland und die Rückkehr in das Reichsgebiet an demselben Tage, so werden die erhöhten Tagegelder gezahlt.

2. Berechnung der Fahrkosten.

§ 24. Der Berechnung der Fahrkosten ist in der Regel der von dem Beamten tatsächlich eingeschlagene Weg zugrunde zu legen. Der Beamte ist verpflichtet, denjenigen Weg zu wählen, welcher sich für die Staatskasse unter Berücksichtigung der Tagegelder als der möglichst günstige darstellt, mit den bestehenden Verbindungen nach dem Zwecke der Reise und den Umständen des einzelnen Falles benutzt werden konnte und dessen Benutzung auch der Verkehrssitte entspricht. Ein Umweg ist bei der Berechnung der Fahrkosten nur dann zu berücksichtigen, wenn durch ihn eine im dienstlichen Interesse liegende Zeitersparnis erzielt oder eine Unterbrechung der Reise vermieden ist. Zum Nachweise, daß der Umweg gemacht ist, genügt die Versicherung des Beamten; die Notwendigkeit des Umwegs ist in der Reisekostenrechnung zu begründen. Hat der Beamte aus anderen Gründen einen Umweg gemacht, so darf er ihn nicht in Rechnung stellen.

§ 25. Hat ein Beamter bei einer Strecke, die mit der Eisenbahn oder dem Schiffe zurückgelegt werden kann, einer anderen Weg eingeschlagen als den, welcher nach § 24 der Berechnung der Fahrkosten zugrunde zu legen ist, so richtet sich der Kilometersatz nach derjenigen Wagen- oder Schiffsklasse, für welche der Fahrpeis auf der von dem Beamten tatsächlich zurückgelegten Strecke bezahlt ist.

Ist auf dieser Strecke der Fahrpreis für verschiedene Wagen- oder Schiffsklassen bezahlt, so wird, wenn für den Beamten verschiedene Kilometersätze vorgesehen sind, bei der Berechnung der Fahrkosten der höhere Kilometersatz auf die gleiche Entfernung gewährt, für die der höhere Fahrpreis bezahlt ist. Im übrigen wird der niedrigere Kilometersatz gewährt.

§ 26. Soweit ein Beamter bei einer Strecke, die mit der Eisenbahn oder dem Schiffe zurückgelegt werden kann, die Eisenbahn oder das Schiff nicht benutzt hat, bleibt die tatsächlich zurückgelegte Strecke außer Betracht. Er erhält Fahrkosten nur für die Strecke, die er mit der Eisenbahn oder dem Schiff hätte zurücklegen können, und zwar, wenn für ihn verschiedene Kilometersätze vorgesehen sind, nach dem niedrigeren Kilometersatze. Nur wenn der Beamte dabei statt der Eisenbahn oder des Schiffes ein unentgeltlich gestelltes Verkehrsmittel benutzt hat, dessen Kosten aus staatlichen Kassen bestritten werden, erhält er auch für die Strecke, die er mit der Eisenbahn oder dem Schiffe hätte zurücklegen können, keine Fahrkosten.

§ 27. Soweit ein Beamter auf einer Strecke, die nicht mit der Eisenbahn, der Kleinbahn oder dem Schiffe zurückgelegt werden kann, ein unentgeltlich gestelltes Verkehrsmittel, dessen Kosten nicht aus staatlichen Kassen bestritten werden, benutzt hat, erhält er für das Kilometer als Entschädigung für Nebenkosten die Hälfte des im § 3 Abs. 1 Nr. 2 des Reisekostengesetzes vorgesehenen Fahrkostensatzes.

Allerhöchste Anordnungen über die Vergütung für Reisen mit den aus Kronfideikommißfonds bezahlten Verkehrsmitteln bleiben unberührt.

§ 28[1]. Haben auf einer Strecke, die nicht mit der Eisenbahn, der Kleinbahn oder dem Schiffe zurückgelegt werden kann, mehrere Beamte gemeinschaftlich dasselbe Verkehrsmittel benutzt und ist das Verkehrsmittel von einem oder mehreren der an der Dienstreise beteiligten Beamten den übrigen zur unentgeltlichen Benutzung oder Mitbenutzung eingeräumt worden, so erhalten die Beamten, welche die Kosten des Verkehrsmittels tragen, an Fahrkosten 30 Pf. für das Kilometer. Die Vergütung der übrigen Beamten bestimmt sich nach § 27.

---

[1] Aufgehoben durch folgenden Staatsministerial-Beschluß (GS. 379):

§ 28 der Ausführungsbestimmungen zu den Vorschriften über die Reisekosten der Staatsbeamten vom 24. Sept. 1910 wird aufgehoben.

Haben hiernach auf einer Strecke, die nicht mit der Eisenbahn, der Kleinbahn oder dem Schiffe zurückgelegt werden kann, mehrere Beamte gemeinschaftlich dasselbe Verkehrsmittel benutzt und ist das Verkehrsmittel von einem oder mehreren der an der Dienstreise beteiligten Beamten den übrigen zur unentgeltlichen Benutzung oder Mitbenutzung eingeräumt worden, so hat die Berechnung der Fahrkosten lediglich unter Berücksichtigung der § 3 Abs. 5 und § 5 des Reisekostengesetzes sowie der §§ 19 und 27 der Ausführungsbestimmungen zu erfolgen. Dabei tritt, wenn nur ein Beamter die Kosten des gemeinschaftlichen Verkehrsmittels trägt, eine Ermäßigung der Fahrkosten auf 30 Pfennig für das Kilometer nicht ein.

Berlin, den 24. Juli 1913.

Königliches Staatsministerium.

§ 29. Die im § 3 Abs. 3 des Reisekostengesetzes festgesetzte Vergütung für Zugang und Abgang wird nur für den Zugang und Abgang am Wohnort oder an einem auswärtigen Übernachtungsorte gewährt. Hierbei gilt als Wohnort auch der Urlaubsort.

Erfolgt der Zu- oder Abgang im Falle des Abs. 1 mit einem unentgeltlichen Verkehrsmittel, so wird die Vergütung nicht gewährt. Werden die Kosten dieses Verkehrsmittels nicht aus staatlichen Kassen bestritten, so wird als Entschädigung für Nebenkosten die Hälfte der im § 3 Abs. 3 des Reisekostengesetzes vorgesehenen Vergütung für Zu- oder Abgang gewährt.

§ 30. Für den Zugang und Abgang am Geschäftsorte wird, unbeschadet der Bestimmung des § 37, eine Vergütung nicht gewährt. Ebenso wird, wenn an einem Orte mehrere Eisenbahnstationen, Haltestellen der Kleinbahn oder Anlege- oder Liegeplätze für Schiffe sich befinden, für den Übergang des Beamten von einem dieser Punkte zum anderen, unbeschadet der Bestimmung des § 37, eine Vergütung nicht gewährt. Ob an einem Orte mehrere Eisenbahnstationen oder Anlegeplätze sich befinden, entscheidet die Angabe des Reichskursbuchs.

§ 31. Gilt die Zurücklegung des im § 18 Abs. 1 bezeichneten Weges nach § 18 Abs. 2 nicht als Zu- oder Abgang, so werden dafür Fahrkosten gewährt. Wenn in diesem Falle die Strecke mit der Straßenbahn zurückzulegen ist, werden die Auslagen für die Beförderung mit der Straßenbahn erstattet (§ 32). Am Wohnort und am auswärtigen Übernachtungsorte sind dabei mindestens Beträge zu gewähren, die der gesetz- oder verordnungsmäßigen Vergütung für Zu- oder Abgang gleichkommen.

Ist im Falle des § 18 Abs. 3 ein Zu- oder Abgang am Wohnort oder am auswärtigen Übernachtungsorte nicht vorhanden, so können einem Beamten, der für die Reise wegen Unentgeltlichkeit des Verkehrsmittels keine Kilometervergütung erhält, Auslagen bis zur Höhe der halben der im § 3 Abs. 3 des Reisekostengesetzes vorgesehenen Vergütung für Zu- oder Abgang erstattet werden; eine Belegung ist nicht erforderlich.

§ 32. Bei Reisen mit der Straßenbahn werden nur die Auslagen für die Beförderung und bis zur Höhe der gesetz- oder verordnungsmäßigen Vergütung auch die Auslagen für Zu- und Abgang am Wohnort und am auswärtigen Übernachtungsort erstattet. Eine Belegung ist nicht erforderlich.

In der Reisekostenrechnung sind die Straßenbahnstrecken besonders anzugeben.

§ 33. Ist für eine Strecke, die mit einer Kleinbahn hätte zurückgelegt werden können, ein anderes Verkehrsmittel benutzt, so wird die etwa höhere Entschädigung dafür gewährt, wenn nach dem Zwecke der Reise und den Umständen des einzelnen Falles die Benutzung der Kleinbahn der Verkehrssitte nicht entsprochen hätte, insbesondere wenn die Benutzung der Kleinbahn im Interesse einer angemessenen Erledigung der Reise ungeeignet gewesen wäre.

Als Fälle letzterer Art gelten:

1. wenn durch die Benutzung eines anderen Verkehrsmittels als der Kleinbahn eine im dienstlichen Interesse liegende Zeitersparnis erzielt wird;
2. wenn dadurch eine zweckmäßigere Zeiteinteilung bei der Erledigung der auswärtigen Dienstgeschäfte ermöglicht wird;

3. wenn sich die Kleinbahn zur Beförderung des notwendigen Gepäcks nicht eignet;
4. wenn nach der Entscheidung der vorgesetzten Behörde die Kleinbahn mit Rücksicht auf die dienstliche Stellung des Beamten nicht als ein angemessenes Verkehrsmittel erachtet werden kann. Führt eine Kleinbahn mehrere Wagenklassen, so ist ihre Benutzung mit der dienstlichen Stellung des Beamten stets vereinbar.

Hat der Beamte die Kleinbahn nicht benutzt, so hat er die Gründe dafür in der Reisekostenrechnung anzugeben.

§ 34. Für die Berechnung der Fahrkosten ist bei Eisenbahn- oder Schiffstrecken die Entfernung von Eisenbahnstation oder Anlege- oder Liegeplatz des Schiffes zu Eisenbahnstation oder Anlege- oder Liegeplatz, bei Landwegstrecken die Entfernung von Ortsmitte zu Ortsmitte maßgebend.

Sind mehrere Eisenbahnstationen oder Anlegeplätze an einem Orte vorhanden, so ist der letzte dieser Punkte des Antrittsorts und der erste des Endorts der Berechnung zugrunde zu legen. Nähere oder abweichende Bestimmungen für einzelne Orte können von dem Verwaltungschef in Gemeinschaft mit dem Finanzminister erlassen werden.

Bei der Berechnung der Fahrkosten für Landwegstrecken tritt an die Stelle der Ortsmitte, wenn der Anfangs- oder Endpunkt der Landwegstrecke außerhalb eines Ortes liegt, dieser Anfangs- oder Endpunkt.

§ 35. Für die Feststellung der Entfernungen bei Eisenbahnstrecken, Kleinbahnstrecken und Schiffstrecken sind die Angaben des Reichskursbuchs maßgebend. Sind bei Kleinbahnstrecken die Entfernungen aus dem Reichskursbuche nicht ersichtlich, so entscheiden die von den Kleinbahnunternehmungen bekannt gemachten Fahrpläne oder Entfernungstafeln oder, wenn diese fehlen, die Auskunft der Genehmigungs- oder Aufsichtsbehörde. Bei Landwegstrecken werden die Angaben der Post- und Eisenbahnkarte des Deutschen Reiches zugrunde gelegt.

Ist die Feststellung der Entfernungen mit diesen Hilfsmitteln nicht möglich, so treten an ihre Stelle die amtlichen Entfernungskarten oder, wenn diese fehlen die Bescheinigungen sachkundiger Behörden, bei Seereisen die Post- und Eisenbahnkarte des Deutschen Reichs oder die vom Reichspostamte bearbeitete Karte der großen Postdampfschiffslinien im Weltverkehr und bei sonstigen Dienstreisen außerhalb des Reichsgebiets die Bescheinigungen der Kaiserlichen Gesandtschaften und Konsulate.

§ 36. Bei Reisen, die teils mit der Eisenbahn oder dem Schiffe, teils auf dem Landweg auszuführen sind, werden die Eisenbahn- oder Schiffstrecken einerseits und die Landwegstrecken andererseits besonders berechnet und für sich abgerundet.

§ 37. Auslagen des Beamten für die Beförderung von Akten, Karten, Geräten usw., deren er zur Erledigung des Dienstgeschäfts bedarf, werden gesondert erstattet.

Haben die bestimmungsmäßigen Fahrkosten einschließlich der Vergütung für Zu- und Abgang nicht ausgereicht, um die gesamten Kosten der Beförderung des Beamten und des zu seinem persönlichen Gebrauche bestimmten Gepäcks zu decken, so werden ihm die Mehrauslagen erstattet. Der Beamte hat zu diesem Zwecke seine Auslagen für die Beförderung nach den einzelnen

Arten summarisch geordnet anzugeben; eine Belegung ist nicht erforderlich.

III. Festsetzung anderweitiger Beträge an Stelle der Reisekosten.

§ 38. Die Festsetzung anderweitiger Beträge an Stelle der gesetz- oder verordnungsmäßigen Tagegelder und Fahrkosten (§ 9 des Reisekostengesetzes) kann darin bestehen, daß entweder für die einzelne Reise oder einen Teil der Reise der gesetz- oder verordnungsmäßige Tagegeldersatz und Kilometersatz oder nur einer von beiden ermäßigt oder eine die Reisekosten der einzelnen Reise oder eines Teiles der Reise umfassende Pauschvergütung gewährt wird oder daß für alle oder nur für bestimmte Reisen innerhalb eines Zeitraums eine Pauschsumme bewilligt wird oder daß nur die baren Auslagen erstattet werden.

IV. Vorschuß und Reisekostenrechnung.

§ 39. Dem Beamten, der eine Dienstreise auszuführen hat, kann auf seinen Antrag in den Grenzen der ihm zustehenden Reisekosten ein Vorschuß gezahlt werden.

Ist ein Vorschuß erhoben, so ist der Betrag und die Kasse, die ihn gezahlt hat, in der Reisekostenrechnung anzugeben.

§ 40. Die Reisekosten werden dem Beamten auf Grund einer besonderen Berechnung gezahlt, die, soweit der Verwaltungschef nicht ein anderes bestimmt, nach dem anliegenden Muster aufzustellen ist. Der Beamte ist für die Richtigkeit der Angaben in der von ihm zu unterzeichnenden Reisekostenrechnung verantwortlich.

Die zuständige Dienststelle hat die Richtigkeit des

Inhalts der Reisekostenrechnung zu bestätigen. Sie erkennt damit gleichzeitig an, daß die Reise notwendig und daß die Art der Ausführung und die Dauer angemessen war.

V. Schlußbestimmungen.

§ 41. Diese Bestimmungen treten am 1. Oktober 1910 in Kraft.

Auf Reisen, die vor dem 1. Oktober angetreten und an diesem Tag oder später beendet werden, sind sie nicht anzuwenden.

§ 42. Bei Reisen außerhalb des Reichsgebiets sind diese Bestimmungen anzuwenden, soweit nicht die besonderen Verhältnisse des Auslandes entgegenstehen. Wieweit dies zutrifft, entscheidet die Dienststelle, welche die Richtigkeit der Reisekostenrechnung bestätigt.

Bei Reisen der gesandtschaftlichen Beamten gelten diese Bestimmungen, soweit sich nicht aus den für die Reisen dieser Beamten bestehenden besonderen Vorschriften ein anderes ergibt oder durch die besonderen Verhältnisse des Auslandsdienstes Abweichungen bedingt werden; insbesondere sind die Bestimmungen, welche sich auf die Benutzung von Kleinbahnen und von unentgeltlich gestellten Verkehrsmitteln beziehen, nicht anzuwenden.

Berlin, den 24. September 1910.

Königliches Staatsministerium.

36.

Allgemeine Verfügung über die Fahrkosten bei Dienstreisen mit Kraftwagen.

Vom 3. Oktober 1911 (GS. 206).

Auf Grund des § 4 des Gesetzes, betreffend die Reisekosten der Staatsbeamten, vom 26. Juli 1910 (GS. 150) wird folgendes bestimmt:

Auf Dienstreisen, die mit Kraftwagen ausgeführt werden, finden die Vorschriften des Reisekostengesetzes vom 26. Juli 1910 und der Ausführungsbestimmungen vom 24. Sept. 1910 mit folgender Maßgabe Anwendung:

§ 1. Hat ein Beamter eine Strecke mit einem Kraftwagen zurückgelegt, so werden ihm auf Antrag an Stelle der bestimmungsmäßigen Fahrkosten die notwendigen Auslagen erstattet, wenn

1. die Benutzuug eines anderen Verkehrsmittels nicht möglich war, oder
2. infolge der Benutzung des Kraftwagens die gesamten Reisekosten sich ermäßigen, oder
3. ein zwingendes dienstliches Interesse, insbesondere wegen des Zweckes der Reise oder der besonderen Dringlichkeit des Falles, die Fahrt mit dem Kraftwagen geboten erscheinen läßt oder
4. wenn in sonstigen Fällen wichtige dienstliche Gründe die Benutzung des Kraftwagens ausnahmsweise rechtfertigen — insbesondere, wenn dadurch eine zweckmäßige Zusammenlegung mehrerer Reisen ermöglicht wird oder Übernachtungen vermieden werden oder eine sonstige erhebliche, im dienstlichen Interesse liegende Zeitersparnis erzielt wird — und eine unverhältnismäßige Verteuerung der Reise nicht eintritt.

Der Antrag ist in der Reisekostenrechnung kurz zu begründen, eine Belegung der Auslagen ist nicht erforderlich. Falls die Dienstreise eine Umzugsreise ist, gehören zu den zu erstattenden Auslagen nicht solche Kosten, die im Regelfall als Umzugskosten anzusehen sind.

Liegen die Voraussetzungen des Abs. 1 nicht vor, so erhält der Beamte Fahrkosten nach den bestimmungsmäßigen Kilometersätzen.

§ 2. Die Bestimmung im § 8 Abs. 4 der Ausführungsbestimmungen vom 24. Sept. 1910 gilt nicht in den Fällen des § 1 Abs. 1 dieser Verfügung.

§ 3. Als Kraftwagen im Sinne dieser Verfügung gelten auch Krafträder.

Berlin, den 3. Oktober 1911.

Königliches Staatsministerium.

37.

Allgemeine Verfügung über die Festsetzung von Pauschvergütungen für Dienstreisen nach nahegelegenen Orten[1]. Vom 13. Okt. 1911 (GS. 213).

Auf Grund des § 9 des Gesetzes, betreffend die Reisekosten der Staatsbeamten, vom 26. Juli 1910 (GS. 150) wird folgendes bestimmt:

§ 1. Für Dienstreisen nach nahegelegenen Orten und zurück, die mit der Eisenbahn, der Kleinbahn oder dem Schiffe ausgeführt werden und an demselben Tage angetreten und beendet werden können, werden an Stelle der in dem Reisekostengesetze vom 26. Juli 1910 und den Ausführungsbestimmungen vom 24. Sept. 1910 vorgesehenen Reisekosten die im § 2 festgesetzten Pauschvergütungen gewährt.

Als nahegelegen im Sinne dieser Verfügung gilt ein Ort, wenn die bei einer Berechnung der Fahrkosten maßgebende Entfernung zwischen ihm und dem Wohn-

---

[1] Auf Dienstreisen infolge Versetzung nicht anwendbar. AllgVf. v. 19. Febr. 1915 (JMBl. 39).

orte (bei Reisen, die am Urlaubsort angetreten und beendet werden, zwischen ihm und dem Urlaubsorte) nicht mehr als 30 Kilometer beträgt und wenn zwischen beiden Orten ein Vorort-, Stadt-, Ring- oder Straßenbahnverkehr besteht oder in sonstiger Weise mit den im Abs. 1 genannten Verkehrsmitteln täglich von 6 Uhr morgens ab in jeder der beiden Reiserichtungen eine mindestens achtmalige fahrplanmäßige Verbindung vorhanden ist[1]. Werden auf einer Reise mehrere Geschäftsorte berührt, so gelten sie als nahegelegen, wenn jeder einzelne Geschäftsort von dem Wohnorte (Urlaubsorte) wenigstens in einer Reiserichtung nicht mehr als 30 Kilometer entfernt liegt und wenn zwischen den einzelnen Orten in beiden Reiserichtungen die im vorstehenden Satze angegebenen günstigen Verkehrsverbindungen bestehen.

Die Pauschvergütung nach § 2 wird auch gewährt, wenn die Dienstgeschäfte an einem nahegelegenen Orte nicht an einem Tage beendet werden und der täglichen Rückkehr des Beamten nichts entgegensteht.

§ 2. Es erhalten die im § 1 des Reisekostengesetzes genannten Beamten

unter	I	16	Mark,
„	II	14	„
„	III	12	„
„	IV	11	„
„	V	8	„
„	VI	7	„
„	VII	6 / 5	„

[1] Dieser Begriff wird dadurch nicht berührt, daß durch die zeitweilige Fahrplanänderung während des Krieges die

Die Pauschvergütung der Beamten unter I bis IV erhöht sich um zwei Mark, wenn für die ganze Strecke der Fahrpreis für die erste Eisenbahnwagenklasse bezahlt ist, die der Beamten unter V bis VI um eine Mark, wenn für die ganze Strecke der Fahrpreis für die zweite Eisenbahnwagenklasse oder die erste Schiffsklasse bezahlt ist.

Sind dem Beamten auf der ganzen Strecke die von ihm benutzten Verkehrsmittel (§ 1 Abs. 1) unentgeltlich zur Verfügung gestellt worden, so beträgt die Pauschvergütung:

bei	I	14,50	Mark,
„	II	12,50	„
„	III	10,50	„
„	IV	9,50	„
„	V	7	„
„	VI	6	„
„	VII	5 / 4	„ / „

Übersteigen die in den vorstehenden Absätzen festgesetzten Pauschvergütungen diejenigen Beträge, welche den Beamten nach den sonst anzuwendenden Vorschriften zustehen würden, so erhalten sie nur die geringeren Beträge.

§ 3. Die im § 2 Abs. 1 bezeichneten Pauschvergütungen werden auch gewährt, wenn der Beamte die Eisenbahn, die Kleinbahn oder das Schiff nicht benutzt hat. Hat aber der Beamte dabei statt der Eisenbahn, der Kleinbahn oder des Schiffes ein unentgeltlich gestelltes Verkehrsmittel benutzt, dessen Kosten aus staat-

achtmalige fahrplanmäßige Verbindung nicht mehr besteht. Staatsmin. Beschluß v. 8. Jan. 1915 (GS. 3).

lichen Kassen bestritten werden, so erhält er die im § 2 Abs. 2 bezeichnete Pauschvergütung.

§ 4. Auslagen des Beamten für die Beförderung von Akten, Karten, Geräten usw., deren er zur Erledigung des Dienstgeschäfts bedarf, sowie Schnellzugszuschläge werden gesondert erstattet.

Hat der Beamte auf der Dienstreise höhere Beträge aufwenden müssen, als die Pauschvergütung beträgt, so werden ihm die Mehrauslagen bis zur Höhe der Vergütung, welche nach den sonst anzuwendenden Vorschriften zu gewähren wäre, erstattet. Der Beamte hat zu diesem Zwecke seine Auslagen nach den einzelnen Arten summarisch geordnet anzugeben; eine Belegung ist nicht erforderlich.

§ 5. Diese Verfügung gilt nicht für Reisen, für welche an Stelle der in dem Reisekostengesetz und den Ausführungsbestimmungen vom 24. September 1910 vorgesehenen Vergütungen gemäß § 17 oder § 8 Abs. 2 Satz 1 oder § 9 des Reisekostengesetzes anderweitige Beträge in anderer als der in dieser Verfügung vorgesehenen Weise festgesetzt sind oder festgesetzt werden.

§ 6. Diese Verfügung gilt nicht für Reisen, die zum Zwecke der Erledigung von Dienstgeschäften im Auslande ganz oder teilweise außerhalb des Reichsgebiets ausgeführt werden.

Berlin, den 13. Oktober 1911.

Königliches Staatsministerium.

38.

Gesetz, betreffend die Umzugskosten der Staatsbeamten. Vom 24. Februar 1877 (GS. 15).

§ 1. Die Staatsbeamten erhalten bei Versetzungen eine Vergütung für Umzugskosten nach folgenden Sätzen:

	auf allgemeine Kosten	auf Transportkosten für je 10 Kilometer
I. Beamte der ersten Rangklasse	1800 Mark	24 Mark
II. Beamte der zweiten und dritten Rangklasse . . .	1000 „	20 „
III. Beamte der vierten Rangklasse	500 „	10 „
IV. Beamte der fünften Rangklasse	300 „	8 „
V. Beamte, welche nicht zu den obigen Klassen gehören, soweit sie gesetzlich zu einem Tagegeldersatze von 9 Mark berechtigt sind	240 „	7 „
VI. Subalternbeamte der Provinzial-, Kreis- und Lokalbehörden und andere Beamte gleichen Ranges, welche nicht zu den Beamten der Klasse V gehören	180 „	6 „
VII. andere Beamte, welche nicht zu den Unterbeamten zu zählen sind	150 „	5 „
VIII. Unterbeamte	100 „	4 „

2. Bei Berechnung der Entfernung ist die kürzeste fahrbare Straßenverbindung zugrunde zu legen. Jede angefangene Strecke von 10 Kilometern wird für volle 10 Kilometer gerechnet.

3[1]. Die nicht etatsmäßig angestellten Beamten erhalten bei Versetzungen nur Tagegelder und Reisekosten. Jedoch sind den im höheren Staatsdienste außeretatsmäßig beschäftigten Assessoren und Räten Umzugskosten alsdann zu gewähren, wenn sie vor der Versetzung bereits gegen eine fixierte Remuneration dauernd beschäftigt waren. Ob diese Voraussetzungen zur Gewährung von Umzugskosten vorhanden sind, entscheidet der Ressortchef im Einvernehmen mit dem Finanzminister.

4. Die zu Umzugskosten berechtigten Beamten erhalten außer denselben für ihre Person Tagegelder und Reisekosten.

Auch ist diesen Beamten der Mietzins[2] zu vergüten, welchen dieselben für die Wohnung[3] an ihrem bisherigen Aufenthaltsorte auf die Zeit von dem Verlassen des letzteren bis zu dem Zeitpunkte haben aufwenden müssen, mit welchem die Auflösung des Mietverhältnisses möglich war[4]. Diese Vergütung darf längstens für einen neun-

[1] Über die Anwendung auf die im höheren Staatsdienst außeretatsmäßig beschäftigten Regierungsbaumeister vgl. Ges. v. 24. Aug. 1896 (GS. 173).

[2] Einschl. Aufwendungen für Weitervermietung sowie Entschädigung für Zentralheizung, Warmwasserversorgung, elektrische Flurbeleuchtung, Fahrstuhlbenutzung, Staubsaugevorrichtung usw. (MBl. 1911 207, 1912 277, 1915 107, JMBl. 1911 418, 1913 171, 1915 129).

[3] Einschließlich Garten und Acker. AVerf. v. 10. Sept. 1897 (JMBl. 235).

[4] BGB. § 570. Militärpersonen, Beamte . . . können im Falle der Versetzung nach einem anderen Orte das Mietverhältnis in Ansehung der Räume, welche sie für sich oder

monatlichen Zeitraum gewährt werden. Hat der Beamte im eigenen Hause gewohnt, so kann demselben eine Entschädigung bis höchstens zum halbjährigen Betrage des ortsüblichen Mietwerts der innegehabten Wohnung gewährt werden.

5. Beamte ohne Familie erhalten nur die Hälfte der im § 1 festgesetzten Vergütung.

6. Von den Vergütungssätzen (§ 1) kommt derjenige in Anwendung, welchen die Stellung bedingt, aus welcher — nicht in welche — der Beamte versetzt wird.

7. Personen, welche, ohne vorher im Staatsdienste gestanden zu haben, in denselben übernommen werden, kann eine durch den Verwaltungschef im Einvernehmen mit dem Finanzminister festzusetzende Vergütung für Umzugskosten gewährt werden.

8. Auf Wartegeldempfänger, welche wieder in den aktiven Staatsdienst aufgenommen werden, findet dieses Gesetz mit der Maßgabe Anwendung, daß für die Umzugskostenvergütung die Entfernung zwischen dem Wohnorte des Wartegeldempfängers und dem neuen Amtssitze desselben zugrunde zu legen ist.

9. Die Bestimmungen im § 10 des Gesetzes, betreffend die Tagegelder und Reisekosten der Staatsbeamten, vom 24. März 1873 (GS. 122), finden bei Festsetzung der Vergütung für Umzugskosten entsprechende Anwendung.

10. Dieses Gesetz tritt mit dem 1. April 1877 in Kraft. Alle demselben entgegenstehenden Bestimmungen

---

ihre Familie an dem bisherigen Garnison- oder Wohnorte gemietet haben, unter Einhaltung der gesetzlichen Frist kündigen. Die Kündigung kann nur für den Termin erfolgen, für den sie zulässig ist.

sind aufgehoben, insbesondere der Erlaß vom 26. März 1855 betreffend die Vergütung der den Beamten bei Versetzungen erwachsenden Umzugskosten (GS. 190), und das Umzugskostenreglement für Steuerbeamte vom Oberinspektor abwärts vom 11. April 1856 (MBl. für die innere Verw. 154). Wo in besonderen Vorschriften auf die hiernach aufgehobenen Bestimmungen Bezug genommen wird, treten die entsprechenden Bestimmungen dieses Gesetzes an deren Stelle.

11. Die besonderen Vorschriften, welche für einzelne Dienstzweige bezüglich der den Beamten aus der Staatskasse zu gewährenden Umzugskosten ergangen sind, bleiben — mit Ausnahme der nach § 10 aufgehobenen — vorläufig in Kraft. Eine Abänderung derselben kann im Wege Königlicher Verordnung erfolgen. Die in diesem Gesetze bestimmten Sätze dürfen jedoch nicht überschritten werden[1].

Die Sätze für Gesandtschaftsbeamte können jedoch nach Maßgabe derjenigen Beträge festgesetzt werden, welche für die entsprechenden Beamtenklassen in der auf Grund des § 18 des Reichsgesetzes vom 31. März 1873 (RGBl. 61) zu erlassenden Kaiserlichen Verordnung bestimmt werden.

---

[1] Wegen der Umzugskosten

der Beamten der Staatseisenbahnen und der unter der Verwaltung des Staats stehenden Privateisenbahnen s. V. v. 15. Sept. 1910 (GS. 289);

der Mitglieder der Landgendarmerie V. v. 27. Jan. 1879 (GS. 22), 19. Sept. 1883 (S. 347), 7. April 1906 (S. 126);

der gesandtschaftlichen Beamten V. v. 1. Mai 1879 (GS. 351), 28. März 1881 (GS. 276) u. 13. Okt. 1910 S. 297).

39.

Zirkular und Erlaß der Minister der Finanzen und des Innern, betreffend die Umzugskosten der Staatsbeamten. Vom 4. Mai 1877 (MBl. 112).

Nachdem das Gesetz vom 24. Februar d. J., betreffend die Umzugskosten der Staatsbeamten, durch die GS. 15 publiziert worden ist, wird in bezug auf die Anwendung dieses Gesetzes hierdurch folgendes bestimmt:

1. Für die Feststellung des Dienstranges der Beamten behufs Zuzählung derselben in die im § 1 des Gesetzes aufgeführten Klassen finden die für das Gesetz vom 12. Mai 1873, betreffend die Wohnungsgelderzuschüsse der Beamten (GS. 209)[1] sowie die für das Gesetz vom 24. März 1873, betreffend die Tagegelder und die Reisekosten der Staatsbeamten (GS. 122)[1] getroffenen Festsetzungen entsprechende Anwendung. Es wird dabei bemerkt, daß die Klasse VI im § 1 des Umzugskostengesetzes der Klasse IV des Tarifs zum Gesetz vom 12. Mai 1873 entspricht, daß jedoch aus der letztgenannten Klasse diejenigen Beamten ausscheiden und zu der Klasse V im § 1 des Umzugskostengesetzes zu rechnen sind, welche zu den im § 1 Nr. V des Tagegeldergesetzes bezeichneten Beamten gezählt werden.

Zu der Klasse VII im § 1 des Umzugskostengesetzes gehören diejenigen Beamten, welche nach § 1 ad VII im Artikel I des Gesetzes vom 28. Juni 1875, betreffend die Abänderung des Gesetzes vom 24. März 1873 über die Tagegelder und Reisekosten der Staatsbeamten (GS. 370)

---

[1]. S. jetzt Nr. 27 und 84.

zu einem Tagegeldersatze von 4 Mark 50 Pf.[1] berechtigt sind. Es kommen dabei namentlich die Förster sowie die Grenz- und Steueraufseher in Betracht.

2. Der Anspruch auf Umzugskosten steht nur den etatsmäßig angestellten Beamten und den im höhern Staatsdienste außeretatsmäßig beschäftigten Assessoren und Räten in dem Falle zu, wenn sie vor der Versetzung bereits gegen eine fixierte Remuneration dauernd beschäftigt waren (§ 3 des Ges.). Werden Beamte aus einem andern Ressort in die allgemeine Verwaltung als außeretatsmäßige Assessoren oder Räte übernommen, so ist hinsichtlich der Gewährung von Umzugskosten in jedem Falle die diesseitige Entscheidung einzuholen.

3. Nachdem die bisherige Bestimmung aufgehoben ist, wonach eine Vergütung für Umzugskosten nicht stattfand, wenn die Versetzung lediglich auf den Antrag des Beamten erfolgte, ist es Pflicht der über die Versetzung beschließenden Behörde, die hierauf gerichteten Anträge der Beamten vom allgemeinen dienstlichen Standpunkte einer sorgfältigen Prüfung zu unterziehen. Anträge auf Versetzung unter Bewilligung der Umzugskosten werden in der Regel nur alsdann zu berücksichtigen sein, wenn dadurch neben den persönlichen Wünschen der Antragsteller auch gleichzeitig dem dienstlichen Interesse entsprochen wird. Ob letzteres der Fall ist, bleibt jedesmal genau zu erwägen und ist im Zweifelsfalle die diesseitige Entscheidung einzuholen[2].

4. Die Erstattung der Miete (§ 4), welche der versetzte Beamte für seine an dem bisherigen Aufenthaltsorte

---

[1] Jetzt von 6 Mk. nach § 1 des Ges. v. 26. Juli 1910.

[2] Verf. v. 29. Mai u. 17. Okt. 1903 (MBl. 229).

innegehabte Wohnung vom Tage des Verlassens der letzteren ab noch zu entrichten verpflichtet gewesen ist, hat erst nach vollständiger Auflösung des Mietverhältnisses zu erfolgen. Die Erstattung erfolgt unter der Voraussetzung, daß der Beamte nach dem Kontrakte bzw. nachweisbar zu einer früheren Vermietung nicht in der Lage war, das Leerstehen der Wohnung obrigkeitlich bescheinigt und die Zahlung der Miete glaubhaft nachgewiesen wird.

War der Beamte durch die vorliegenden Umstände gezwungen, seine Familie noch eine Zeitlang in der früheren Wohnung zurückzulassen, so kann ihm die Mietentschädigung gleichwohl gewährt werden. Im übrigen bleiben alle seither in bezug auf die Erstattung von Wohnungsmiete ergangenen allgemeinen Verwaltungsvorschriften in Kraft.

5. Unter „Familie" im Sinne des § 5 des Gesetzes sind nicht nur Ehefrau, Kinder oder Eltern, sondern auch andere nahe Verwandte und Pflegekinder zu verstehen, sofern der Beamte denselben in seinem Hausstande Wohnung und Unterhalt auf Grund einer gesetzlichen oder moralischen Unterstützungsverbindlichkeit gewährt. Jedenfalls muß ein eigener Hausstand von dem Beamten geführt werden.

6. Die den Beamten bei Versetzungen zustehenden persönlichen Tagegelder und Reisekosten werden nicht, wie die Umzugskosten, nach dem Dienstrange der Stelle, aus welcher, sondern in welche die Versetzung erfolgt, liquidiert.

Die den außeretatsmäßigen verheirateten Beamten bisher nachgelassene Begünstigung, die persönlichen Reisekosten und Tagegelder auch bei Benutzung von Eisenbahnen oder Dampfschiffen nach dem Landwege liquidieren zu dürfen, ist aufgehoben.

7. Der diesseitigen Ermächtigung zur Zahlung von Umzugskosten, Mietentschädigungen, persönlichen Reisekosten und Tagegeldern bedarf es fortan nur noch in den vorstehend zu 2 und 3 bezeichneten Fällen. Die Königliche Regierung wird ermächtigt, für die Folge derartige Zahlungen in andern als den vorbezeichneten Fällen auf die hierzu bestimmten etatsmäßigen Fonds selbständig anzuweisen. Sollten sich hierbei in dem einen oder anderen Punkte Zweifel ergeben, so mag dieselbe darüber berichten.

40.

Zirkular und Erlaß der Minister der Finanzen und des Innern, die Umzugskosten von Staatsbeamten mit Familie betreffend.

Vom 31. Juli 1881 (MBl. 178)[1].

Auf Grund eines von dem Königlichen Staatsministerium im Einverständnisse mit der Kgl. Oberrechnungskammer gefaßten Beschlusses vom 21. Juni cr. wird hiermit im Anschluß an unsere Zirkularverfügung vom 4. Mai 1877 — MinBl. 112 — betreffend die Ausführung des Umzugskostengesetzes vom 24. Febr. 1877 (GS. 15) bestimmt, daß die Gewährung des vollen Satzes der Umzugskosten (§§ 1 und 5 des Gesetzes vom 24. Februar 1877) nicht von dem Umstande, daß die Übersiedelung tatsächlich mit Familie bewirkt worden, sondern lediglich davon abhängig zu machen ist, daß

---

[1] Allg. Verf. des Justizministers gleichen Inhalts v. 2. Juli 1881 (JMBl. 148).

der Beamte zur Zeit des Umzugs Familie gehabt hat.

Die Umzugskostenliquidationen der Beamten sind daher in Zukunft zutreffendenfalles dahin zu bescheinigen, daß der Betreffende zur Zeit des Umzuges Familie im Sinne der Bestimmung unter Nr. 5 der obengedachten Zirkularverfügung vom 4. Mai 1877 gehabt habe.

41.

Beschlüsse des Königl. Staatsministeriums, betr. die Berechnung der Reise- und Umzugskosten der Staatsbeamten bei Staatsdienstreisen und Versetzungen.

Beschluß vom 13. Mai 1884 (MBl. 107).

Das Königliche Staatsministerium hat beschlossen, daß die Bestimmungen, welche in der anliegenden „Zusammenstellung einiger Grundsätze, nach welchen bei Berechnung der Reise- und Umzugskosten der Reichsbeamten zu verfahren ist", enthalten sind, in Rücksicht auf die Gleichartigkeit der in Betracht kommenden preußischen und reichsgesetzlichen Vorschriften und zur Herbeiführung eines gleichmäßigen Verfahrens zwischen den Reichsverwaltungen und den preußischen Ressorts für die Berechnung der Reisekosten der preußischen Staatsbeamten nach § 6 der Verordnung vom 15. April 1876 (GS. 107) und der Umzugskosten bei Versetzungen nach dem Gesetze vom 24. Februar 1877 (GS. 15) in gleichmäßiger Weise zur Anwendung zu bringen sind.

Zusammenstellung einiger Grundsätze, nach welchen bei Berechnung der Reise- und Umzugskosten der Reichsbeamten[1] zu verfahren ist.

Armee-Verordnungsbl. für 1881 S. 134.

Post-Amtsblatt für 1881 S. 390.

(Abschnitte A bis D durch Nr. 35 ersetzt.)

---

[1] Für diese gelten jetzt die AusfBest. vom 4. März 1906 (RGBl. 388).

E.

1. Umzugskosten sind nur dann zu vergüten, wenn der Ort, von welchem, und der Ort, nach welchem die Versetzung stattfindet, zu verschiedenen Gemeindebezirken (Garnisonverbänden) gehören.

2. Im Sinne des § 13 der Verordnung vom 21. Juni 1875 ist als kürzeste fahrbare Straßenverbindung der kürzeste fahrbare Landweg anzusehen[1].

Wenn jedoch der Ort, von welchem, und der Ort, nach welchem die Versetzung des Beamten stattfindet, durch ununterbrochenen Schienenweg oder durch eine ununterbrochene, zur Beförderung von Gütern benutzbare Wasserstraße in kürzerer Entfernung, als auf dem Landwege, verbunden sind, so gilt die kürzeste derartige Verbindung als kürzeste fahrbare Straßenverbindung.

Behufs Ermittelung der maßgebenden kürzesten fahrbaren Straßenverbindung sind die 2 km oder mehr betragenden Entfernungen zwischen dem Anfangs- oder Endort des Umzugs und dem zugehörigen gleichnamigen Bahnhof als Schienenweg, solche Teilstrecken, auf welchen beladene Wagen mittels Schiffs, Trajekts, Fähre usw. zu Wasser befördert werden, als fahrbarer Landweg in Anrechnung zu bringen.

---

[1] Zu vergleichen § 2 des G. v. 24. Feb. 1877 (GS. 15) Nr. 38.

IX. Abgabenverhältnisse.

42.

Einkommensteuergesetz[1]
— in der Fassung vom 19. Juni 1906 —
(GS. 259).

§ 1. Einkommensteuerpflichtig sind:

1. die preußischen Staatsangehörigen,

mit Ausnahme derjenigen,

c) welche, ohne in Preußen einen Wohnsitz zu haben, seit mehr als zwei Jahren sich im Auslande dauernd aufhalten.

Auf Reichs- und Staatsbeamte, welche im Auslande ihren dienstlichen Wohnsitz haben und dort zu entsprechenden direkten Staatssteuern nicht herangezogen werden, findet die Ausnahme unter c keine Anwendung.

2. Ohne Rücksicht auf Staatsangehörigkeit, Wohnsitz oder Aufenthalt unterliegen der Einkommensteuer alle Personen mit dem Einkommen

a) aus den von der preußischen Staatskasse gezahlten Besoldungen, Pensionen und Wartegeldern;

b) aus preußischem Grundbesitz . . .

5. Von der Besteuerung sind ausgeschlossen:

3. das Militäreinkommen der Personen des Unteroffizier- und Gemeinenstandes und derjenigen Offiziere, die das im Etat für Unteroffiziere oder Gemeine ausgeworfene Diensteinkommen beziehen, sowie während

---

[1] Daneben kommt noch das Ergänzungssteuergesetz v. 1906 (GS. 294) in Betracht. Vgl. auch Ausführungsanweisung des Finanzministers v. 6. Juli 1900.

der Zugehörigkeit zu einem in der Kriegsformation befindlichen Teile des Heeres oder der Marine das Militäreinkommen aller Angehörigen des aktiven Heeres und der aktiven Marine;

4. der das persönliche pensionsberechtigende Gehalt übersteigende Teil des dienstlichen Einkommens derjenigen Staats- und Reichsbeamten und Offiziere, welche ihren dienstlichen Wohnsitz im Auslande haben. Sofern dieselben im Auslande zu entsprechenden direkten Staatssteuern herangezogen werden, bleibt auch das persönliche pensionsberechtigende Gehalt frei;

5. die auf Grund gesetzlicher Vorschrift den Kriegs- oder Friedensinvaliden gewährten Pensionserhöhungen und Verstümmelungszulagen, die durch Reichsgesetz der Besteuerung entzogenen Gebührnisse sowie die mit Kriegsdekorationen verbundenen Ehrensolde.

14. Das Einkommen aus gewinnbringender Beschäftigung sowie aus Rechten auf periodische Hebungen und Vorteile irgendwelcher Art umfaßt insbesondere den Verdienst der Arbeiter, Dienstboten und Gewerbegehilfen, die Besoldung der Militärpersonen und Beamten jeder Art, ferner den Gewinn aus schriftstellerischer, künstlerischer, wissenschaftlicher, unterrichtender oder erziehender Tätigkeit, sowie Wartegelder, Pensionen und sonstige fortlaufende Einnahmen, welche nicht als Jahresrenten eines beweglichen oder unbeweglichen Vermögens anzusehen sind, endlich solche Rentenbezüge, welche an die Person des Empfangsberechtigten geknüpft sind.

Das Einkommen aus Dienstwohnungen ist nach dem ortsüblichen Mietwerte, jedoch nicht höher als mit fünfzehn vom Hundert des baren Gehalts des Berechtigten in Ansatz zu bringen. Soweit Dienstwohnungen vermietet sind, ist der Mietzins nach Maßgabe der Bestimmungen im § 12 Abs. 2 anzurechnen.

Bei Militärpersonen, Reichsbeamten, unmittelbaren und mittelbaren Staatsbeamten, Geistlichen und Lehrern an öffentlichen Unterrichtsanstalten ist der zur Bestreitung des Dienstaufwandes bestimmte Teil des Diensteinkommens außer Ansatz zu lassen.

70. Die veranlagte Steuer ist nicht zu erheben:

1. von den Unteroffizieren und Mannschaften des Beurlaubtenstandes, welche mit einem Einkommen von nicht mehr als 3000 Mark veranlagt sind, für diejenigen Monate, in denen sie sich im aktiven Dienste befinden;
2. von dem Diensteinkommen der Reichs- und Staatsbeamten und Offiziere während der Zugehörigkeit derselben zur Besatzung eines zum auswärtigen Dienste bestimmten Schiffes oder Fahrzeugs der Kaiserlichen Marine, und zwar vom ersten desjenigen Monats ab, welcher auf den Monat folgt, in welchem die heimischen Gewässer verlassen werden, bis zum Ablauf des Monats, in welchem die Rückkehr in dieselben erfolgt.

43.

Doppelbesteuerungsgesetz.

Vom 22. März 1909 (RGBl. 332).

§ 2 Abs. 3. In Reichs- oder Staatsdiensten stehende Deutsche dürfen, sofern sie sowohl in demjenigen Bundesstaat, in welchem sich ihr dienstlicher Wohnsitz befindet, als auch in einem anderen Bundesstaat einen Wohnsitz im Sinne des § 1 Abs. 2 dieses Gesetzes haben, nur in dem ersteren Bundesstaate, sofern sie aber in keinem Bundesstaate einen Wohnsitz im Sinne des § 1 Abs. 2 dieses Gesetzes, sondern nur einen dienstlichen Wohnsitz haben, nur in dem Bundesstaate des dienstlichen Wohnsitzes zu den direkten Steuern herangezogen werden.

§ 1 Abs. 2. Einen Wohnsitz im Sinne dieses Gesetzes hat ein Deutscher an dem Orte, an welchem er eine Wohnung unter Umständen innehat, welche auf die Absicht der dauernden Beibehaltung einer solchen schließen lassen.

44.

Kommunalabgabengesetz.

Vom 14. Juli 1893 (GS. 152).

§ 24. Den Steuern vom Grundbesitz sind die in der Gemeinde belegenen bebauten und unbebauten Grundstücke unterworfen, mit Ausnahme

k) der Dienstgrundstücke und Dienstwohnungen der Geistlichen, Kirchendiener und Volksschullehrer, soweit ihnen bisher Steuerfreiheit zugestanden hat.

Alle sonstigen, nicht auf einem besonderen Rechtstitel beruhenden Befreiungen (§ 21), insbesondere auch diejenigen der Dienstgrundstücke und Dienstwohnungen der Beamten, sind aufgehoben.

Ist ein Grundstück oder Gebäude nur teilweise zu einem öffentlichen Dienste oder Gebrauche bestimmt, so bezieht sich die Befreiung nur auf diesen Teil.

§ 41. Die Heranziehung der unmittelbaren und mittelbaren Staatsbeamten, Beamten des Königlichen Hofes, der Geistlichen, Kirchendiener und Elementarschullehrer, sowie der Witwen und Waisen dieser Personen zu Einkommen- und Aufwandssteuern (§ 23) wird durch besonderes Gesetz geregelt. Bis zum Erlasse dieses Gesetzes kommen die Bestimmungen der Verordnung[1], betreffend die Heranziehung der Staatsdiener zu den Kommunalauflagen in den neuerworbenen Landesteilen, vom 23. September 1867 (GS. 1648) mit der Maßgabe zur Anwendung, daß das notwendige Domizil außer Berücksichtigung bleibt.

45.

Kreis- und Provinzialabgabengesetz.
Vom 23. April 1906 (GS. 159).

§ 15 Abs. 2[2]. Das Diensteinkommen der unmittelbaren und mittelbaren Staatsbeamten darf zu den auf das Einkommen gelegten Kommunalsteuern nur mit den aus den §§ 4 und 5 Abs. 1 der Verordnung vom 23. September 1897 (GS. 1648) sich ergebenden Beschränkungen herangezogen werden. Soweit sich der von dem Diensteinkommen gemäß § 4 a. a. O. berechnete Kommunalsteuerbetrag zufolge der Bestimmungen der §§ 12 und 13 dieses Gesetzes über das nach dem § 5 Abs. 1 jener Verordnung zulässige Maß erhöhen würde, ist der Kreis auf Antrag der Gemeinde (des Gutsbezirkes) zur Erstattung des überschießenden Betrags verpflichtet.

46.

Verordnung, betr. die Heranziehung der Staatsdiener zu den Kommunalauflagen in den neuerworbenen Landesteilen.
Vom 23. September 1867 (GS. 1648).

Wir Wilhelm ꝛc. ꝛc. verordnen für die durch die

---

[1] Folgt unter Nr. 46.

[2] Geändert durch § 4 des Ges. v. 16. Juni 1909 hinten Nr. 47.

Gesetze vom 20. Sept. und 24. Dez. 1866 mit Unserer Monarchie vereinigten Landesteile, mit Ausnahme des Gemeindegebietes der Stadt Frankfurt a. M., um die Staatsdiener in diesen Landesteilen bezüglich ihrer Beitragspflicht zu den Kommunalbedürfnissen den Staatsdienern in der übrigen Monarchie nach Maßgabe der Grundsätze des Gesetzes vom 11. Juli 1822 gleichzustellen, auf den Antrag Unseres Staatsministeriums, was folgt:

§ 1. Von allen direkten Kommunalauflagen, sowohl der einzelnen bürgerlichen Stadt- und Landgemeinden, als der weiteren kommunalen Körperschaften (Amtsbezirke, Distriktsgemeinden, Armendistrikte, Wegeverbände usw.) und der kreis-, kommunal- und provinzialständischen Verbände sind vollständig befreit:

1. die servisberechtigten Militärpersonen des aktiven Dienststandes, sowohl hinsichtlich ihres dienstlichen als sonstigen Einkommens; nur zu den auf den Grundbesitz oder das stehende Gewerbe, oder auf das aus diesen Quellen fließende Einkommen gelegten Kommunallasten müssen auch sie beitragen, wenn sie in dem Kommunalbezirk Grundbesitz haben oder ein stehendes Gewerbe betreiben.

   Militärärzte genießen rücksichtlich ihres Einkommens aus einer Zivilpraxis die Befreiung nicht;
2. die auf Inaktivitätsgehalt gesetzten oder mit Pension zur Disposition gestellten Offiziere hinsichtlich ihrer Gehalts- und sonstigen dienstlichen Bezüge;
3. die Geistlichen und Elementarlehrer hinsichtlich ihrer Besoldungen und Emolumente, einschließlich der Ruhegehälter, ingleichen die unteren Kirchendiener, wo und soweit den letzteren eine derartige Befreiung seither rechtsgültig zugestanden hat;

4. die verabschiedeten Beamten und nicht zu der Kategorie unter Nr. 2 gehörigen Militärpersonen hinsichts ihrer aus Staatsfonds oder sonstigen öffentlichen Kassen zahlbaren Pensionen und laufenden Unterstützungsbezüge, ebenso die Beamten hinsichts ihrer Wartegelder, sofern der jährliche Betrag solcher Bezüge für einen Empfänger die Summe von 250 Rtlr. nicht erreicht;
5. die hinterbliebenen Witwen und Waisen der unter 1 bis 4 genannten Personen hinsichts ihrer aus Staatsfonds oder aus einer öffentlichen Versorgungskasse zahlbaren Pensionen und laufenden Unterstützungen;
6. die Sterbe- und Gnadenmonate;
7. alle diejenigen Dienstemolumente, welche bloß als Ersatz barer Auslagen zu betrachten sind.

2. Zu den Beamten im Sinne dieser Verordnung gehören alle in unmittelbaren Diensten des Staats oder der demselben untergeordneten Obrigkeiten, Kollegien, kommunalen und ständischen Korporationen stehende, mit fester Besoldung angestellte, beziehentlich in Ruhestand getretene öffentliche Beamte, einschließlich der Militär- und Hofbeamten; dagegen nicht diejenigen, welche nur als außerordentliche Gehilfen vorübergehend im öffentlichen Dienst beschäftigt werden.

3. Die Beamten (§ 2) können von ihrem Diensteinkommen einschließlich der Warte- und Ruhegehälter, ebenso die Militärpersonen von ihren Pensionen — wenn nicht ein Fall der gänzlichen Befreiung nach § 1 vorliegt — zu direkten Kommunalauflagen (§ 1) nur insoweit herangezogen werden, als diese von allen

Pflichtigen nach dem Maßstabe des persönlichen Einkommens erhoben werden.

4. Das Diensteinkommen wird in solchen Fällen nur halb so hoch als anderes gleich hohes persönliches Einkommen der Steuerpflichtigen veranlagt.

Wenn die Veranlagung nicht unmittelbar den Einkommensbetrag zur Grundlage hat, so ist, unter Genehmigung der Aufsichtsbehörde des besteuernden kommunalen Verbandes, das Einschätzungsverfahren dergestalt besonders zu regeln, daß der vorstehende Grundsatz analog zur Anwendung kommt.

Das Diensteinkommen von zufälligen Emolumenten wird gleich dem festen Gehalte besteuert; zu diesem Behufe wird nötigenfalls der Betrag derselben in runder Summe durch die vorgesetzte Dienstbehörde festgestellt.

5. An kommunalen Auflagen aller Art (§ 1) dürfen äußerstenfalls, im Gesamtbetrage, bei Besoldungen (§ 3) unter 250 Taler nicht mehr als ein Prozent, bei Besoldungen von 250 bis 500 Taler ausschließlich nicht mehr als anderthalb Prozent und bei höheren Besoldungen nicht mehr als zwei Prozent des gesamten Diensteinkommens jährlich gefordert werden.

Die hiernach etwa nötige Ermäßigung der nach § 4 berechneten Steuerbeträge trifft, im Fall der Konkurrenz mehrerer kommunaler Verbände, die zuletzt zur Hebung gestellte Forderung, mehrere noch nicht entrichtete Forderungen aber nach Verhältnis ihrer Höhe.

6. Auf Staatssteuern und Staatslasten, welche gemeindeweise abgetragen werden, finden die Bestimmungen dieser Verordnung keine Anwendung.

7. Die gemäß §§ 3 bis 5 den Staatsdienern obliegende

Beitragspflicht zu den Kommunalabgaben erstreckt sich auf alle diejenigen Beträge der letzteren, welche innerhalb der Zeit, da der Pflichtige dem betreffenden kommunalen Verbande angehört, auf ihn verteilt und auch fällig werden, nicht aber auf später fällige.

8[1].

9. Von ihrem etwaigen besonderen Vermögen haben auch die nach § 3 begünstigten Staatsdiener, ebenso die Offiziere der unter § 1 Nr. 2 bezeichneten Kategorie, die Geistlichen und Elementarlehrer, ihre Beiträge zu den Kommunallasten gleich anderen Angehörigen der betreffenden Verbände zu entrichten.

10. Durch die nach den vorstehenden Bestimmungen zu bemessenden Geldbeiträge sind die Pflichtigen zugleich von persönlichen Kommunaldiensten frei. Sind sie jedoch Besitzer von Grundstücken, oder betreiben sie ein stehendes Gewerbe, so müssen sie die mit diesem Grundbesitz oder Gewerbe verbundenen persönlichen Dienste entweder selbst oder durch Stellvertreter leisten.

Geistliche und Elementarlehrer bleiben von allen persönlichen Gemeindediensten, soweit dieselben nicht auf ihnen gehörigen Grundstücken lasten, befreit; untere Kirchendiener insoweit, als ihnen diese Befreiung seither rechtsgültig zustand.

11. Zu den indirekten Gemeindeabgaben müssen auch die nach §§ 1 bis 5 begünstigten Personen gleich anderen Gemeindeeinwohnern beitragen. Sie sind nicht befugt, was sie hierauf entrichten, bei ihren direkten Kommunalbeiträgen in Anrechnung zu bringen.

---

[1] Ersetzt durch das Kommunalabgabengesetz.

Die Militärspeiseeinrichtuugen und ähnliche Anstalten bleiben indessen von Verbrauchssteuern in dem in den altpreußischen Landesteilen bestehenden Umfange befreit.

12. Alle entgegenstehenden gesetzlichen Bestimmungen werden aufgehoben.

Wo jedoch weitergehende Immunitäten für Beamte, Militärs, Geistliche oder Lehrer nach statutarischem Recht oder besonderen Privilegien bestehen, soll in denselben hierdurch nichts geändert werden.

13. Gegenwärtige Verordnung tritt mit dem 30. September d. J., unter Anwendung auf alle von diesem Tage an zur Ausschreibung gelangenden direkten Kommunalauflagen, in Kraft.

Der Minister des Innern wird mit Ausführung derelben beauftragt.

47.

Gesetz, betreffend die Heranziehung der Beamten, Elementarlehrer und unteren Kirchendiener zur Gemeindeeinkommensteuer.

Vom 16. Juni 1909 (GS. 489).

1. Die unmittelbaren und mittelbaren Staatsbeamten, die Elementarlehrer und die seither bei der Gemeindeeinkommenbesteuerung bevorrechtigten unteren Kirchendiener sowie die Beamten des Königlichen Hofes werden in den Gemeinden zur Einkommensteuer gleich den übrigen dieser Steuer unterworfenen Personen herangezogen, sofern nicht mehr als 125 Prozent Zuschläge erhoben werden.

Werden Zuschläge in höherem Betrag erhoben, so trifft der Mehrbetrag der Zuschläge nur den auf das außerdienstliche Einkommen entfallenden Teil des Steuersatzes.

Werden besondere Einkommensteuern erhoben, so darf der Steuersatz, soweit er das dienstliche Einkommen trifft, nicht über den Betrag hinausgehen, der bei einer Zugrundelegung von 125 Prozent des Staatseinkommensteuertarifs beziehungsweise des im § 38 des Kommunalabgabengesetzes vom 14. Juli 1893 (GS. 152) festgesetzten Tarifs auf dieses Einkommen entfallen würde.

2. Die Bestimmungen des § 1 gelten nur für diejenigen Beamten, Elementarlehrer und unteren Kirchendiener, welche nach dem 31. März 1909 in das Amtsverhältnis eingetreten sind.

Hinsichtlich der schon vor dem 1. April 1909 angestellten Beamten, Elementarlehrer und unteren Kirchendiener sowie hinsichtlich der Geistlichen und Militärpersonen bewendet es bei den bestehenden Bestimmungen. Dasselbe gilt von den Naturaldiensten und von der steuerlichen Behandlung der Ruhegehälter, der laufenden Unterstützungen, der Wartegelder, der Witwen- und Waisen-, Sterbe- und Gnaden- sowie derjenigen Dienstbezüge, welche nur als Ersatz barer Auslagen zu betrachten sind, mit der Maßgabe, daß die bisherige Steuerfreiheit der Gnadenmonate sich auch auf die Gnadenvierteljahre erstreckt.

3. Alle auf statutarische Rechte oder Privilegien gegründeten weitergehenden Befreiungen werden aufgehoben; indessen behalten die bei Inkrafttreten dieses Gesetzes bereits im Genusse solcher Befreiungen befindlichen Beamten, Elementarlehrer und unteren Kirchendiener ihre Berechtigungen noch auf Lebenszeit.

4. Die Vorschrift des § 15 Abs. 2 des Kreis- und Provinzialabgabengesetzes vom 23. April 1906 (GS. 159) wird dahin ergänzt, daß hinsichtlich der im § 2 Abs. 1 dieses Gesetzes bezeichneten Steuerpflichtigen an Stelle der Verordnung vom 23. September 1867 (GS. 1648) § 1 dieses Gesetzes sinnentsprechende Anwendung findet. Indessen verbleiben hierbei die den Satz von 100 Prozent übersteigenden Zuschläge (§ 1 Abs. 1) dem Kreise insoweit, als er zur Deckung seiner Bedürfnisse die Einkommensteuer mit Umlagen heranzieht.

X. Pensions- und Fürsorgewesen.

48.

Pensionsgesetz[1].

Vom 27. März 1872 (GS. 268).

— in der durch die Novellen[2] vom 31. März 1882 (GS. 133), 30. April 1884 (S. 126), 20. März 1890 (S. 43), 31. März 1905 (S. 177) und 27. Mai 1907 (S. 95) geänderten Fassung. —

§ 1. Jeder unmittelbare Staatsbeamte, welcher sein Diensteinkommen aus der Staatskasse bezieht, erhält aus derselben eine lebenslängliche Pension, wenn er nach einer Dienstzeit von wenigstens zehn Jahren infolge

---

[1] AusfBest. v. 13. Juni 1907 (MBl. 202, JMBl. 405), v. 17. März 1885 u. 31. Juli 1901 (JMBl. 104 u. 215) und 10. Sept. 1915 (S. 203).

[2] Hinsichtlich der Novelle von 1907 siehe den Abdruck hinter diesem Gesetze; die Novelle von 1882 hat § 1 Abs. 3, § 8, § 16 Abs. 1 und § 30 Abs. 1; die von 1884 § 10 Nr. 2 und §§ 21 bis 23; die von 1890 § 19 Abs. 1; die von 1907 die §§ 4, 8, 16, 17, 19, 25, 27, 28 u. 31 ge-

eines körperlichen Gebrechens oder wegen Schwäche seiner körperlichen oder geistigen Kräfte zu der Erfüllung seiner Amtspflichten dauernd unfähig ist und deshalb in den Ruhestand versetzt wird.

Ist die Dienstunfähigkeit die Folge einer Krankheit, Verwundung oder sonstigen Beschädigung[1], welche der Beamte bei Ausübung des Dienstes oder aus Veranlassung desselben ohne eigene Verschuldung sich zugezogen hat, so tritt die Pensionsberechtigung auch bei kürzerer als zehnjähriger Dienstzeit ein.

Bei Staatsministern, welche aus dem Staatsdienste ausscheiden, ist eingetretene Dienstunfähigkeit nicht Vorbedingung des Anspruchs auf Pension. Diese Bestimmung findet gleichfalls Anwendung auf diejenigen Beamten, welche das fünfundsechzigste Lebensjahr vollendet haben.

2. Die unter dem Vorbehalte des Widerrufs oder der Kündigung angestellten Beamten haben einen Anspruch auf Pension nach Maßgabe dieses Gesetzes nur dann, wenn sie eine in den Besoldungsetats aufgeführte Stelle bekleiden.

Es kann ihnen jedoch, wenn sie eine solche Stelle nicht bekleiden, bei ihrer Versetzung in den Ruhestand eine Pension bis auf Höhe der durch dieses Gesetz bestimmten Sätze bewilligt werden.

ändert und die von 1905 die Nr. 5 des § 10 aufgehoben. Alle diese Änderungen sind im Gesetzestexte berücksichtigt.

Nicht mitaufgenommen ist die auf die Pensionierung der Lehrer und Schulbeamten sich beschränkende Novelle vom 25. April 1896 (GS. 87).

[1] Siehe ferner das Gesetz, betreffend die Fürsorge für Beamte infolge von Betriebsunfällen hinten Nr. 50.

3. Die bei den Auseinandersetzungsbehörden beschäftigten Oekonomiekommissarien und Feldmesser, sowie die bei Landesmeliorationen beschäftigten Wiesenbautechniker und Wiesenbaumeister haben nur insoweit einen Anspruch auf Pension, als ihnen ein solcher durch den Departementschef besonders beigelegt worden ist.

Wie vielen dieser Beamten und nach welchen Diensteinkommensätzen die Pensionsberechtigung beigelegt werden darf, wird durch den Staatshaushaltsetat bestimmt. Für jetzt bewendet es bei den hierüber durch Königliche Erlasse gegebenen Vorschriften.

4. Das gegenwärtige Gesetz findet auch auf die Oberwachtmeister und Gendarmen der Landgendarmerie Anwendung; dagegen erfolgt die Pensionierung der Offiziere der Landgendarmerie nach den für die Offiziere des Reichsheeres geltenden Vorschriften mit der Maßgabe, daß der Berechnung der Pension das pensionsfähige Diensteinkommen der denselben Dienstgrad bekleidenden Offiziere des Reichsheeres zugrunde gelegt wird.

5. Beamte, deren Zeit und Kräfte durch die ihnen übertragenen Geschäfte nur nebenbei in Anspruch genommen, oder welche ausdrücklich nur auf eine bestimmte Zeit oder für ein seiner Natur nach vorübergehendes Geschäft angenommen werden, erwerben keinen Anspruch auf Pension nach den Bestimmungen dieses Gesetzes.

Darüber, ob eine Dienststellung eine solche ist, daß sie die Zeit und Kräfte eines Beamten nur nebenbei in Anspruch nimmt, entscheidet mit Ausschluß des Rechtsweges die dem Beamten vorgesetzte Dienstbehörde.

6. Auf die Lehrer an den Universitäten ist dieses Gesetz nicht anwendbar.

Dagegen sind die Bestimmungen desselben anzuwenden auf alle Lehrer und Beamten an Gymnasien, Progymnasien, Realschulen, Schullehrerseminarien, Taubstummen- und Blindenanstalten, Kunst- und höheren Bürgerschulen. Wegen Aufbringung der Pension für diejenigen unter ihnen, deren Pension nicht aus allgemeinen Staatsfonds zu gewähren ist, kommen die Vorschriften der Verordnung vom 28. Mai 1846 (GS. 214) zur Anwendung.

7. Wird außer dem im zweiten Absatz des § 1 bezeichneten Falle ein Beamter vor Vollendung des zehnten Dienstjahres dienstunfähig und deshalb in den Ruhestand versetzt, so kann demselben bei vorhandener Bedürftigkeit mit Königlicher Genehmigung eine Pension entweder auf bestimmte Zeit oder lebenslänglich bewilligt werden.

8[1]. Die Pension beträgt, wenn die Versetzung in den Ruhestand nach vollendetem zehnten, jedoch vor vollendetem elften Dienstjahr eintritt, $^{20}/_{60}$ und steigt mit jedem weiter zurückgelegten Dienstjahre bis zum vollendeten dreißigsten Dienstjahr um $^{1}/_{60}$ und von da ab um $^{1}/_{120}$ des in den §§ 10 bis 12 bestimmten Diensteinkommens.

Über den Betrag von $^{45}/_{60}$ dieses Einkommens hinaus findet eine Steigerung nicht statt.

In dem im § 1 Abs. 2 erwähnten Falle beträgt die Pension $^{20}/_{60}$, in dem Falle des § 7 höchstens $^{20}/_{60}$ des vorbezeichneten Diensteinkommens.

9. Bei jeder Pension werden überschießende Talerbrüche auf volle Taler abgerundet.

---

[1] Wegen der Kommunalbeamten vgl. Gesetze v. 1. März 1891 (GS. 19) und 30. Juli 1899 (S. 141).

10. Der Berechnung der Pension wird das von dem Beamten zuletzt bezogene gesamte Diensteinkommen, soweit es nicht zur Bestreitung von Repräsentations- oder Dienstaufwandskosten gewährt wird, nach Maßgabe der folgenden näheren Bestimmungen zugrunde gelegt[1].

1. Feststehende Dienstemolumente, namentlich freie Dienstwohnung, sowie die anstatt derselben gewährte Mietentschädigung, Feuerungs- und Erleuchtungsmaterial, Naturalbezüge an Getreide, Winterfutter usw. sowie der Ertrag von Dienstgrundstücken kommen nur insoweit zur Anrechnung, als deren Wert in den Besoldungsetats auf die Geldbesoldung des Beamten in Rechnung gestellt oder zu einem bestimmten Geldbetrage als anrechnungsfähig bezeichnet ist.

2. Dienstemolumente, welche ihrer Natur nach steigend und fallend sind, werden nach den in den Besoldungsetats oder sonst bei Verleihung des Rechts auf diese Emolumente deshalb getroffenen Festsetzungen und in Ermangelung solcher Festsetzungen nach ihrem durchschnittlichen Betrage während der drei letzten Etatsjahre vor dem Etatsjahre, in welchem die Pension festgesetzt wird, zur Anrechnung gebracht.

3. Bloß zufällige Diensteinkünfte, wie widerrufliche Tantieme, Kommissionsgebühren, außerordentliche Remunerationen, Gratifikationen und dergleichen kommen nicht zur Berechnung.

4. Das gesamte zur Berechnung zu ziehende Dienstein-

---

[1] Wegen Anrechnung des Wohnungsgeldzuschusses vgl. § 10 des Gesetzes v. 12. Mai 1873, oben Nr. 26.

kommen einer Stelle darf den Betrag des höchsten Normalgehalts derjenigen Dienstkategorie, zu welcher die Stelle gehört, nicht übersteigen.

Ohne diese Beschränkung kommen jedoch solche Gehaltsteile oder Besoldungszulagen, welche zur Ausgleichung eines von dem betreffenden Beamten in früherer Stellung bezogenen Diensteinkommens demselben mit Pensionsberechtigung gewährt sind, zur vollen Anrechnung.

11. Ein Beamter, welcher früher ein mit einem höheren Diensteinkommen verbundenes Amt bekleidet und dieses Einkommen wenigstens ein Jahr lang bezogen hat, erhält, sofern der Eintritt oder die Versetzung in ein Amt von geringerem Diensteinkommen nicht lediglich auf seinen im eigenen Interesse gestellten Antrag erfolgt oder als Strafe auf Grund des § 16 des Gesetzes, betreffend die Dienstvergehen der nichtrichterlichen Beamten usw., vom 21. Juli 1852 (GS. 465), oder des § 1 des Gesetzes, betreffend einige Abänderungen des Gesetzes über die Dienstvergehen der Richter, vom 7. Mai 1851 usw., vom 22. März 1856 (GS. 201) gegen ihn verhängt ist, bei seiner Versetzung in den Ruhestand eine nach Maßgabe des früheren höheren Diensteinkommens unter Berücksichtigung der gesamten Dienstzeit berechnete Pension; jedoch soll die gesamte Pension das letzte pensionsberechtigte Diensteinkommen nicht übersteigen.

12. Das mit Nebenämtern oder Nebengeschäften verbundene Einkommen begründet nur dann einen Anspruch auf Pension, wenn eine etatsmäßige Stelle als Nebenamt bleibend verliehen ist.

13. Die Dienstzeit[1] wird vom Tage der Ableistung des Diensteides gerechnet. Kann jedoch ein Beamter nachweisen, daß seine Vereidigung erst nach dem Zeitpunkte seines Eintritts in den Staatsdienst stattgefunden hat, so wird die Dienstzeit von diesem Zeitpunkte an gerechnet.

14.[2] Bei Berechnung der Dienstzeit kommt auch die Zeit in Anrechnung, während welcher ein Beamter:

1. unter Bezug von Wartegeld im einstweiligen Ruhestand nach Maßgabe der Vorschriften des Gesetzes vom 21. Juli 1852 § 87 Nr. 2 (GS. 465), der Erlasse vom 14. Juni 1848 (GS. 153) und 24. Oktober 1848 (GS. 338) und der Verordnung vom 23. September 1867 § 1 Nr. 4 (GS. 1619), oder
2. im Dienste des Norddeutschen Bundes oder des Deutschen Reichs sich befunden hat, oder
3. als anstellungsberechtigte ehemalige Militärperson nur vorläufig oder auf Probe im Zivildienste des Staats, des Norddeutschen Bundes oder des Deutschen Reichs beschäftigt worden ist[3], oder
4. eine praktische Beschäftigung außerhalb des Staatsdienstes ausübte, insofern und insoweit diese Beschäftigung vor Erlangung der Anstellung in einem unmittelbaren Staatsamte behufs der technischen Ausbildung in den Prüfungsvorschriften ausdrücklich angeordnet ist, oder
5. als Lehrer (§ 6) das vorgeschriebene Probejahr abhielt.

---

[1] S. Anlage zum Erl. v. 10. April 1883 (MBl. 56) bzw. 1. Mai 1883 (JMBl. 139).

[2] Für die Beamten des Kunstgewerbemuseums zu Berlin siehe Ges. v. 19. Juli 1886 (GS. 205).

[3] Vgl. Allg. Verf. v. 3. Mai 1910 (JMBl. 154).

15. Der Zivildienstzeit wird die Zeit des aktiven Militärdienstes[1] hinzugerechnet.

16. Die Dienstzeit, welche vor dem Beginne des achtzehnten Lebensjahrs liegt, bleibt außer Berechnung.

Nur im Kriegsfalle wird die Militärdienstzeit vom Beginne des Krieges, beim Eintritt in den Militärdienst, während des Krieges vom Tage des Eintritts ab gerechnet.

Als Kriegszeit gilt in dieser Beziehung die Zeit vom Tage einer angeordneten Mobilmachung, auf welche ein Krieg folgt, bis zum Tage der Demobilmachung.

17. Für jeden Krieg[2], an welchem ein Beamter im preußischen oder im Reichsheer oder in der preußischen

---

[1] Siehe auch Schutztruppen-Ges. v. 18. Juli 1896 (RGBl. 653) § 11.

[2] Folgende Feldzüge kommen besonders in Anrechnung, der Feldzug von 1848 in Schleswig-Holstein; Allerh. Erl. v. 20. Nov. 1848 (MBl. 895, JMBl. 456); der Kampf von 1848 in Posen, Allerh. Erl. v. 18. Febr. 1849 (MBl. 54, JMBl. 133); der Feldzug von 1849 in Schleswig und Jütland sowie in der Pfalz und in Baden, Allerh. Erl. v. 6. Nov. 1849 (MBl. 292, JMBl. 483); der Kampf von 1849 im Königreich Sachsen zur Unterdrückung des dortigen Aufstandes, Allerh. Erl. v. 6. Mai 1858 (MBl. 149, JMBl. 210); die Feldzüge von 1848, 1849 und 1850 für die ehemals fremdländischen, in den preußischen Dienst übernommenen Offiziere und Mannschaften, Allerh. Erl. 7. Febr. 1867 (MBl. 51); der Feldzug von 1864 gegen Dänemark, Allerh. Erlaß v. 18. Dez. 1864 (MBl. 1865 S. 21, JMBl. 1865 S. 10); der Feldzug von 1866 gegen Österreich, Allerh. Erl. v. 6. Nov. 1866 (JMBl. 1871 S. 150) und v. 11. Febr. 1875 (MBl. 154 und JMBl. 183); die Feldzüge von 1870 und 1871 gegen Frankreich, Allerh. Erl. v. 16. Mai 1871 (MBl. 1871 S. 159, JMBl. 151). Über An-

oder Kaiserlichen Marine oder bei den Kaiserlichen Schutztruppen teilgenommen hat, wird demselben zu der wirklichen Dauer der Dienstzeit ein Jahr zugerechnet, jedoch ist für mehrere in ein Kalenderjahr fallende Kriege die Anrechnung nur eines Kriegsjahrs zulässig.

Wer als Teilnehmer in einem Kriege anzusehen ist, unter welchen Voraussetzungen bei Kriegen von längerer Dauer mehrere Kriegsjahre anzurechnen sind, welche militärische Unternehmung als ein Krieg im Sinne

---

rechnung der Kriegsjahre 1914, 1915, 1916 s. Allerh. Erl. v. 7. Sept. 1915 (RGBl. 599) und 24. Jan. 1916 (S. 85).

Wegen der Expedition nach China 1900/01 vgl. den Kaiserl. Erl. v. 8. Aug. 1901 (Armee-Verordnungsblatt 326).

Hinsichtlich der sonstigen militärischen Aktionen (in den Schutzgebieten u. a.), welche als Kriege gelten, enthält das Armee- bzw. Marineverordnungsblatt folgende Kaiserliche Erlasse:

a) Kamerun: v. 4. Juli 1885, 5. Sept. 1892, 17. Sept. 1895, 18. Juli 1896, 14. April 1898, 27. Sept. 1898, 27. Febr. 1900, 26. Sept. 1900, 29. Aug. 1901, 2. Sept. 1902, 23. Aug. 1903, 27. Aug. 1904, 29. Nov. 1904, 21. Sept. 1905, 21. Okt. 1908, 1. Apr. 1909;

b) Ostafrika: v. 19. Nov. 1889, 24. Okt. 1891, 5. Dez. 1892, 17. April 1893, 2. Aug. 1894, 5. Sept. 1895, 18. Juli 1896, 14. Jan. 1897, 7. Okt. 1897, 27. Sept. 1898, 8. Dez. 1898, 13. Sept. 1899, 26. Sept. 1900, 29. Aug. 1901 2. Sept. 1902, 23. Aug. 1903, 27. Aug. 1904, 30. Jan. 1907, 14. Jan. 1908, außerdem an der Ostküste: 24. Febr. 1891;

c) Samoainseln: 19. Nov. 1889 (S. 83);

d) Südwestafrika: 29. Sept. 1904, 17. Sept. 1895, 14. Jan. 1897, 27. Sept. 1898, 13. Sept. 1899, 4. März 1902, 29. Sept. 1904, 12. Okt. 1905, 27. Febr. 1906, 12 April 1907, 1. April 1909, 17. März 1910;

e) Venezuela: v. 2. Jan. 1904.

dieses Gesetzes anzusehen und welche Zeit als Kriegszeit zu rechnen ist, wenn keine Mobilmachung oder Demobilmachung stattgefunden hat, dafür ist die nach § 17 und § 7 der Reichsgesetze vom 31. Mai 1906 (RGBl. 565 und 593) in jedem Falle ergehende Bestimmung des Kaisers maßgebend.

Für die Vergangenheit bewendet es bei den hierüber durch Königliche oder Kaiserliche Erlasse gegebenen Bestimmungen.

18. Die Zeit

a) eines Festungsarrestes von einjähriger und längerer Dauer, sowie

b) der Kriegsgefangenschaft

kann nur unter besonderen Umständen mit Königlicher Genehmigung angerechnet werden.

19. Mit Königlicher Genehmigung kann zukünftig nach Maßgabe der Bestimmungen in den §§ 13 bis 18 berechnet werden:

1. die Zeit, während welcher ein Beamter
   a) sei es im In- oder Auslande als Sachwalter oder Notar fungiert, im Gemeinde-, Kirchen- oder Schuldienste, im ständischen Dienste, oder im Dienste einer landesherrlichen Haus- oder Hofverwaltung sich befunden, oder
   b) im Dienste eines fremden Staates gestanden hat;
2. die Zeit praktischer Beschäftigung außerhalb des Staatsdienstes, insofern und insoweit diese Beschäftigung vor Erlangung der Anstellung in einem unmittelbaren Staatsamte herkömmlich war;
3. die Zeit, während welcher ein Beamter vor seiner Anstellung ununterbrochen im privatrechtlichen Vertragsverhältnis eines Dienstverpflichteten dem Staate gegen unmittelbare Bezahlung aus der Staatskasse

Dienste geleistet hat, insofern er mit Aussicht auf dauernde Verwendung ständig und hauptsächlich mit den Dienstverrichtungen eines Beamten betraut gewesen ist und diese Beschäftigung zu seiner Anstellung geführt hat.

Die Anrechnung der unter 1. erwähnten Beschäftigung muß erfolgen bei denjenigen Beamten, welche mit den im Jahre 1866 erworbenen Landesteilen in den unmittelbaren Staatsdienst übernommen worden sind, sofern dieselben auf diese Anrechnung nach den bis dahin für sie maßgebenden Pensionsvorschriften einen Rechtsanspruch hatten.

20. Zum Erweise der Dienstunfähigkeit eines seine Versetzung in den Ruhestand nachsuchenden Beamten ist die Erklärung der demselben unmittelbar vorgesetzten Dienstbehörde erforderlich, daß sie nach pflichtmäßigem Ermessen den Beamten für unfähig halte, seine Amtspflichten ferner zu erfüllen[1].

Inwieweit noch andere Beweismittel zu erfordern, oder, der Erklärung der unmittelbar vorgesetzten Behörde entgegen, für ausreichend zu erachten sind, hängt von dem Ermessen der über die Versetzung in den Ruhestand entscheidenden Behörde ab.

21. Die Bestimmung darüber, ob und zu welchem Zeitpunkte dem Antrage eines Beamten auf Versetzung in den Ruhestand stattzugeben ist, erfolgt durch den Departementschef.

Bei denjenigen Beamten, welche durch den König zu ihren Ämtern ernannt worden sind, ist die Genehmigung des Königs zur Versetzung in den Ruhestand erforderlich.

[1] Zirkularverf., das Verfahren bei der Vorbereitung der Pensionierung von Zivilbeamten betreffend, v. 24. Sept. 1874 (MBl. 249).

Für die Beamten derjenigen Kategorien, deren Anstellung durch eine dem Departementschef nachgeordnete Behörde erfolgt, kann der Departementschef letzterer oder der ihr vorgesetzten Behörde die Bestimmung über den Antrag auf Versetzung in den Ruhestand übertragen.

22. Die Entscheidung darüber, ob und welche Pension einem Beamten bei seiner Versetzung in den Ruhestand zusteht, erfolgt durch den Departementschef in Gemeinschaft mit dem Finanzminister.

Dieselben können die Befugnis zu dieser Entscheidung derjenigen dem Departementschef nachgeordneten Behörde übertragen, welcher die Bestimmung über die Versetzung des Beamten in den Ruhestand zusteht (§ 21 Absatz 3).

23. Die Beschreitung des Rechtsweges gegen die Entscheidung darüber, ob und welche Pension einem Beamten bei seiner Versetzung in den Ruhestand zu gewähren ist, steht dem Beamten offen, doch muß die Entscheidung des Departementschefs und des Finanzministers der Klage vorhergehen und letztere sodann bei Verlust des Klagerechts innerhalb sechs Monaten, nachdem dem Beamten diese Entscheidung bekanntgemacht ist, erhoben werden. Der Verlust des Klagerechts tritt auch dann ein, wenn nicht von dem Beamten, über dessen Anspruch auf Pension die dem Departementschef nachgeordnete Behörde Entscheidung getroffen hat (§ 22 Absatz 2), gegen diese Entscheidung binnen gleicher Frist die Beschwerde an den Departementschef und den Finanzminister erhoben ist.

24. Die Versetzung in den Ruhestand tritt, sofern nicht auf den Antrag oder mit ausdrücklicher Zustimmung des Beamten ein früherer Zeitpunkt festgesetzt wird, mit dem Ablauf des Vierteljahres ein, welches

auf den Monat folgt, in welchem dem Beamten die Entscheidung über seine Versetzung in den Ruhestand und die Höhe der ihm etwa zustehenden Pension (§ 22) bekanntgemacht worden ist.

25. Die Pensionen werden für jedes Kalendervierteljahr im voraus in einer Summe gezahlt.

26. Das Recht auf den Bezug der Pension kann weder abgetreten noch verpfändet werden.

In Ansehung der Beschlagnahme der Pensionen bleiben die bestehenden Bestimmungen in Kraft[1].

27. Das Recht auf den Bezug der Pension ruht:
1. wenn ein Pensionär das deutsche Indigenat[2] verliert, bis zu etwaiger Wiedererlangung desselben;
2. wenn und solange ein Pensionär im Reichs- oder Staatsdienste ein Diensteinkommen bezieht, insoweit als der Betrag dieses neuen Diensteinkommens unter Hinzurechnung der Pension den Betrag des von dem Beamten vor der Pensionierung bezogenen Diensteinkommens übersteigt.

Als Reichs- oder Staatsdienst im Sinne dieser Vorschrift gilt außer dem Militär- und Gendarmeriedienste jede Anstellung oder Beschäftigung als Beamter oder in der Eigenschaft eines Beamten im Dienste des Deutschen Reichs, eines Bundesstaats, eines deutschen Kommunalverbandes, der Versicherungsanstalten für die Invalidenversicherung und ständischer oder solcher Institute, welche ganz oder zum Teil aus Mitteln des Reichs, eines

---

[1] Siehe jetzt § 850 ZPO. oben Nr. 30.

[2] Reichsverfassung v. 16. April 1871, Art. 8 (RGBl. 64) u. Reichs- u. Staatsangehörigkeitsgesetz v. 22. Juli 1913 (RGBl. 583).

Bundesstaats oder eines deutschen Kommunalverbandes unterhalten werden.

Bei Berechnung des früheren und des neuen Diensteinkommens sind diejenigen Beträge, welche für die Bestreitung von Repräsentations- oder Dienstaufwandskosten sowie zur Entschädigung für außergewöhnliche Teuerungsverhältnisse gewährt werden, und die Ortszulagen der Auslandsbeamten nicht in Ansatz zu bringen; die Dienstwohnung ist mit dem pensionsfähigen oder sonst hierfür festgesetzten Werte, der Wohnungsgeldzuschuß oder eine dementsprechende Zulage mit dem pensionsfähigen Betrage oder, sofern er nicht pensionsfähig ist, mit dem Durchschnittssatz anzurechnen. Ist jedoch bei dem neuen Diensteinkommen der wirkliche Betrag des Wohnungsgeldzuschusses oder der Zulage geringer, so ist nur dieser anzurechnen.

28. Ein Pensionär, welcher in eine an sich zur Pension berechtigende Stellung des unmittelbaren Staatsdienstes wieder eingetreten ist (§ 27 Nr. 2), erwirbt für den Fall des Zurücktretens in den Ruhestand den Anspruch auf Gewährung einer nach Maßgabe seiner nunmehrigen verlängerten Dienstzeit und des in der neuen Stellung bezogenen Diensteinkommens berechneten Pension nur dann, wenn die neu hinzutretende Dienstzeit wenigstens ein Jahr betragen hat.

Neben einer hiernach neuberechneten Pension ist die alte Pension nur bis zur Erreichung desjenigen Pensionsbetrags zu zahlen, welcher sich für die Gesamtdienstzeit aus dem der Festsetzung der alten Pension zugrunde gelegten Diensteinkommen ergibt.

Dasselbe gilt, wenn ein Pensionär außerhalb des unmittelbaren preußischen Staatsdienstes im Reichs-

oder Staatsdienst im Sinne der Vorschrift im 27 Abs. 2 eine Pension erdient.

29. Die Einziehung, Kürzung oder Wiedergewährung der Pension auf Grund der Bestimmungen in den §§ 27 und 28 tritt mit dem Beginn desjenigen Monats ein, welcher auf das eine solche Veränderung nach sich ziehende Ereignis folgt.

Im Falle vorübergehender Beschäftigung im Reichs- oder im Staatsdienste gegen Tagegelder oder eine anderweite Entschädigung wird die Pension für die ersten sechs Monate dieser Beschäftigung unverkürzt, dagegen vom siebenten Monate ab nur zu dem nach den vorstehenden Bestimmungen zulässigen Betrage gewährt.

30. Sucht ein nichtrichterlicher Beamter, welcher das fünfundsechzigste Lebensjahr vollendet hat, seine Versetzung in den Ruhestand nicht nach, so kann diese nach Anhörung des Beamten unter Beobachtung der Vorschriften der §§ 20 ff. dieses Gesetzes in der nämlichen Weise verfügt werden, wie wenn der Beamte seine Pensionierung selbst beantragt hätte.

Im übrigen behält es in Ansehung der unfreiwilligen Versetzung in den Ruhestand und des dabei stattfindenden Verfahrens bei den Bestimmungen in den §§ 56—64 des Gesetzes, betreffend die Dienstvergehen der Richter und die unfreiwillige Versetzung derselben auf eine andere Stelle oder in den Ruhestand, vom 7. Mai 1851 (GS. 218) und in den §§ 88—93 des Gesetzes, betreffend die Dienstvergehen der nichtrichterlichen Beamten, die Versetzung derselben auf eine andere Stelle oder in den Ruhestand, v. 21. Juli 1852 (GS. 465) sein Bewenden.

Wird hiernach gemäß § 90 des letzterwähnten Gesetzes von dem Rechtsmittel des Rekurses an das Staatsministerium Gebrauch gemacht, so läuft die sechsmonatliche Frist zur Anstellung der Klage wegen unrichtiger Festsetzung des Pensionsbetrages (§ 2 des Gesetzes, betreffend die Erweiterung des Rechtsweges, vom 24. Mai 1861, GS. 241) erst von dem Tage, an welchem dem Beamten die Entscheidung des Staatsministeriums bekanntgemacht ist.

31. Hinterläßt ein Pensionär eine Witwe oder eheliche oder legitimierte Nachkommen[1], so wird die Pension noch für die auf den Sterbemonat folgenden drei Monate (Gnadenvierteljahr) unter Anrechnung des vor dem Tode des Pensionärs fällig gewordenen Betrags gezahlt. Die Zahlung erfolgt im voraus in einer Summe.

An wen die Zahlung[2] erfolgt, bestimmt die Provinzialbehörde, auf deren Etat die Pension übernommen war.

Die Zahlung kann auf Verfügung dieser Behörde auch dann stattfinden, wenn der Verstorbene Verwandte der aufsteigenden Linie, Geschwister, Geschwisterkinder, oder Pflegekinder, deren Ernährer er ganz oder überwiegend gewesen ist, in Bedürftigkeit hinterläßt, oder wenn und soweit der Nachlaß nicht ausreicht, um die Kosten der letzten Krankheit und der Beerdigung zu decken.

32. Ist die nach Maßgabe dieses Gesetzes bemessene Pension geringer als die Pension, welche dem Beamten hätte gewährt werden müssen, wenn er am 31. März 1872 nach den bis dahin für ihn geltenden Bestimmungen pensioniert worden wäre, so wird diese letztere Pension an Stelle der ersteren bewilligt.

---

[1] Nicht auch adoptierte Kinder. Vf. v. 30. Juni 1908, (MBl. 151).

[2] Über Quittungen s. Vf. v. 16. Juli 1908 (MBl. 176).

33. Den infolge der Aufhebung der Patrimonialgerichtsbarkeit aus dem Privatgerichtsdienst in den unmittelbaren Staatsdienst übernommenen oder bereits vor dieser Aufhebung in den unmittelbaren Staatsdienst übergegangenen Beamten wird die Zeit des Privatgerichtsdienstes nach Maßgabe der Bestimmungen des gegenwärtigen Gesetzes angerechnet.

Den vormals schleswig-holsteinischen Beamten wird die Zeit, welche sie als beeidigte Sekretäre oder Volontäre bei den Oberbeamten zugebracht haben, bei Feststellung ihrer Dienstzeit mit angerechnet.

34. Die Zeit, während welcher ein Beamter in den neuerworbenen Landesteilen oder ein mit einem solchen Landesteile übernommener Beamter auch in einem anderen Teile des Landes, welchem seine Heimat vor der Vereinigung mit Preußen angehört hat, im unmittelbaren Dienste der damaligen Landesherrschaft gestanden hat, wird in allen Fällen bei der Pensionierung nach Maßgabe des gegenwärtigen Gesetzes in Anrechnung gebracht.

35. Hinsichtlich der hohenzollernschen, in den preußischen Staatsdienst übernommenen Beamten bleiben die Bestimmungen unter Nr. 2 und 3 des Erlasses vom 26. August 1854 (GS. 1855 S. 33) in Kraft.

36. Zusicherungen, welche in bezug auf dereinstige Bewilligung von Pensionen an einzelne Beamte oder Kategorien von Beamten durch den König oder einen der Minister gemacht worden sind, bleiben in Kraft.

Doch finden auf Beamte, hinsichtlich deren durch Staatsverträge die Bewilligung von Pensionen nach den Grundsätzen fremdländischer Pensionsbestimmungen zugesichert worden ist, die Vorschriften des gegenwärtigen Gesetzes insoweit Anwendung, als sie für die Beamten günstiger sind.

37. Die im § 79 des Gesetzes, betreffend die Verfassung und Verwaltung der Städte und Flecken in der (Provinz Schleswig-Holstein, vom 14. April 1869 (GS. 589) festgestellte Verpflichtung der Staatskasse zur anteiligen Übernahme der Pensionen städtischer Beamten wird durch das gegenwärtige Gesetz nicht berührt.

38. Das gegenwärtige Gesetz tritt mit dem 1. April 1872 in Kraft. Mit diesem Zeitpunkte treten, soweit nicht durch § 32 Ausnahmen bedingt werden, alle den Vorschriften dieses Gesetzes entgegenstehenden Bestimmungen, insbesondere das Pensionsreglement für die Zivilstaatsdiener vom 30. April 1825 und die dasselbe ergänzenden, erläuternden und abändernden Bestimmungen außer Kraft. Wo in den bestehenden Gesetzen und Verordnungen auf dieselben Bezug genommen wird, kommen die Bestimmungen des gegenwärtigen Gesetzes zur Anwendung.

49.

Novelle zu den Pensionsgesetzen. Vom 27. Mai 1907 (GS. 95).

Artikel XI lautet:

Dieses Gesetz tritt mit Wirkung vom 1. April 1907 in Kraft.

Die auf gesetzlichem Anspruch beruhenden Pensionen der bereits zu oder vor diesem Zeitpunkt in den Ruhestand getretenen Beamten sind, sofern diese an einem der von deutschen Staaten vor 1871 oder von dem Deutschen Reiche geführten Kriege teilgenommen haben, auf Grund des Artikels II mit Wirkung vom 1. April 1907 anderweitig festzusetzen. Unter der gleichen Voraussetzung und in der gleichen Weise können die auf Grund des § 2 Abs. 2 oder des § 7 des Gesetzes vom 27. März 1872 bewilligten Pensionen erhöht werden.

Die Vorschriften des § 27 des Gesetzes vom

27. März 1872 in der Fassung des Artikels VIII finden auch auf die zu oder vor dem 1. April 1907 in den Ruhestand getretenen Beamten Anwendung; desgleichen die Vorschriften des § 28 jenes Gesetzes in der Fassung des Artikels IX, wenn die Beamten nach dem Inkrafttreten dieses Gesetzes aus den neuen Stellen ausscheiden.

Der auf Grund dieses Gesetzes den bereits pensionierten Beamten zu zahlende Pensionsbetrag darf nicht hinter demjenigen zurückbleiben, welcher ihnen nach den bisherigen Vorschriften zusteht.

Die Vorschriften des Artikels X finden auf die Hinterbliebenen aller Pensionäre Anwendung, deren Tod am 1. April 1907 oder später eintritt.

Die Vorschrift des Artikels VII gilt für alle nach dem Inkrafttreten dieses Gesetzes zahlbaren Pensionen.

(Artikel II ändert den § 8, Artikel VII ändert den § 25, Artikel X ändert den § 31 ab.)

50.

Pensionstabelle.

Diese ist zunächst nur für Beamte der Tarifklasse II und III aufgestellt; für die übrigen Beamtenklassen (mit Ausnahme der Unterbeamten) würde zum Gehalt ein durchschnittlicher Wohnungsgeldzuschuß von 546 Mark, für die Unterbeamten ein solcher von 300 Mark hinzuzurechnen und die Pension auf einen durch 3 teilbaren Markbetrag nach oben hin abzurunden sein. Zu beachten ist ferner, daß die Dienstzeit, welche vor den Beginn des achtzehnten Lebensjahres fällt, in Friedenszeiten außer Berechnung bleibt.

Pensions-

Bei einem pensionsberechtigten Einkommen			Das Ruhegehalt beträgt					
an Gehalt	an durchschnittlichem Wohnungsgeldzuschuß	von zusammen	10.	11.	12.	13.	14.	15.
			Dienstjahre					
			20/60	21/60	22/60	23/60	24/60	25/60
ℳ	ℳ	ℳ	ℳ	ℳ	ℳ	ℳ	ℳ	ℳ
3000	874	3874	1293	1356	1422	1488	1551	1617
3600	874	4474	1494	1566	1641	1716	1791	1866
4200	874	5074	1692	1776	1863	1947	2031	2115
4800	874	5674	1893	1986	2082	2178	2271	2367
5400	874	6274	2094	2196	2301	2406	2511	2616
6000	874	6874	2292	2406	2523	2637	2751	2865
6600	874	7474	2493	2616	2742	2868	2991	3117
7000	1134	8134	2712	2847	2985	3120	3255	3390
7200	874	8074	2694	2826	2961	3096	3231	3366
7800	874	8674	2892	3036	3183	3327	3471	3615
8000	1134	9134	3045	3198	3351	3504	3655	3807
8500	1134	9634	3213	3372	3534	3696	3855	4017
10000	1134	11134	3714	3897	4083	4269	4455	4641
11500	1134	12634	4212	4422	4635	4845	5055	5265
13000	1134	14134	4713	4947	5184	5421	5655	5892
15000	1134	16134	5379	5649	5916	6186	6645	6723

tabelle.

nach zurückgelegtem

16.	17.	18.	19.	20.	21.	22.	23.	24.	25.
Dienstjahre.									
26/60	27/60	28/60	29/60	30/60	31/60	32/60	33/60	34/60	35/60
ℳ	ℳ	ℳ	ℳ	ℳ	ℳ	ℳ	ℳ	ℳ	ℳ
1680	1746	1809	1875	1938	2004	2067	2133	2196	2262
1941	2016	2088	2163	2238	2313	2388	2463	2538	2610
2199	2286	2370	2454	2538	2622	2709	2793	2877	2961
2460	2556	2649	2745	2838	2934	3027	3123	3216	3312
2721	2826	2928	3033	3138	3243	3348	3453	3558	3660
2979	3096	3210	3324	3438	3552	3669	3783	3897	4011
3240	3366	3489	3615	3738	3864	3987	4113	4236	4362
3525	3663	3798	3933	4068	4203	4341	4476	4611	4746
3501	3636	3768	3903	4038	4173	4308	4443	4578	4710
3759	3906	4050	4194	4338	4482	4629	4773	4917	5061
3960	4113	4263	4416	4569	4722	4872	5028	5178	5331
4176	4338	4497	4659	4818	4980	5139	5301	5460	5622
4827	5013	5196	5382	5568	5754	5940	6126	6312	6495
5475	5688	5898	6108	6318	6528	6741	6951	7161	7371
6126	6363	6597	6834	7068	7305	7539	7776	8010	8247
6993	7263	7530	7800	8067	8337	8607	8874	9144	9414

Bei einem pensionsberechtigten Einkommen			Das Ruhegehalt beträgt					
an Gehalt	an durchschnittlichem Wohnungsgeldzuschuß	von zusammen	26.	27.	28.	29.	30.	31.
			Dienstjahre.					
			$^{36}/_{60}$	$^{37}/_{60}$	$^{38}/_{60}$	$^{39}/_{60}$	$^{40}/_{60}$	$^{81}/_{120}$
ℳ	ℳ	ℳ	ℳ	ℳ	ℳ	ℳ	ℳ	ℳ
3000	874	3874	2325	2391	2454	2520	2583	2616
3600	874	4474	2685	2760	2835	2910	2985	3021
4200	874	5074	3045	3129	3216	3300	3384	3426
4800	874	5674	3405	3501	3594	3690	3783	3831
5400	874	6274	3765	3870	3975	4080	4185	4236
6000	874	6874	4125	4239	4356	4470	4584	4641
6600	874	7474	4485	4611	4734	4860	4983	5046
7000	1134	8134	4881	5016	5154	5289	5424	5493
7200	874	8074	4845	4980	5115	5250	5385	5451
7800	874	8674	5205	5349	5496	5640	5784	5856
8000	1134	9134	5481	5634	5787	5940	6090	6168
8500	1134	9634	5781	5943	6102	6264	6423	6504
10000	1134	11134	6681	6867	7053	7239	7425	7518
11500	1134	12634	7581	7791	8004	8214	8424	8529
13000	1134	14134	8481	8718	8952	9189	9423	9543
15000	1134	16134	9681	9951	10221	10488	10758	10893

nach zurückgelegtem

32.	33.	34.	35.	36.	37.	38.	39.	40.
Dienstjahre.								
82/120 ℳ	83/120 ℳ	84/120 ℳ	85/120 ℳ	86/120 ℳ	87/120 ℳ	88/120 ℳ	89/120 ℳ	90/120 ℳ
2649	2682	2712	2745	2778	2811	2841	2874	2907
3060	3096	3132	3171	3207	3246	3282	3321	3357
3468	3510	3552	3597	3639	3681	3723	3765	3807
3879	3927	3972	4020	4068	4116	4161	4209	4257
4290	4341	4392	4446	4497	4551	4602	4656	4707
4698	4755	4812	4872	4929	4986	5043	5100	5157
5109	5172	5232	5295	5358	5421	5481	5544	5607
5559	5628	5694	5763	5832	5898	5967	6033	6102
5520	5586	5652	5721	5787	5856	5922	5991	6057
5928	6000	6072	6147	6219	6291	6363	6435	6507
6243	6318	6396	6471	6549	6624	6699	6777	6852
6585	6666	6744	6825	6906	6987	7065	7146	7227
7611	7704	7794	7887	7980	8073	8166	8259	8352
8634	8739	8844	8952	9057	9162	9267	9372	9477
9660	9777	9894	10014	10131	10248	10365	10485	10602
11025	11160	11295	11430	11565	11700	11832	11967	12102

51.

Gesetz, betreffend die Fürsorge für die Witwen und Waisen der unmittelbaren Staatsbeamten[1].

Vom 20. Mai 1882 (GS. 298).

— in der durch die Novellen[2] vom 1. Juni 1897 (GS. 169), 27. Mai 1907 (S. 99) und 26. Mai 1909 (S. 85) geänderten Fassung —.

§ 1. Unmittelbare Staatsbeamte, welche Diensteinkommen oder Wartegeld aus der Staatskasse beziehen[3] und welchen beim Eintritt der Voraussetzungen der Versetzung in den Ruhestand nach Erfüllung der erforderlichen Dienstzeit Pension aus der Staatskasse gebühren würde, sowie in den Ruhestand versetzte unmittelbare Staatsbeamte, welche kraft gesetzlichen Anspruchs oder auf Grund des § 7 des Pensionsgesetzes vom 7. März 1872 (GS. 268) lebenslängliche Pension aus der Staatskasse beziehen, sind verpflichtet,[4] Witwen- und Waisengeldbeiträge zur Staatskasse zu entrichten.

Diese Verpflichtung erstreckt sich nicht auf

1. Beamte, denen ein Pensionsanspruch nur auf Grund

---

[1] AusfBest. v. 5. Juni, 7. Juli u. 27. Sept. 1882 (MBl. 100, 171, 248, JMBl. 159, 1883 S. 139 und (1886 S. 123, sowie v. 30. Dez. 1884 (MBl. 1885 S. 7, JMBl. 35) und 13. Juni 1907 (JMBl. 409).

[2] Die Nov. von 1897 hat den §§ 8, 12 Abs. 3, die von 1907 den §§ 7, 8, 12a, 15 u. 20 und die von 1909 dem § 8 ihre jetzige Fassung gegeben.

[3] Auch wenn das Recht auf den Bezug zeitweilig ruht, wie bei den Reichsbevollmächtigten für Zölle und Steuern und den Stationskontrolleuren oder preußischen Beamten, welche bei den Hauptzollämtern in Lübeck und Bremen, sowie bei der Verwaltung der indirekten Steuern im Großherzogtum Luxemburg angestellt sind.

[4] Jetzt nicht mehr, s. Gesetz v. 28. März 1888 (GS. 48).

der Vorschrift in dem zweiten Absatze des § 3 der Verordnung vom 6. Mai 1867 (GS. 713) zusteht;

2. Beamte, welche nur nebenamtlich im Staatsdienst angestellt sind;
3. diejenigen Beamten, welche nur auf Grund des § 79 des Gesetzes, betreffend die Verfassung und Verwaltung der Städte und Flecken in der Provinz Schleswig-Holstein, vom 14. April 1869 (GS. 589) ein Einkommen aus der Staatskasse beziehen;
4. die mit Bewilligung von Wartegeld oder Pension aus einer der unter Ziffer 1 bis 3 bezeichneten Stellungen ausgeschiedenen, sowie diejenigen Beamten, welche nur auf Grund einer nach dem ersten Absatz des § 36 des Pensionsgesetzes vom 27. März 1872 in Kraft gebliebenen Zusicherung eine Pension aus der Staatskasse beziehen.

2—4[1].

5—6[2].

7. Die Witwe und die hinterbliebenen ehelichen oder legitimierten Kinder eines zur Zeit seines Todes zur Entrichtung von Witwen- und Waisengeldbeiträgen verpflichteten Beamten erhalten aus der Staatskasse Witwen- und Waisengeld nach Maßgabe der nachfolgenden Bestimmungen.

8. Das Witwengeld besteht in vierzig vom Hundert derjenigen Pension, zu welcher der Verstorbene berechtigt gewesen ist oder berechtigt gewesen sein würde, wenn er am Todestage in den Ruhestand versetzt wäre.

---

[1] Fallen fort infolge Ges. v. 28. März 1888.

[2] Betreffen nur das Erlöschen der Beitragspflicht.

Das Witwengeld soll jedoch, vorbehaltlich der im § 10 verordneten Beschränkung, mindestens 300 Mark und höchstens 5000 Mark betragen.

9. Das Waisengeld beträgt:

1. für Kinder, deren Mutter lebt und zur Zeit des Todes des Beamten zum Bezuge von Witwengeld berechtigt war, ein Fünftel des Witwengeldes für jedes Kind;
2. für Kinder, deren Mutter nicht mehr lebt oder zur Zeit des Todes des Beamten zum Bezuge von Witwengeld nicht berechtigt war, ein Drittel des Witwengeldes für jedes Kind.

10. Witwen- und Waisengeld dürfen weder einzeln noch zusammen den Betrag der Pension übersteigen, zu welcher der Verstorbene berechtigt gewesen ist oder berechtigt gewesen sein würde, wenn er am Todestage in den Ruhestand versetzt wäre.

Bei Anwendung dieser Beschränkung werden das Witwen- und das Waisengeld verhältnismäßig gekürzt.

11. Bei dem Ausscheiden eines Witwen- und Waisengeldberechtigten erhöht sich das Witwen- oder Waisengeld der verbleibenden Berechtigten von dem nächstfolgenden Monat an insoweit, als sie sich noch nicht im vollen Genuß der ihnen nach den §§ 8 bis 10 gebührenden Beträge befinden.

12. War die Witwe mehr als 15 Jahre jünger als der Verstorbene, so wird das nach Maßgabe der §§ 8 und 10 berechnete Witwengeld für jedes angefangene Jahr des Altersunterschiedes über 15 bis einschließlich 25 Jahre um $^1/_{20}$ gekürzt.

Auf den nach § 9 zu berechnenden Betrag des

Waisengeldes sind diese Kürzungen des Witwengeldes ohne Einfluß.

Nach fünfjähriger Dauer der Ehe wird für jedes angefangene Jahr ihrer weiteren Dauer dem gekürzten Betrage $^1/_{20}$ des nach Maßgabe der §§ 8 und 10 zu berechnenden Witwengeldes so lange hinzugesetzt, bis der volle Betrag wieder erreicht ist.

12a. Ist der Verstorbene als Pensionär im unmittelbaren preußischen Staatsdienst wiederangestellt gewesen, so ist bei der Berechnung des Witwen- und Waisengeldes neben der aus der neuen Stellung zuständigen Pension die alte Pension bis zur Erreichung des im § 28 Abs. 2 des Pensionsgesetzes vom 27. März 1872 gedachten Pensionsbetrags zu berücksichtigen.

In den übrigen Fällen der Wiederanstellung eines Pensionärs im Reichs- oder Staatsdienst im Sinne der §§ 27 und 28 jenes Gesetzes ist das Witwen- und Waisengeld nach der aus Anlaß des Ausscheidens des Verstorbenen aus dem unmittelbaren preußischen Staatsdienste festgesetzten Pension zu berechnen; jedoch sind auf die so ermittelten Beträge die den Hinterbliebenen aus der neuen Stellung des Verstorbenen zustehenden Versorgungsansprüche anzurechnen, insoweit die Hinterbliebenen ohne diese Anrechnung mehr beziehen würden, als ihnen nach den Bestimmungen dieses Gesetzes bei Zugrundelegung des im Abs. 1 gedachten Pensionsbetrags zustehen würde.

13. Keinen Anspruch auf Witwengeld hat die Witwe, wenn die Ehe mit dem verstorbenen Beamten innerhalb dreier Monate vor seinem Ableben geschlossen und die Eheschließung zu dem Zwecke erfolgt ist, um der Witwe den Bezug des Witwengeldes zu verschaffen.

Keinen Anspruch auf Witwen- und Waisengeld haben die Witwe und die hinterbliebenen Kinder eines pensionierten Beamten aus solcher Ehe, welche erst nach der Versetzung des Beamten in den Ruhestand geschlossen ist.

14. Stirbt ein zur Entrichtung von Witwen- und Waisengeldbeiträgen verpflichteter Beamter, welchem, wenn er am Todestage in den Ruhestand versetzt wäre, auf Grund des § 7 des Pensionsgesetzes vom 27. März 1872 eine Pension hätte bewilligt werden können, so kann der Witwe und den Waisen desselben von dem Departementschef in Gemeinschaft mit dem Finanzminister Witwen- und Waisengeld bewilligt werden.

Stirbt ein zur Entrichtung von Witwen- und Waisengeldbeiträgen verpflichteter Beamter, welchem nach den §§ 18 und 19 des Pensionsgesetzes vom 27. März 1872 im Falle seiner Versetzung in den Ruhestand die Anrechnung gewisser Zeiten auf die in Betracht kommende Dienstzeit hätte bewilligt werden können, so ist der Departementschef in Gemeinschaft mit dem Finanzminister befugt, eine solche Anrechnung auch bei Festsetzung des Witwen- und Waisengeldes zuzulassen.

15. Die Zahlung des Witwen- und Waisengeldes beginnt mit dem Ablauf des Gnadenquartals.

16. Das Witwen- und Waisengeld wird monatlich im voraus gezahlt. An wen die Zahlung gültig zu leisten ist, bestimmt der Departementschef, welcher die Befugnis zu solcher Bestimmung auf die Provinzialbehörde übertragen kann.

Nicht abgehobene Teilbeträge des Witwen- und

Waisengeldes verjähren binnen vier Jahren, vom Tage ihrer Fälligkeit an gerechnet, zum Vorteile der Staatskasse.

17. Das Witwen- und Waisengeld kann mit rechtlicher Wirkung weder abgetreten noch verpfändet[1] oder sonst übertragen werden.

18. Das Recht auf den Bezug des Witwen- und Waisengeldes erlischt:

1. für jeden Berechtigten mit Ablauf des Monats, in welchem er sich verheiratet oder stirbt;
2. für jede Waise außerdem mit dem Ablauf des Monats, in welchem sie das 18. Lebensjahr vollendet.

19. Das Recht auf den Bezug des Witwen- und Waisengeldes ruht, wenn der Berechtigte das deutsche Indigenat verliert, bis zur etwaigen Wiedererlangung desselben.

20. Mit den aus § 14 sich ergebenden Maßgaben erfolgt die Bestimmung darüber, ob und welches Witwen- und Waisengeld der Witwe und den Waisen eines Beamten zusteht, durch den Departementschef, welcher die Befugnis zu solcher Bestimmung auf die Provinzialbehörde übertragen kann.

Die Beschreitung des Rechtsweges steht den Beteiligten offen, doch muß die Entscheidung des Departementschefs der Klage[2] vorhergehen und letztere sodann

---

[1] Hinsichtlich der Pfändbarkeit des Witwen- und Waisengeldes kommen die Bestimmungen des § 850 ZPO. — vorn Nr. 31 abgedruckt — zur Anwendung.

[2] Für die Klage ist nach § 39 Nr. 1 des AusfGes. zum deutschen GVG. v. 24. April 1878 (GS. 230) das Landgericht ausschließlich zuständig.

bei Verlust des Klagerechts innerhalb sechs Monaten nachdem den Beteiligten die Entscheidung des Departementschefs bekanntgemacht worden, erhoben werden. Der Verlust des Klagerechts tritt auch dann ein, wenn nicht von den Beteiligten, über deren Anspruch die Provinzialbehörde Entscheidung getroffen hat, gegen diese Entscheidung binnen gleicher Frist die Beschwerde an den Departementschef erhoben ist.

21. Die Vorschriften

1. der §§ 10 und 12 des Dänischen Pensionsgesetzes vom 24. Februar 1858,
2. des dritten Teils des Kurhessischen Staatsdienstgesetzes vom 8. März 1831,
3. der §§ 28 ff. des Staatsdieneredikts für das Fürstentum Hohenzollern-Sigmaringen vom 20. August 1831 und der §§ 26 ff. der Dienstpragmatik für das Fürstentum Hohenzollern-Hechingen vom 11. Oktober 1843,

treten für die Hinterbliebenen derjenigen Beamten, welche auf Grund des §§ 23 Absatz 1 dieses Gesetzes aus der Landesanstalt, der sie seither angehörten, ausscheiden, mit der Maßgabe außer Kraft, daß das denselben zu bewilligende Witwen- oder Waisengeld nicht hinter demjenigen Betrage zurückbleiben darf, welcher ihnen nach den vorstehend unter Ziffer 1 bis 3 bezeichneten Vorschriften aus der Staatskasse hätte bewilligt werden müssen.

22. Der Beitritt zu der allgemeinen Witwenverpflegungsanstalt ist den nach § 1 zur Entrichtung von Witwen- und Waisengeldbeiträgen verpflichteten Beamten

sowie den Beamten des Deutschen Reichs nicht ferner gestattet.

23. Diejenigen nach § 1 zur Entrichtung von Witwen- und Waisengeldbeiträgen verpflichteten Beamten, welche Mitglieder einer Militär- oder Staatsbeamten-Witwenkasse oder einer sonstigen Veranstaltung des Staats zur Versorgung der Hinterbliebenen von Beamten und derselben nicht erst nach der Verkündigung dieses Gesetzes beigetreten sind, bleiben, wenn sie binnen drei Monaten nach dem Inkrafttreten dieses Gesetzes durch eine schriftliche Erklärung für ihre etwaigen künftigen Hinterbliebenen auf das in den §§ 7 ff. bestimmte Witwen- und Waisengeld verzichten, von Entrichtung der im § 3 bestimmten Witwen- und Waisengeldbeiträge befreit. Andernfalls sind sie berechtigt, aus der Landesanstalt auszuscheiden.

Diese Bestimmungen finden sinngemäße Anwendung auf die Mitglieder der Beamtenpensionskassen bei den vom Staate erworbenen Privateisenbahnen einschließlich der Unterstützungskasse der Angestellten der Cöln-Mindener Eisenbahn, ferner der Berliner allgemeinen Witwenpensions- und Unterstützungskasse, sowie auf diejenigen Beamten, welche wegen ihrer Angehörigkeit zu einer anderen Privatversicherungsgesellschaft von der ihnen sonst obliegenden Verpflichtung zur Teilnahme an einer der im ersten Absatz bezeichneten Anstalten entbunden oder nach Anordnung ihrer vorgesetzten Behörde zum Zwecke der Versorgung ihrer Ehefrau für den Fall ihres Todes einer Privatversicherungsgesellschaft beigetreten und noch zur Zeit des Inkrafttretens dieses Gesetzes Mitglieder der Gesellschaft sind.

24. Dieses Gesetz tritt am 1. Juli 1882 in Kraft.

52.

Novelle zu dem Hinterbliebenenfürsorgegesetz.

Vom 27. Mai 1907 (GS. 99).

Artikel VI und VII lauten:

Der Witwe und den Waisen eines Beamten, welcher unter dem Vorbehalte des Widerrufs oder der Kündigung angestellt gewesen ist, ohne eine in den Besoldungsetats aufgeführte Stelle bekleidet zu haben, kann von dem Departementschef in Gemeinschaft mit dem Finanzminister Witwen- und Waisengeld bis auf Höhe derjenigen Beträge bewilligt werden, welche ihnen zustehen würden, wenn der Beamte eine in den Besoldungsetats aufgeführte Stelle bekleidet hätte; der Witwe und den Waisen eines solchen in den Ruhestand versetzten Beamten jedoch nur dann, wenn diesem auf Grund des § 2 Abs. 2 des Pensionsgesetzes vom 27. März 1872 eine lebenslängliche Pension bewilligt worden war.

Dieses Gesetz tritt mit Wirkung vom 1. April 1907 in Kraft.

53.

Gesetz, betreffend die Fürsorge für Beamte infolge von Betriebsunfällen.

Vom 18. Juni 1887 (GS. 282).

— in der ihm durch Ges. vom 2. Juni 1902 (GS. 153) gegebenen Fassung —.

§ 1. Unmittelbare Staatsbeamte, welche in reichsgesetzlich der Unfallversicherung unterliegenden Betrieben beschäftigt sind, erhalten, wenn sie infolge eines im Dienste erlittenen Betriebsunfalls dauernd dienstunfähig werden, als Pension sechsundsechzigzweidrittel Prozent ihres jährlichen Diensteinkommens.

Personen der vorbezeichneten Art erhalten, wenn sie infolge eines im Dienste erlittenen Betriebsunfalls nicht dauernd dienstunfähig geworden, aber in ihrer Erwerbsfähigkeit beeinträchtigt worden sind, bei ihrer Entlassung aus dem Dienste als Pension:

1. im Falle völliger Erwerbsunfähigkeit für die Dauer derselben den im ersten Absatze bezeichneten Betrag;
2. im Falle teilweiser Erwerbsunfähigkeit für die Dauer derselben denjenigen Teil der vorstehend bezeichneten Pension, welcher dem Maße der durch den Unfall herbeigeführten Einbuße an Erwerbsfähigkeit entspricht.

Ist der Verletzte infolge des Unfalls nicht nur völlig dienst- oder erwerbsunfähig, sondern auch derart hilflos geworden, daß er ohne fremde Wartung und Pflege nicht bestehen kann, so ist für die Dauer dieser Hilflosigkeit die Pension bis zu hundert Prozent des Diensteinkommens zu erhöhen.

Solange der Verletzte aus Anlaß des Unfalls tatsächlich und unverschuldet arbeitslos ist, kann in den Fällen des Abs. 2 Ziffer 2 die Pension bis zum vollen Betrage des Abs. 1 vorübergehend erhöht werden.

Steht dem Verletzten nach anderweiter gesetzlicher Vorschrift ein höherer Betrag zu, so erhält er diesen.

Nach den Wegfalle des Diensteinkommens sind dem Verletzten außerdem die noch erwachsenden Kosten des Heilverfahrens (§ 9 Abs. 1 Nr. 1 des Gewerbe-Unfallversicherungsgesetzes, RGBl. 1900 S. 585) zu ersetzen.

2. Die Hinterbliebenen solcher im § 1 bezeichneten Personen, welche infolge eines im Dienste erlittenen Betriebsunfalls gestorben sind, erhalten:

1. als Sterbegeld, sofern ihnen nicht nach anderweiter Bestimmung Anspruch auf Gnadenquartal oder Gnadenmonat zusteht, den Betrag des einmonatigen Diensteinkommens oder der einmonatigen Pension des Verstorbenen, jedoch mindestens fünfzig Mark;
2. eine Rente. Diese beträgt:
   a) für die Witwe bis zu deren Tode oder Wiederverheiratung, ebenso für jedes Kind bis zum Ablaufe des Monats, in welchem das achtzehnte Lebensjahr vollendet wird, oder bis zur etwaigen früheren Verheiratung zwanzig Prozent des jährlichen Diensteinkommens des Verstorbenen, jedoch für die Witwe nicht unter zweihundertundsechzehn Mark und nicht mehr als dreitausend Mark, für jedes Kind nicht unter einhundertundsechzig Mark und nicht mehr als eintausendsechshundert Mark;
   b) für Verwandte der aufsteigenden Linie, wenn ihr Lebensunterhalt ganz oder überwiegend durch den Verstorbenen bestritten worden war, bis zum Wegfalle der Bedürftigkeit insgesamt zwanzig Prozent des Diensteinkommens des Verstorbenen, jedoch nicht unter einhundertundsechzig Mark und nicht mehr als eintausendsechshundert Mark; sind mehrere Berechtigte dieser Art vorhanden, so wird die Rente den Eltern vor den Großeltern gewährt;
   c) für elternlose Enkel, falls ihr Lebensunterhalt ganz oder überwiegend durch den Verstorbenen bestritten worden war, im Falle der Bedürftigkeit bis zum Ablauf des Monats, in welchem das achtzehnte Lebensjahr vollendet wird, oder bis zur etwaigen früheren Verheiratung insgesamt zwanzig Prozent

des Diensteinkommens des Verstorbenen, jedoch nicht unter einhundertundsechzig Mark und nicht mehr als eintausendsechshundert Mark.

Die Renten dürfen zusammen sechzig Prozent des Diensteinkommens nicht übersteigen. Ergibt sich ein höherer Betrag, so haben die Verwandten der aufsteigenden Linie nur insoweit einen Anspruch, als durch die Renten der Witwe und der Kinder der Höchstbetrag der Renten nicht erreicht wird, die Enkel nur so weit, als der Höchstbetrag der Renten nicht für Ehegatten, Kinder oder Verwandte der aufsteigenden Linie in Anspruch genommen wird. Soweit die Renten der Witwe und der Kinder den zulässigen Höchstbetrag überschreiten, werden die einzelnen Renten in gleichem Verhältnisse gekürzt.

Steht nach anderweiter gesetzlicher Vorschrift einem von den Hinterbliebenen ein höherer Betrag zu, so erhält er diesen.

Der Anspruch der Witwe ist ausgeschlossen, wenn die Ehe erst nach dem Unfalle geschlossen worden ist.

3. Die Fürsorge erstreckt sich auf die Folgen von Unfällen bei häuslichen und anderen Diensten, zu denen Personen der im § 1 bezeichneten Art neben der Beschäftigung im Betriebe von ihren Vorgesetzten herangezogen werden.

4. Erreicht das jährliche Diensteinkommen nicht den dreihundertfachen Betrag des für den Beschäftigungsort festgesetzten ortsüblichen Tagelohns gewöhnlicher erwachsener Tagearbeiter (§ 8 des Krankenversicherungsgesetzes, RGBl. 1892 417), so ist dieser Betrag der Berechnung zugrunde zu legen.

Bleibt der nach Abs. 1 zugrunde zu legende Betrag hinter dem Jahresarbeitsverdienste zurück, welchen während des letzten Jahres vor dem Unfalle Personen bezogen haben, welche mit Arbeiten derselben Art in demselben Betrieb oder in benachbarten gleichartigen Betrieben beschäftigt waren, so ist dieser Jahresarbeitsverdienst der Berechnung der Rente zurunde zu legen.

Der eintausendfünfhundert Mark übersteigende Betrag kommt nur zu einem Drittel zur Anrechnung.

Bleibt bei den nicht mit Pensionsberechtigung angestellten Beamten (§ 1) die nach vorstehenden Bestimmungen der Berechnung zugrunde zu legende Summe unter dem niedrigsten Diensteinkommen derjenigen Stellen, in welchen solche Beamte nach den bestehenden Grundsätzen zuerst mit Pensionsberechtigung angestellt werden können, so ist der letztere Betrag der Berechnung zu Grunde zu legen.

5. Ist das der Berechnung der Hinterbliebenenrente zugrunde zu legende Diensteinkommen infolge eines früher erlittenen, nach den gesetzlichen Bestimmungen über Unfallversicherung oder Unfallfürsorge entschädigten Unfalls geringer, als der vor diesem Unfalle bezogene Lohn oder das vor diesem Unfalle bezogene Diensteinkommen, so ist die aus Anlaß des früheren Unfalls bei Lebzeiten bezogene Rente oder Pension dem Diensteinkommen bis zur Höhe des der früheren Entschädigung zugrunde gelegten Jahresarbeitsverdienstes oder Diensteinkommens hinzuzurechnen.

6. Der Bezug der Pension beginnt mit dem Wegfalle des Diensteinkommens, der Bezug der Hinterbliebenenrente mit dem Ablaufe des Gnadenquartals

oder Gnadenmonats, oder, soweit solche nicht gewährt werden, mit dem Ablaufe derjenigen Zeit, für welche nach § 2 Abs. 1 Ziffer 1 das Diensteinkommen oder die Pension weiterbezogen ist.

Gehört der Verletzte auf Grund gesetzlicher oder statutarischer Verpflichtung einer Krankenkasse oder der Gemeindekrankenversicherung an, so wird bis zum Ablaufe der dreizehnten Woche nach dem Eintritte des Unfalls die Pensiion und der Ersatz der Kosten des Heilverfahrens um den Betrag der von der Krankenkasse oder der Gemeindekrankenversicherung geleisteten Krankenunterstützung gekürzt. Der Anspruch auf das Sterbegeld und vom Beginne der vierzehnten Woche ab auch der Anspruch auf die Pension sowie auf den Ersatz der Kosten des Heilverfahrens geht bis zum Betrage des von der Krankenkasse gezahlten Sterbegeldes beziehungsweise bis zum Betrage der von dieser gewährten weiteren Krankenunterstützung auf die Krankenkasse über. Als Wert der freien ärztlichen Behandlung, der Arznei und der Heilmittel (§ 6 Abs. 1 Ziffer 1 des Krankenversicherungsgesetzes) gilt die Hälfte des gesetzlichen Mindestbetrags des Krankengeldes.

Fällt das Recht auf den Pensions- oder Rentenbezug im Laufe des Monats, für welchen die Pension oder Rente gezahlt war, fort, so ist von einer Rückforderung abzusehen. Wenn für einen Teil des Monats die Pension für den Verletzten mit der Rente für die Hinterbliebenen zusammentrifft, so haben die Hinterbliebenen den höheren Betrag zu beanspruchen.

7. Ein Anspruch auf die in den §§ 1 bis 3 bezeichneten Bezüge besteht nicht, wenn der Verletzte den Unfall

vorsätzlich oder durch ein Verschulden herbeigeführt hat, wegen dessen auf Dienstentlassung oder auf Verlust des Titels und Pensionsanspruchs gegen ihn erkannt oder wegen dessen ihm die Fähigkeit zur Beschäftigung in einem öffentlichen Dienstzweig aberkannt werden ist.

Der Anspruch kann, auch ohne daß ein Urteil der bezeichneten Art ergangen ist, ganz oder teilweise abgelehnt werden, falls das Verfahren wegen des Todes oder der Abwesenheit des Betreffenden oder aus einem anderen in seiner Person liegenden Grunde nicht durchgeführt werden kann.

8. Ansprüche auf Grund dieses Gesetzes sind, soweit deren Feststellung nicht von Amts wegen erfolgt, bei Vermeidung des Ausschlusses vor Ablauf von zwei Jahren nach dem Eintritte des Unfalls bei der dem Verletzten unmittelbar vorgesetzten Dienstbehörde anzumelden. Die Frist gilt auch dann als gewahrt, wenn die Anmeldung bei der für den Wohnort des Entschädigungsberechtigten zuständigen unteren Verwaltungsbehörde erfolgt ist. In solchem Falle ist die Anmeldung unverzüglich an die zuständige Stelle abzugeben und der Beteiligte davon zu benachrichtigen.

Nach Ablauf dieser Frist ist der Anmeldung nur dann Folge zu geben, wenn zugleich glaubhaft bescheinigt wird, daß eine den Anspruch begründende Folge des Unfalls erst später bemerkbar geworden oder daß der Berechtigte von der Verfolgung seines Anspruchs durch außerhalb seines Willens liegende Verhältnisse abgehalten worden ist, und wenn die Anmeldung innerhalb dreier Monate, nachdem eine Unfallfolge bemerkbar geworden oder das Hindernis für die Anmeldung weggefallen, erfolgt ist.

Jeder Unfall, welcher von Amts wegen oder durch Anmeldung der Beteiligten einer vorgesetzten Dienstbehörde bekannt wird, ist sofort zu untersuchen. Den Beteiligten ist Gelegenheit zu geben, selbst oder durch Vertreter ihre Interessen bei der Untersuchung zu wahren.

9. Soweit vorstehend nichts anderes bestimmt ist, finden auf die nach §§ 1 bis 3 zu gewährenden Bezüge die für die Beteiligten geltenden Bestimmungen über die Pension und über die Fürsorge für Witwen und Waisen Anwendung. Auf die Bezüge von Verwandten der aufsteigenden Linie und von Enkeln finden diese Bestimmungen entsprechende Anwendung.

Die nach §§ 1 bis 3 dieses Gesetzes zu gewährenden Bezüge treten an die Stelle derjenigen Pension oder derjenigen Witwen- und Waisengelder, welche den Beteiligten auf Grund anderweiter gesetzlicher Vorschrift zustehen, soweit nicht die letzteren Beträge die nach Maßgabe dieses Gesetzes zu gewährenden Bezüge übersteigen (§ 1 Abs. 5 und § 2 Abs. 3).

10. Auf die Ansprüche, welche den in den §§ 1 und 2 bezeichneten Personen wegen eines im Dienste erlittenen Betriebsunfalls aus preußischen Landesgesetzen zustehen, finden die für reichsgesetzliche Ansprüche geltenden Vorschriften[1] der §§ 10 und 11 des Reichs-Unfallfürsorgegesetzes für Beamte und Personen des Soldatenstandes vom 18. Juni 1901 (RGBl. 211) entsprechende Anwendung.

Das gleiche gilt hinsichtlich der Ansprüche der Kommunalbeamten und ihrer Hinterbliebenen, für welche durch

[1] Betreffen die Geltendmachung eines Schadensersatzanspruchs.

statutarische Festsetzung gegen die Folgen eines im Dienste erlittenen Betriebsunfalls eine den Vorschriften der §§ 1 bis 7 des genannten Reichsgesetzes mindestens gleichkommende Fürsorge getroffen ist.

11. Wenn gemäß den Bestimmungen der §§ 10 und 11 des genannten Reichsgesetzes ein Schadensersatzanspruch gegen Betriebsleiter, Bevollmächtigte oder Repräsentanten, Betriebs- oder Arbeiteraufseher zulässig ist, geht der Anspruch in Höhe der den Entschädigungsberechtigten auf Grund des gegenwärtigen Gesetzes oder anderweiter gesetzlicher Vorschriften (§§ 1 und 2) vom Staate zu zahlenden Beträge auf letzteren über.

Auf die Ansprüche der im § 10 Abs. 2 bezeichneten Personen findet diese Bestimmung entsprechende Anwendung.

12. Gegen das Reich stehen den in den §§ 1, 2 und 10 Abs. 2 bezeichneten Personen aus preußischen Landesgesetzen weitergehende Ansprüche als auf die gedachten Bezüge nicht zu.

Derselben Beschränkung unterliegen die Ansprüche dieser Personen gegen andere Bundesstaaten und gegen Kommunalverbände, sofern für deren Beamte durch die Landesgesetzgebung beziehungsweise durch statutarische Festsetzung gegen die Folgen eines im Dienste erlittenen Betriebsunfalls eine den Vorschriften der §§ 1 bis 7 mindestens gleichkommende Fürsorge getroffen ist und durch die Gesetzgebung des bezüglichen Bundesstaats weitergehende Ansprüche der Beamten und ihrer Hinterbliebenen aus den Landesgesetzen gegenüber dem Reiche sowie den Bundesstaaten und Kommunalverbänden ausgeschlossen sind.

13. Die in den §§ 1 und 2 des Reichs-Unfallfürsorgegesetzes vom 18. Juni 1901 aufgeführten Personen[1], desgleichen die Beamten anderer Bundesstaaten und der deutschen Kommunalverbände sowie deren Hinterbliebenen, für welche durch die Landesgesetzgebung beziehungsweise durch statutarische Festsetzung gegen die Folgen eines im Dienste erlittenen Betriebsunfalls eine den Vorschriften der §§ 1 bis 7 mindestens gleichkommende Fürsorge getroffen ist, haben wegen eines Unfalls (§ 1) aus preußischen Landesgesetzen einen Anspruch auf Ersatz des durch den Unfall erlittenen Schadens nur in Höhe der ihnen danach zukommenden Bezüge sowohl gegen das Reich und den preußischen Staat, wie gegen diejenigen preußischen Kommunalverbände, welche für ihre Beamten die Unfallfürsorge in dem vorgedachten Umfange getroffen haben. Derselben Beschränkung unterliegen die Ansprüche dieser Personen gegen andere Bundesstaaten außer Preußen und die nichtpreußischen Kommunalverbände unter der Voraussetznng, daß nach den Landesgesetzen des betreffenden Bundesstaats den durch entsprechende Unfallfürsorge sichergestellten Reichs-, Staats- und Kommunalbeamten sowie deren Hinterbliebenen weitergehende Ansprüche gegen das Reich, die Bundesstaaten und Kommunalverbände nicht zustehen.

---

[1] Nämlich: Beamte der Reichszivilverwaltung, des Reichsheeres und der Kaiserlichen Marine . . ., welche in reichsgesetzlich der Unfallversicherung unterliegenden Betrieben beschäftigt sind, — sowie die Hinterbliebenen solcher Personen, welche infolge eines im Dienste erlittenen Betriebsunfalls gestorben sind.

54.

Versicherung.

1. Reichsversicherungsordnung.

Vom 19. Juli 1911 (RGBl. 509).

a) Krankenversicherung.

§ 172. Versicherungsfrei sind:

1. Beamte des Reichs, der Bundesstaaten, der Gemeindeverbände, der Gemeinden und der Versicherungsträger, Lehrer und Erzieher an öffentlichen Schulen oder Anstalten, solange sie lediglich für ihren Beruf ausgebildet werden,
2. Personen des Soldatenstandes, die eine der im § 165 bezeichneten Tätigkeiten im Dienste oder während der Vorbereitung zu einer bürgerlichen Beschäftigung ausüben, auf die § 169 anzuwenden ist.
3. usw.

b) Unfallversicherung.

§ 554. Versicherungsfrei sind:

1. usw.
4. Beamte, die mit festem Gehalt und Anspruch auf Ruhegeld in Betriebsverwaltungen eines Bundesstaats, eines Gemeindeverbandes oder einer Gemeinde angestellt sind,
5. andere Beamte eines Bundesstaats, eines Gemeindeverbandes oder einer Gemeinde, wenn für sie Fürsorge nach § 14 des vorbezeichneten Unfallfürsorgegesetzes[1] getroffen ist.

---

[1] Reichs-Unfallfürsorgegesetz für Beamte und Personen des Soldatenstandes vom 12. Juni 1901 (RGBl. 211).

c) Invaliden- und Hinterbliebenenversicherung.

§ 1234. Versicherungsfrei sind die in Betrieben oder im Dienste des Reichs, eines Bundesstaats, eines Gemeindeverbandes, einer Gemeinde oder eines Versicherungsträgers Beschäftigten, wenn ihnen Anwartschaft auf Ruhegeld im Mindestbetrage der Invalidenrente nach den Sätzen der ersten Lohnklasse sowie auf Witwenrente nach den Sätzen der gleichen Lohnklasse und auf Waisenrente gewährleistet ist.

Das gleiche gilt für Lehrer und Erzieher an öffentlichen Schulen oder Anstalten.

§ 1235. Versicherungsfrei sind:

1. Beamte des Reichs, der Bundesstaaten, der Gemeindeverbände, der Gemeinden und der Versicherungsträger, Lehrer und Erzieher an öffentlichen Schulen oder Anstalten, solange sie lediglich für ihren Beruf ausgebildet werden,
2. Personen des Soldatenstandes, die eine der im § 1226 bezeichneten Tätigkeiten im Dienste oder während der Vorbereitung zu einer bürgerlichen Beschäftigung ausüben, auf die § 1234 anzuwenden ist,
3. Personen, die während der wissenschaftlichen Ausbildung für ihren zukünftigen Beruf gegen Entgelt unterrichten.

§ 1237. Auf seinen Antrag wird von der Versicherungspflicht befreit,

wem von dem Reiche, einem Bundesstaat, einem Gemeindeverband, einer Gemeinde oder einem Versicherungsträger, oder

wem auf Grund früherer Beschäftigung als Lehrer oder Erzieher an öffentlichen Schulen oder Anstalten

Ruhegeld, Wartegeld oder ähnliche Bezüge im Mindestbetrage der Invalidenrente nach den Sätzen der ersten Lohnklasse bewilligt sind und daneben Anwartschaft auf Hinterbliebenenfürsorge (§ 1234) gewährleistet ist.

2. Versicherungsgesetz für Angestellte.

Vom 20. Dezember 1911 (RGBl. 989).

§ 10. Versicherungsfrei sind

1. Beamte des Reichs, der Bundesstaaten, der Gemeindeverbände und der Gemeinden, Geistliche der als öffentlich-rechtliche Korporationen anerkannten Religionsgesellschaften, Lehrer und Erzieher an öffentlichen Schulen oder Anstalten, solange sie lediglich für ihren Beruf ausgebildet werden, sowie die im Reichs- oder Staatsdienst vorläufig beschäftigten Beamten und vorläufig beschäftigten Geistlichen der als öffentlich-rechtliche Korporationen anerkannten Religionsgesellschaften,
2. Angestellte in Eisenbahn-, Post- und Telegraphenbetrieben des Reichs oder der Bundesstaaten, die Aussicht auf Übernahme in das Beamtenverhältnis und Anwartschaft auf eine ausreichende Invaliden- und Hinterbliebenenfürsorge haben,
3. Personen des Soldatenstandes, die eine der im § 1 bezeichneten Tätigkeiten im Dienste oder während der Vorbereitung zu einer bürgerlichen Beschäftigung ausüben, auf die § 9 anzuwenden ist,
4. Personen, die während der wissenschaftlichen Ausbildung für ihren zukünftigen Beruf gegen Entgelt unterrichten,
5. Ärzte, Zahnärzte und Tierärzte in ihrer beruflichen Tätigkeit.

Ob die Voraussetzungen der Nr. 1, 2 vorliegen, entscheiden die nach § 9 Abs. 3 zuständigen Stellen.

§ 11. Auf seinen Antrag wird von der Versicherungspflicht befreit,

wem von dem Reiche, einem Bundesstaat, einem Gemeindeverband, einer Gemeinde oder einem Versicherungsträger der reichsgesetzlichen Arbeiterversicherung, oder

wem auf Grund früherer Beschäftigung als Lehrer oder Erzieher an öffentlichen Schulen oder Anstalten

Ruhegeld, Wartegeld oder ähnliche Bezüge im Mindestbetrage nach den Sätzen der Gehaltsklasse A bewilligt sind und daneben Anwartschaft auf Hinterbliebenenfürsorge (§ 9) gewährleistet ist.

Anhang.

Staatsministerialbeschluß vom 1. Juni 1888, betr. Bestimmungen zur Ausführung des § 66 des Reichs-Militärgesetzes vom 2. Mai 1874 und 6. Mai 1880
(JMBl. S. 170).

Zur Ausführung des § 66 a. a. O. werden die nachstehenden Festsetzungen getroffen:

I. Hinsichtlich derjenigen Staatsbeamten, welche infolge einer Mobilmachung in das Heer oder den Landsturm zum Militärdienst einberufen werden oder, sofern sie in ihrer Zivilstellung abkömmlich sind, freiwillig eintreten, kommen folgende Bestimmungen zur Anwendung:

1. Jedem etatsmäßig angestellten Staatsbeamten bleibt während des Kriegsdienstes seine Zivilstelle gewahrt.

2. Den etatsmäßig angestellten oder ständig gegen Entgelt beschäftigten Staatsbeamten wird während der Dauer des Kriegsdienstes ihr persönliches Diensteinkommen unverkürzt fortgewährt.

Zu dem persönlichen Diensteinkommen gehören Gehalt, fixierte diätarische Remuneration, Orts-, Stellen-, Funktions- und andere persönliche Zulagen, Wohnungsgeldzuschuß oder Mietentschädigung, sofern nicht Dienstwohnung fortgewährt wird, pensionsfähiges Einkommen aus einem Nebenamte und der pensionsfähige Betrag solcher Dienstemolumente, welche ihrer Natur nach steigend und fallend sind. Der letztere Betrag ist für die Dauer des Kriegsdienstes in monatlichen Raten am Ersten jedes Monats im voraus zu gewähren.

Zu dem persönlichen Diensteinkommen werden Repräsentations- und Dienstaufwandsgelder sowie die sogenannten Mankogelder der Kassenbeamten nicht gerechnet

3. Erhält der Beamte die Besoldung eines Offiziers oder oberen Beamten der Militärverwaltung, so wird der reine Betrag derselben, als welcher sieben Zehntel der Kriegsbesoldung angesehen werden, auf das Zivil. diensteinkommen angerechnet. Das Diensteinkommen eines Unteroffiziers in einer vakanten Leutnantsstelle gilt nicht als Offiziersbesoldung.

Hat der Beamte Familienangehörige, welchen er im eigenen Hausstande Wohnung und Unterhalt auf Grund einer gesetzlichen oder moralischen Unterstützungsverbindlichkeit gewährt, oder hat derselbe die Bewirtschaftung eines Dienstlandes fortzuführen, so findet für die Dauer seiner Abwesenheit aus dem Wohnorte die Anrechnung nur insoweit statt, als das Zivildiensteinkommen und sieben Zehntel der Kriegsbesoldung zusammen den Betrag von 3600 Mark jährlich übersteigen. Dienstwohnungen oder Mietentschädigungen werden hierbei stets zum tarifmäßigen Betrage des Wohnungsgeldzuschusses angerechnet. Die Einschränkung der Anrechnung tritt in Kraft mit dem Beginn derjenigen Monatshälfte, mit welcher das Kriegsgehalt zahlbar wird, jedoch nicht vor Beginn des Monats, in welchem der Abgang aus dem Wohnorte erfolgt, und endet mit dem Schluß des Monats, in welchem die Rückkehr in den Wohnort stattfindet.

Unter Familienangehörigen im Sinne des vorstehender

Absatzes sind Ehefrau, Kinder und Eltern, sowie andere nahe Verwandte und Pflegekinder zu verstehen.

Beamten, welche als obere Beamte der Miliärverwaltung in immobilen Stellen Verwendung finden, wird die mit drei Zwanzigstel oder drei Zehnteln des Friedensmaximalgehalts zahlbare Zulage nicht angerechnet.

4. Die Bestimmungen unter Nr. 2 und 3 finden auf pensionierte oder auf Wartegeld stehende Staatsbeamte hinsichtlich ihrer Pensionen und Wartegelder Anwendung

Die unter Nr. 3 Absatz 1 vorgeschriebene Anrechnung findet indessen nur insoweit statt, als sieben Zehntel der Kriegsbesoldung und die Pension oder das Wartegeld zusammen das vor der Pensionierung oder Stellung auf Wartegeld bezogene Zivildiensteinkommen übersteigen. Auch die hiernach erfolgende Anrechnung tritt jedoch in den Fällen des Absatzes 2 der Nr. 3, sofern das frühere Zivildiensteinkommen 3600 Mark oder weniger betragen hat, nur in dem daselbst vorgesehenen geringeren Umfange ein.

5. Den unentgeltlich oder zwar gegen Entgelt, aber nur vorübergehend beschäftigten Staatsbeamten soll bei ihrem Rücktritt in den Zivildienst eine Beschäftigung möglichst gegen Entgelt gewährt werden.

6. Den Staatsbeamten bleiben die aus ihrem Dienstalter sich ergebenden Rechte und Vorteile gewahrt.

Den im Vorbereitungsdienste befindlichen Staatsbeamten soll die Zeit des Kriegsdienstes nach bestandener Prüfung bei Feststellung ihres Dienstalters zugute gerechnet werden.

War die Zulassung zur Prüfung bereits verfügt, so soll ihnen die zur Ablegung der Prüfung erforderliche

Frist, soweit die Militärverhältnisse es gestatten, bewilligt werden.

7. Hinsichtlich derjenigen Staatsbeamten, welche als Offiziere oder obere Beamte der Militärverwaltung in den Kriegsdienst eingetreten sind, ist der Zivilbehörde von Amts wegen mitzuteilen:

a) die Höhe des Betrages, welchen der Beamte als Kriegsbesoldung ev. Zulage bezieht;

b) der Zeitpunkt, von welchem ab diese Bezüge gewährt werden.

Eintretende Änderungen, sowie der Zeitpunkt, mit welchem die Bezüge aus Militärfonds aufgehört haben, sind gleichfalls der Zivilbehörde mitzuteilen.

Diese Mitteilungen macht derjenige Teil des Heeres, des Landsturmes oder der Militärverwaltung, in dessen Verpflegung die oben erwähnten Personen getreten sind, sofern derselbe eine eigene Kassenverwaltung hat, andernfalls die mit der Anweisung der Militärgebührnisse befaßte Intendantur.

Die Mitteilung ist zu richten an die vorgesetzte Behörde derjenigen Kasse, welche über das Zivildiensteinkommen, die Pension oder das Wartegeld des Beamten Rechnung zu legen hat.

Vorstehende Mitteilungen sind als Belege zu den das Zivildiensteinkommen, die Pension oder das Wartegeld nachweisenden Jahresrechnungen zu verwenden.

Am Schlusse jeder Quittung über das während des Kriegsdienstes erhobene Zivildiensteinkommen hat der Beamte anzugeben, in welcher militärischen Dienststellung er sich befindet und, wenn er die Besoldung eines Offiziers oder oberen Beamten der Militärverwaltung bezieht, auf wie hoch sich seine Kriegsbesoldung beläuft.

Die Kasse hat, wenn diese Angaben der Quittung fehlen oder mit dem Inhalte der gedachten Mitteilungen der Militärbehörden nicht übereinstimmen sollten, ihrer vorgesetzten Behörde hiervon, nach erfolgter Zahlung, Anzeige zu machen.

8. Auf diejenigen Staatsbeamten, welche ihrer aktiven Dienstpflicht genügen, finden lediglich die Bestimmungen unter 6, und zwar nur hinsichtlich derjenigen Zeit Anwendung, während deren die Beamten über die Dauer ihrer gesetzlichen Friedensdienstpflicht hinaus im Militärdienste zurückbehalten worden.

Auf Staatsbeamte, welche als Ersatzreservisten in den Kriegsdienst eintreten, finden dagegen die Bestimmungen unter Nr. 1 bis 7 unbeschränkte Anwendung.

II. Auf diejenigen Beamten, welchen die Rechte und Pflichten der unmittelbaren Staatsbeamten ausdrücklich beigelegt sind, sind die unter I getroffenen Festsetzungen gleichfalls anzuwenden.

III. Auf die Beamten der Gemeinden und der kommunalen Verbände, welche infolge einer Mobilmachung in das Heer oder den Landsturm zum Kriegsdienst einberufen werden oder freiwillig in den Landsturm eintreten, finden die unter I Nr. 1 bis 3, Nr. 4 Absatz 1, Nr. 5 und 6, Nr. 7 Absatz 1 bis 4 und unter Nr. 8 gegebenen Vorschriften sinngemäße Anwendung.

IV. Hinsichtlich derjenigen Staatsbeamten, welche infolge einer Mobilmachung in die Marine zum Militärdienst einberufen werden oder, sofern sie in ihrer Zivilstellung abkömmlich sind, freiwillig eintreten, finden die vorstehenden Bestimmungen mit folgender Maßgabe Anwendung:

a) Den sieben Zehnteln der Kriegsbesoldung stehen in der Marine gleich: das Gehalt — ausschließlich des darin liegenden Servisteiles —, der Gehaltszuschuß und der Wohnungsgeldzuschuß.

b) Soweit dem Beamten eine Kriegszulage oder eine gleichartige anderweite Zulage aus Marinefonds nicht bereits gewährt wird, erhält er aus seiner Zivilbesoldung den Betrag der reglementsmäßigen Chargenkriegszulage.

c) Der Zivilbehörde ist von Amts wegen mitzuteilen: die Höhe des Gehalts — ausschließlich des darin liegenden Servisteiles —, des Gehaltszuschusses, des Wohnungsgeldzuschusses und der Kriegszulage. Wird letztere nicht gezahlt, so ist dies ausdrücklich zu erwähnen.

d) Die vorstehend unter c beregte Mitteilung ist bei denjenigen Marineteilen, welche einer Stations- oder Garnisonkasse angeschlossen sind, seitens des Rechnungsamts des betreffenden Marineteiles zu machen.

Erläuterung zum Staatsministerialbeschluß vom 1. Juni 1888, betr. die Ausführungsbestimmungen zum § 66 des Reichsmilitärgesetzes vom 2. Mai 1874/6. Mai 1880 (JMBl. 1915 S. 114).

Nach § 66 des Reichsmilitärgesetzes kann den Reichs-, Staats- und Kommunalbeamten, die zum Militärdienst einberufen sind und Offizierbesoldung erhalten, der reine Betrag der Offizierbesoldung auf die Zivilbesoldung angerechnet werden; dies gilt insbesondere auch für die als obere Beamte der Militärverwaltung Einberufenen. Wo die Besoldung in Gehalt, Wohnungsgeldzuschuß und Kriegszulage besteht (bei allen Offizieren und Beamten der Marine und den immobilen Beamten des Heeres, soweit letztere nicht die Feldbesoldung beziehen), gehören ihrer Natur nach Gehalt und Wohnungsgeldzuschuß zur reinen Besoldung, die besondere Kriegszulage dagegen nicht (siehe Abschnitt IV und den letzten Absatz der Ziffer 3 im Abschnitt I der Ausführungsbestimmungen zu § 66 des Reichsmilitärgesetzes). Wo dagegen die Kriegsgeldgebührnisse zu einem Betrage (Feldbesoldung, Kriegsbesoldung) verschmolzen sind, so daß also die Zusammensetzung nicht mehr erkennbar ist (bei allen Offizieren des Heeres und den mobilen oder zur Besatzung einer armierten Festung gehörenden Beamten des Heeres), sind als reine Besoldung sieben Zehntel des Gesamtbetrags anzusehen (siehe Abschnitt I, Ziffer 3 — ersten Satz — der Ausführungsbestimmungen zu § 66 des Reichsmilitärgesetzes).

Berlin, den 7. Juni 1915.

Königliches Staatsministerium.

Staatsministerialbeschluß vom 28. Dezember 1915
(JMBl. S. 2 von 1916).

Zur Ausführung des § 66 des Reichsmilitärgesetzes wird festgesetzt: Nachdem durch die Bestimmungen über Neuregelung der Kriegsbesoldung der Beamten usw. v. 1. Nov. 1915 (Armee-VBl. S. 511 ff.) die Besoldungen der oberen Beamten in mobilen Stellen neu festgesetzt sind, wird bestimmt, daß da, wo nunmehr auch bei ihnen die Besoldung in Gehalt, Wohnungsgeldzuschuß und Feldzulage besteht, Gehalt und Wohnungsgeldzuschuß als reiner Betrag der Kriegsbesoldung zu erachten ist. Gehalt und Wohnungsgeldzuschuß sind daher, vorbehaltlich des unter I. 3, Abs. 2 des Staatsministerialbeschlusses vom 1. Juni 1888 festgesetzten Mindesteinkommens von 3600 M., voll anzurechnen, die Feldzulage dagegen nicht.

Register.

(Die Zahlen bezeichnen die Seiten.)

A.

E.

L.

M.

Q.

R.

V.

Z.

Druck von C. Schulze & Co., G. m. b. H., Gräfenhainichen.

Guttentagsche Sammlung

Deutscher Reichs- u. Preußischer Gesetze

Textausgaben

mit Anmerkungen und Sachregister — Taschenformat — Gebunden

A. Reichsgesetze.

Nr. 1. **Verfassung des Deutschen Reichs** siehe Nr. 137.

Nr. 2. **Strafgesetzbuch.** Von Fr. v. Liszt und E. Delaquis. 26. Auflage von E. Kohlrausch. — 1922. (Nachtrag, enth. das Ges. z. Schutz der Deutschen Republik, Geldstrafengesetz, Jugendgerichtsgesetz, Preistreibereiverordnung. 1924.) Gm 4,—

Nr. 3. **Militärstrafgerichtsordnung.** Von A. Romen und E. Rissom. 2. Auflage. — 1918. Gm 5,—

Nr. 4. **Handelsgesetzbuch** ohne Seerecht. Von Litthauer. 16. Auflage von A. Mosse. Gr.-Oktav. — 1920. Gm 8,—

Nr. 5. **Wechselordnung.** Von J. Stranz und M. Stranz. 12. Auflage. — 1923. Gm 3,50

Nr. 5a. **Wechselstempelgesetz.** 12. Auflage. — In Vorbereitung.

Nr. 6. **Reichsgewerbeordnung** nebst Ausf.-Best. Von Fr. Hiller u. H. Luppe. 20. Auflage. — 1921. Mit Nachtrag, enth. alle Änderungen und Neuerungen bis Ende 1924. Gm 5,—

Nr. 7. **Post- und Telegraphen-Gesetzgebung.** Von M. König. 6. Auflage. — 1908. Gm 4,—

Nr. 8. **Unterstützungswohnsitz.** Siehe **Fürsorgegesetz** von Sandré. Nr. 160.

Nr. 9. Sammlung **kleinerer strafrechtlicher Reichsgesetze.** Von R. H. Kriegsmann. 3. Auflage. — 1910. Gm 4,—

Nr. 10. **Reichsbeamtengesetz** siehe Nr. 82.

Nr. 11. **Zivilprozeßordnung mit Gerichtsverfassungsgesetz.** Von R. Sydow. Fortgef. v. L. Busch u. Krantz. 17. Aufl. Gr.-Okt. Durch Nachträge ergänzt nach d. Stand v. 1924 Gm 15,— Nachtrag einzeln. Gm 3,60. 18. Auflage 1925, im Druck.

Nr. 12. **Strafprozeßordnung und Gerichtsverfassungsgesetz.** Von E. Kohlrausch. 19. Aufl. — 1922. Mit Nachtrag 1924 Gm 3,— Nachtrag apart Gm 0,60. 20. Auflage, 1925, im Druck.

Walter de Gruyter & Co.

vormals G. J. Göschen'sche Verlagshandlung — J. Guttentag, Verlagsbuchhandlung — Georg Reimer — Karl J. Trübner — Veit & Comp.

Berlin W 10, Genthiner Straße 38.

III. 25. — 15 000.

Nr. 13. **Konkurs-O. u. Anfechtungs-G.** Von R. Sydow. Fortges. v. L. Busch u. O. Krieg. 13. Aufl. 1923. Mit Nachtr. 1924. Gm 4,—

Nr. 14. **Gerichtsverfassungsgesetz.** Von R. Sydow. Fortgeführt von L. Busch. 11. Auflage. In Bearbeitung.

Nr. 15. **Das deutsche Gerichtskostengesetz.** Von R. Sydow. Fortgeführt von L. Busch und F. Koehler. 10. Auflage. — 1920. (Nachtr., enth. die Änder. bis Ende 1924, im Druck.) Gm 3,—

Nr. 16. **Rechtsanwaltordnung.** Von R. Sydow. 5. Auflage von M. Jacobsohn. Mit Nachtrag von 1910. — 1907. Gm 1,20

Nr. 17. **Gebührenordn. f. Rechtsanw. u. d. Preuß. Gebührengesetz.** Von R. Sydow. Fortges. v. L. Busch u. O. Krieg. 12. Aufl. 1922. (Nachtr., enth. die Änder. bis Ende 1924, im Druck.) Gm 4,—

Nr. 18. **Reichsstempelgesetz.** Von P. Loeck. Vergriffen. Wird durch Kapitalverkehrssteuergesetz ersetzt. Erläuterte Ausgabe in Bearbeitung.

Nr. 19. **Die Seegesetzgebung.** Von W. E. Knitschky. 5. Auflage von O. Rudorff. — 1913. Gm 8,—

Nr. 20. **Krankenversicherungsgesetz** siehe Nr. **107.**

Nr. 21. **Die Konsulargesetzgebung.** Von Ph. Zorn. 8. Auflage von K. Zorn. — 1911. Gm 4,50

Nr. 22. **Patentgesetz.** Von R. Lutter. 8. Auflage. — 1920. Mit Nachtrag. — 1924. Gm 4,—. Nachtrag apart Gm 0,40

Nr. 23. **Gewerbe-Unfallversicherungsgesetz** siehe Nr. **108.**

Nr. 24. **Aktiengesellschaft u. Kommanditgesellschaften auf Aktien.** Von H. Keyßner und H. Veit Simon. 7. Aufl. In Bearbeitung.

Nr. 25. **Brausteuergesetz.** Von A. Düffe. 2. Aufl. — 1910. Gm 2,—

Nr. 26. **Münz- und Notenbankwesen.** Von R. Koch. 7. Aufl. von Reichsbankpräsident Schacht. Im Druck.

Nr. 27. **Gesundheitswesen im Deutschen Reich.** Von E. Goesch und J. Karsten. — 1888. Vergriffen.

Nr. 28. **Bau-Unfallversicherungsgesetz** siehe Nr. **108.**

Nr. 29. **Erwerbs- und Wirtschaftsgenossenschaften.** Von L. Parisius und H. Crüger. 17. Auflage. — 1924. Gm 3,50

Nr. 30. **Invalidenversicherungsgesetz** siehe Nr. **109.**

Nr. 31. **Gewerbegerichtsgesetz.** Von W. Cuno. Vergriffen, neunte Auflage in Vorbereitung. Siehe auch Nr. **112, 112a.**

Nr. 32. **Gesellschaften mit beschränkter Haftung.** Von L. Parisius und H. Crüger. 16. Aufl. — 1923. Gm 2,—

Nr. 33. **Vereins- und Versammlungsrecht.** Von E. Ball. 2. Auflage von F. Friedenthal. — 1907. Gm 2,—

Reichs-Vereinsgesetz vom 19. April 1908 siehe Nr. **88.**

Nr. 34. **Die Abzahlungsgeschäfte.** 3. Auflage von E. Wilke. — 1910. Gm 1,20

Nr. 35. **Die Reichs-Eisenbahngesetzgebung.** Von W. Coermann. — 1895. (Siehe auch Nr. 66.) Gm 2,—

Nr. 36. **Privatrechtliche Verhältnisse der Binnenschiffahrt und Flößerei.** Von E. Löwe. 6. Auflage. — 1923. Gm 4,—

Nr. 37. **Unlauterer Wettbewerb.** Von A. Pinner. 7. Auflage von A. Elster. — 1921. Gm 1,40

Nr. 38/39. **Bürgerliches Gesetzbuch nebst Einführungsgesetz.** Von A. Achilles. In Verbindung mit F. André, O. Meyer, O. Strecker, K. v. Unzner herausgegeben von M. Greiff. 11. Aufl. — 1923. Mit Nachtrag 1924. Gm 13,—

Nr. 40. Gesetz, betr. die **Pflichten der Kaufleute bei Aufbewahrung fremder Wertpapiere [Depotgesetz].** Von F. Lusensky. 3. Auflage. — 1916. Mit Nachtrag 1924. Gm 1,—

Nr. 41. **Börsengesetz.** Von Th. Hemptenmacher. 3. Auflage von O. Meyer. — 1915. Gm 3,50

Nr. 42. **Grundbuchordnung.** Von O. Fischer. 8. Auflage. — 1924. Gm 3,—

Nr. 43. **Zwangsvollstreckung.** Von J. Krech und O. Fischer. 9. Auflage von O. Fischer. — 1922. Gm 3,50

Nr. 44. **Auswanderungswesen.** Von F. Stoerk. — 1899. Gm 2,—

Nr. 45. **Das Entmündigungsrecht.** Von P. Koll. — 1900. Gm 1,20

Nr. 46. **Freiwillige Gerichtsbarkeit.** Von H. Jastrow. 6. Auflage von Herm. Günther. — 1921. Gm 4,50

Nr. 47. **Deutsches Vormundschaftsrecht.** Von M. Schultzenstein und P. Köhne. 2. Auflage. — 1901. Gm 2,50

Nr. 48. Gesetze, betr. den **Drogen-, Gift- und Farbenhandel** außerhalb der Apotheken. Von J. Broh. — 1899. Gm 1,20

Nr. 49. **Deutsche Kolonialgesetzgebung.** Von Ph. Zorn. 2. Auflage von Sassen. — 1913. Gm 5,—

Nr. 50. **Der Viehkauf [Viehgewährschaft].** Von H. Stölzle und H. Weiskopf. 5. Auflage. — 1913. Gm 5,50

Nr. 51. **Hypothekenbankgesetz.** Von H. Göppert. 2. Auflage von Seidel. — 1911. Gm 2,20

Nr. 52. **Rechte der Besitzer von Schuldverschreibungen.** Von H. Göppert. 2. Auflage von E. Trendelenburg. — 1915. Gm 1,50

Nr. 53. **Reichspreßgesetz.** Von A. Born. 3. Auflage. — 1924. Gm 4,—

Nr. 54. Verkehr mit **Nahrungsmitteln, Genußmitteln und Gebrauchsgegenständen.** Von G. Lebbin. — 1900. Vergriffen.

Nr. 55. **Beschlagnahme von Lohn- und Gehaltsforderungen.** Von G. Meyer. 5. Auflage. — 1914. Durch Nachträge ergänzt. (Nachträge allein. Gm 0,70) Gm 2,30

Nr. 56. **Bekämpfung gemeingefährlicher Krankheiten.** Von B. Burkhardt. — 1900. Gm 1,20

Nr. 57. **See-Unfallversicherungsgesetz** siehe Nr. **108.**

Nr. 58. **Recht der unehelichen Kinder.** Von H. Jastrow. — 1901. Gm 1,60

Nr. 59. **Beurkundung des Personenstandes und die Eheschließung.** Von F. Fidler. 2. Auflage. — 1912. Gm 2,30

Nr. 60. **Das Urheberrecht an Werken der Literatur und der Tonkunst.** Von O. Lindemann. 4. Auflage. — 1921. Gm 1,80

Nr. 61. **Verlagsrecht.** Von B. Marwitz. 3. Auflage. — 1922. Gm 1,60

Nr. 62. **Private Versicherungsunternehmungen.** Von H. Könige. 3. Auflage. In Bearbeitung.

Nr. 63. **Gesetzestafel des deutschen Reichsrechts.** Von H. Bruhns. 2. Auflage. — 1913. Gm 3,—

Nr. 64. Gesetzsammlung, betr. den **Handel mit Drogen und Giften.** Von H. Sonnenfeld. 2. Auflage. — 1912. Gm 3,—

Nr. 65. **Weingesetz.** Von G. Lebbin. 2. Aufl. — 1909. Gm 2,—

Nr. 66. **Die Eisenbahn-Gesetzgebung.** Von W. Pietsch. 2. Auflage. — 1913. (Siehe auch Nr. 91.) Gm 3,—

Nr. 67. **Militär-Strafgesetzbuch.** Von A. Romen und C. Rissom. 3. Auflage. — 1918. Gm 5,—

Nr. 68. **Fleischbeschaugesetz.** Von G. Lebbin und G. Baum. — 1903. Gm 2,80

Nr. 69. Reichsgesetz über die **Naturalleistungen der bewaffneten Macht im Frieden.** Von W. v. Hippel. — 1903. Gm 1,—

Nr. 70. **Das Reichs-Haftpflichtgesetz.** Von G. Eger. — 1903. **Vergr.** — (Als Ersatz Komment. von Seligsohn. — 1920. Gm 6,50)

Nr. 71. **Kinderarbeit in gewerblichen Betrieben.** Von H. Spangenberg. 2. Auflage. — 1904. Gm 1,20

Nr. 72. **Unfallversicherungsgesetz** siehe Nr. **108.**

Nr. 73. **Entschädigung für unschuldig erlittene Verhaftung und Bestrafung.** Von A. Romen. — 1904. Gm 1,70

Nr. 74. **Die Kaufmannsgerichte.** Von M. Apt. 3. Auflage. — 1904. (Siehe auch Nr. **112.**) Gm 1,60

Nr. 75. **Konsulargerichtsbarkeit.** Von A. F. Vorwerk. 2. Ausgabe, mit den Schutzgebietsgesetzen. — 1908. Gm 1,60

Nr. 76. **Die Rechtshilfe im Verkehr mit den ordentlichen Gerichten.** Von A. Friedländer. — 1906. Gm 1,50

Nr. 77. **Das Erbschafts-StG.** Von B. Henckel. 1920. Gm 5,—
— Neue Fassung v. H. Schachian. 2. Aufl. — 1924. Gm 2,—

Nr. 78. **Zigarettensteuergesetz.** Von Cuno. In Vorbereitung.

Nr. 79. **Die Militärpensionsgesetze.** Von A. Romen.
a) I. Teil: **Offizierpensionsgesetz.** — **1907.** Gm 2,—
b) II. Teil: **Mannschaftsversorgungsgesetz.** Mit **Kapitalabfindungsgesetz.** — 1908. Gm 2,—

Militärversorgungsgesetze siehe auch Nr. **136.**

Nr. 80. **Gerichtliche Registerführung.** Von O. Lindemann. — 1906. Gm 2,40

Nr. 81. **Urheberrecht an Werken der bildenden Künste und der Photographie.** Von L. Fuld. 2. Auflage im Druck.

Nr. 82. **Reichsbeamtengesetz.** Von A. Arndt. 3. Auflage. —1923. Mit Nachtrag, enth. die Änderungen bis April 1924. Gm 3,50

Nr. 83. **Versicherungsvertrag.** Von P. Hager und E. Bruck. 4. Auflage. — 1920. Gm 6,—

Nr. 84. **Sammlung kleinerer privatrechtlicher Reichsgesetze.** Von G. Müller. — 1908. Gm 5,50

Nr. 85. **Scheckgesetz.** Neue Auflage im Druck.

Nr. 86. **Die Auslieferungsverträge des Deutschen Reiches.** Von A. Cohn. — 1908. Gm 4,—

Nr. 87a. **Das deutsche Warenzeichenrecht.** Von Freund und Magnus. 6., neubearbeitete Auflage. Teil I: **Die internationalen Verträge.** — 1924. Gm 9,—

Nr. 88. **Vereinsgesetz.** Von A. Romen. 4. Aufl. – 1916. Gm 2,—

Nr. 89. **Vogelschutzgesetz.** Von L. v. Boxberger. – 1909. Gm 1,—

Nr. 90. Die Haager Abkommen über das **Internationale Privatrecht.** Von G. Bogeng. — 1908. Gm 2,—

Nr. 91. **Eisenbahn-Verkehrsordnung.** Von E. Blume, 2. Auflage von Weirauch. — 1922. Mit Nachtrag, enth. alle Neuerungen bis Ende 1924. Gm 5,—. (Nachtrag einzeln Gm 1,50)

Nr. 92. **Verkehr mit Kraftfahrzeugen.** Von R. Kirchner. 3. Auflage. — 1915. Mit Nachtrag, enth. alle Neuerungen bis Ende 1924. Gm 5,—. (Nachtrag einzeln Gm 1,50)

Nr. 93. **Sicherung der Bauforderungen.** Von E. Harnier. 8. Auflage. — 1912. Gm 1,50

Nr. 94. **Die Beamtenhaftpflichtgesetze des Reiches und der Länder.** Von H. Delius. 3. Auflage. — 1921. Gm 3,20

Nr. 95. Die Berner Übereinkunft über **Internationales Urheberrecht.** Von H. Dungs. — 1910. Gm 1,—

Nr. 96. **Branntweinsteuergesetz.** 3. Auflage von K. Kniebe in Vorbereitung. **Branntweinmonopolgesetz** siehe Nr. **131 a.**

Nr. 97. **Schutzgebietsgesetz.** Von J. Gerstmeyer. – 1910. Gm 2,50

Nr. 98. **Sechs Haager Abkommen über Internationales Privatrecht.** Von H. Dungs. — 1910. Gm 1,50

Nr. 99. **Die Abkommen d. Haager Friedenskonferenz.** Vergr. Jetzt: Wehberg, **Völkerbundakte.** Gm 4,— (Außerh. d. Samml.)

Nr. 100. **Kaligesetz.** Von B. Voelkel. — 1910. Gm 2,40

Nr. 101. **Zuwachssteuergesetz.** Von W. Cuno. — 1911. Gm 3,50

Nr. 102. **Urheberrecht an Mustern und Modellen** und Schutz von **Gebrauchsmustern.** Von J. Neuberg. — 1911. Gm 2,40

Nr. 103. **Reichs-Viehseuchengesetz.** Von W. v. Hippel. 2. Auflage. — 1912. Gm 4,—

Nr. 104. **Versicherungsgesetz für Angestellte** siehe Nr. **144.**

Nr. 105. **Das Geldwesen in den deutschen Schutzgebieten.** Von W. Hintze. — 1912. Gm 1,80

Nr. 106—109. **Reichs-Versicherungsordnung.** Von F. Caspar und A. Spielhagen. 4 Bände. Kplt. Gm 18,—

Nr. 106. I., V. und VI. Buch. **Gemeinsame Vorschriften. — Beziehungen der Versicherungsträger zu einander und zu anderen Verpflichteten. — Verfahren.** Von K. Lippmann, L. Laß und H. Siefart. — 1913. Mit Nachtrag. Von K. Lippmann. 1920. (Nachtrag einzeln. Gm 0,40) Gm 5,

Nr. 107. II. Buch. **Krankenversicherung.** Von H. Siefart und F. Sitzler. — 1916. Mit Nachtrag. Von K. Lippmann. — 1920. (Nachtrag einzeln. Gm 1,20.) Gm 5,50

Nr. 108. III. Buch. **Unfallversicherung.** Von A. Radtke. — 1913. Mit Nachtrag. Von A. Radtke. — 1921. (Nachtrag einzeln. Gm 1,60.) Gm 6,50

Nr. 109. IV. Buch. **Invaliden- und Hinterbliebenenversicherung.** Von B. Jaup und H. Follmann. — Neudruck 1922. Mit Nachtrag, enthaltend die Ergänzungen 1914—1921. (Nachtrag einzeln. Gm 1,—.) Gm 3,50

Reichsversicherungsordnung in neuester Fassung von K. Lippmann s. Nr. **161.**

Nr. 110. **Wehrbeitragsgesetz.** Von A. Fernow. 2. Auflage. — 1913. Gm 1,60

Nr. 111. **Reichs- und Staatsangehörigkeitsgesetz.** Von A. Romen. — 1913. Vergriffen.

Nr. 112. **Kaufmannsgerichtsgesetz.** Von H. Depène. — 1914. Gm 2,60

Nr 112a. **Kaufmanns- u. Gewerbegerichtsgesetz nebst Schlichtungsordnung.** (Ergbd z. Nr. 112) V. H. Depène. 1924. Gm 3,50 Die Nr. 112 u. 112a enthalten zusammen den vollständigen Text des Gewerbegerichtsgesetzes.

Nr. 113. **Postscheckgesetz.** Von J. Weiland. — 1914. Mit Nachtrag 1918. Gm 1,50

Nr. 113 a. **Postscheckordnung.** Von J. Weiland. — 1914. Mit Nachtrag 1918. Gm 1,50

Nr. 114. **Waffengebrauch und Festnahmerecht des Militärs.** Von A. Romen und C. Rissom. — 1914. Gm 1,80

Nr. 115. **Das vertragliche Wettbewerbsverbot [Konkurrenzklausel].** Von G. Baum. — 1914. Gm 3,—

Nr. 116. **Kriegs-Zivil- u. Finanzgesetze.** 3. Aufl. — 1915. Gm 1 50

Nr. 116a. Zweite Folge: Jahr 1915. — 1916. Gm 1,20

Nr. 117. **Darlehnskassengesetz.** — 1915. Gm 1,80

Nr. 118. **Militärhinterbliebenengesetz.** Von Reh. Mit **Kapitalabfindungsgesetz.** — 1915. (Siehe auch Nr. 136.) Gm 2,20

Nr. 119. **Kriegsleistungsgesetz.** Vergriffen.

Nr. 120. **Telegraphenwegegesetz.** Von Wolf. — 1916. Gm 1,—

Nr. 121. **Direkte Kriegssteuer.** Von A. Mrozek. 1916 Gm 3,50

Nr. 122. **Belagerungszustand.** Von H. Bürschel. 1916. Gm 3,50

Nr. 123. **Warenumsatzstempel.** Von Lindemann. — 1916. (**Umsatzsteuergesetze** siehe Nr. 132.) Gm 1,30

Nr. 124. **Todeserklärung Kriegsverschollener.** Von J. Bartsch. — 1917. Gm 2,—

Nr. 125. **Vaterländischer Hilfsdienst.** 3. Auflage. — 1917. Gm 1,—

Nr. 126. **Besitzsteuergesetz.** Von A. Mrozek. Vergriffen.

Nr. 127. **Geschäftsaufsicht zur Abwendung des Konkurses.** Von G. Klien u. Ernst Jaeger. — 1917. Durch Nachträge nach dem Stand v. 1924 ergänzt Gm 1,60. Nachtrag einzeln 0,60

Nr. 128. **Verhaftung und Aufenthaltsbeschränkung.** Von A. Romen. — 1917. Gm 1,20

Nr. 129. **Zivil-** und **Prozeßrechtkriegsgesetze.** Von Fischer. — 1918. Gm 1,50

Nr. 130. **Ersatzlebensmittelverordnung.** — 1918. Gm 1,50

Nr. 131 a. **Reichsfinanzgesetzgebung 1918.** Bd. I. **Getränkesteuern.** Von G. Mayer. — 1918. Gm 2 50

Nr. 131 b. **Reichsfinanzgesetzgebung 1918.** Bd. II. **Abgabe vom Einkommen, Stempel, Umsatz, Kriegsgewinn** usw., **Steuerflucht.** Von G. Mayer. — 1919. Gm 1,50

Nr. 132. **Umsatzsteuergesetz.** Von Otto Lindemann. 3. Auflage. — 1923. Gm 4,—

Nr. 133. **Reichswuchergesetzg.** Von Ad. Lobe. — 1918. Gm 2,80

Nr. 134. **Der Ostfrieden.** Von Karl Strupp. — 1918. Gm 3,—

Nr. 135. **Erbbaurecht.** Von H Günther. — 1919. Gm 2,—

Nr. 136. **Militärversorgungsgesetze.** Von Hermann Günther. — 1919. Gm 2,30

Nr. 137. **Reichsverfassung.** Von Arndt. 2. Aufl. — 1921. Gm 2,50

Nr. 138 a. **Arbeiterschutz und Arbeitsrecht.** Von A. Günther. 1920 (Nachtr., enth. alle Neuer. bis Ende 1924, im Druck) Gm 5,—

Nr. 138 b. **Betriebsrätegesetz.** Von A. Günther. — 1920. Gm 2,—

Nr. 139. **Grunderwerbsteuergesetz.** Von Otto Lindemann. — 1919. Gm 1,80

Nr. 140. **Die Siedelungsgesetzgebung im Reich und in Preußen.** Von W. Holzapfel. — 1920. Gm 3,—

Nr. 141. **Sozialisierungsgesetze.** Von Reier. — 1920. Gm 2,20

Nr. 142. **Wirtschaftliche Demobilmachung.** Von Gg. Fischbach. — 1920. Gm 1,—

Nr. 143. **Reichsabgabenordnung.** Von Nieberl. — 1922. Mit Nachtrag, enth. die Änderungen von 1924. Gm 4,—

Nr. 144. **Versicherungsgesetz für Angestellte.** Von Lippmann. — 1920. Gm 3,50

Nr. 145. **Steuer- und Kapitalflucht.** Von E. H. Meyer. 2. Auflage. — 1921. Gm 1,60

Nr. 146. **Tabaksteuergesetz.** Von Wündisch. — 1920. Mit Nachtrag, enthaltend alle Neuerungen. Gm 3,—

Nr. 147. **Filmzensur.** Von Szczesny. — 1920. Gm 1,50

Nr. 148. **Reichsausgleichsgesetz.** Von Decke. — 1920. Gm 1,50

Nr. 149. **Reichsnotopfergesetz.** Von Friedmann und Wrzeszinsky. — 1921. Gm 4,—

Nr. 150. **Reichsschädengesetze.** Von Adolf Hohenstein und Wenzel Goldbaum. — 1922. Gm 4,—

Nr. 151. **Reichseinkommensteuergesetz.** Von A. Hirschburger. 1923. Gm 6,50

Nr. 152 **Wohlfahrtsgesetze.** Von Behrend und Stranz-Hurwitz. 1923. Mit Nachtrag, enth. alle Neuerungen bis Ende 1924. Gm 5,—

Nr. 153. **Zwangsanleihegesetz.** Von Simon und Beutner. 1923. Gm 8,—

Nr. 154. **Jugendwohlfahrtsgesetz und Jugendgerichtsgesetz.** Von Drewes und Sandré. — 1923. Mit Nachtrag, enth. die Ergänzungen bis April 1924. Gm 6,—

Nr. 155. **Reichsknappschaftsgesetz.** Von Max Reuß und Fritz Hense. — 1923. Gm 7,—

Nr. 156. **Mietrecht und Wohnungsmangelgesetz.** Von Krieg. 2. Auflage. — 1924. Gm 4,80.

Nr. 157. **Dritte Steuernotverordnung v. 14. 2. 1924** mit den Vorschriften über **Aufwertung.** Von Michaelis. Gm 7,—

Nr. 158. **Strafprozeßordnung.** Alte und neue Fassung synoptisch gegenübergestellt. Von Reichsanwalt Feisenberger. — 1924. Gm 4,50

Nr. 159. **Industriebelastungsgesetz.** Von Höpker. Gm 4,—

Nr. 160. **Fürsorgegesetz.** Von Sandré. Gm 6,—

Nr. 161. **Reichsversicherungsordnung.** Von K. Lippmann. Gm 11,—

B. Preußische Gesetze.

Nr. 1. **Die Verfassung des Freistaats Preußen.** Von A. Arndt. — 1921. Gm 2,—
Ausführlicher Kommentar von Stier-Somlo. — 1921. Gm 5,—

Nr. 2. **Preußische Beamten-Gesetzgebung.** Von K. Pfafferoth. 5. Auflage. — 1916. Gm 2,40

Nr. 3. **Notteſtamente.** Von E. Kurtz. — 1904. Gm 1,50

Nr. 4. **Gebührenordnung für Notare.** Von Rausnitz. 5. Auflage — 1917. (Neue Aufl. in Bearbeitung.) Gm 2,20

Nr. 5. Gesetz vom **24. April 1854 [betr. die außereheliche Schwängerung].** Von Schulze. — 1873. Vergriffen.
Reichsrecht siehe Reichsgesetze Nr. **58.**

Nr. **6—9** vergriffen.

Nr. **10. Einkommensteuergesetz** siehe Reichsgesetze Nr. **151.**

Nr. **11. Gewerbesteuergesetz.** Von A. Fernow. Vergriffen.

Nr. **12. Allgemeines Berggesetz.** Von Schlüter und Hense. 4. Auflage. — In Vorbereitung.

Nr. **13. Ergänzungssteuergesetz.** Von A. Fernow. 5. Aufl. Gm 3,—

Nr. **14. Kommunalabgabengesetz.** Von F. Adickes. 6. Auflage von Falk. — 1922. Gm 3,50

Nr. **15. Die Kreisordnungen.** Von O. Kolisch. — 1894. Gm 4,—

Nr. **16. Konzessionierung gewerblicher Anlagen.** Von W. v. Rüdiger. 2. Auflage. — 1901. Vergriffen.

Nr. **17. Preußisches Gerichtskostengesetz.** Von P. Siméon. 7. Auflage. — 1913. Mit Nachtrag von 1919 und 1920. Gm 4,—

Nr. **18. Preußisches Stempelsteuergesetz.** Von P. Loeck und W. Seyffarth. 9. Auflage mit Nachtrag von Eiffler. — 1922. (Neue Auflage in Bearbeitung.) Gm 7,50

Nr. **19. Jagdscheingesetz.** Von F. Kunze. 2. Aufl. — 1899. Gm 2,—

Nr. **20. Die preußischen Erbschaftssteuergesetze.** Von U. Hoffmann. — 1905. Gm 3,—
(**Reichs**-Erbschaftssteuergesetz siehe Reichsgesetze Nr. **77.**)

Nr. **21. Handelskammern.** Von F. Lusensky. 2. Auflage. — 1909. Gm 3,—

Nr. **22. Anstellung und Versorgung der Kommunalbeamten.** Von W. Ledermann. 2. Auflage von L. Brühl. — 1914. Gm 2,—

Nr. 23. Ausführungsgesetze zum Bürgerlichen Gesetzbuche. Von P. Siméon. 3. Auflage. — 1914. Gm 2,20

Nr. 24. Die Hinterlegungsordnung (1879). Von G. Bartels. 2. Auflage. — 1908. Gm 2,—
Abänderungsgesetz vom 21. April 1913 siehe Nr. 53.

Nr. 25. Preußische Kommunalbeamtengesetzgebung. Von F. Kremski. — 1901. Gm 3,—

Nr. 26. Diensteinkommen der Lehrer und Lehrerinnen. Von E. Cremer. — 1900. Gm 2,20

Nr. 27. Warenhaussteuer. Von G. Strutz. — 1900. Gm 1,20

Nr. 28. Die Fürsorgeerziehung Minderjähriger. Von P. F. Aschrott. 3. Auflage. — 1917. Gm 2,80

Nr. 29. Ärztliche Ehrengerichte, das Umlagerecht und die Kassen der Ärztekammern. Von F. Fidler. — 1901. Gm 1,50

Nr. 30. Preußisches Staatsschuldbuch und **Reichsschuldbuch.** Von J. Mücke. — 1902. Gm 2,—

Nr. 31. Die preußischen Gesindeordnungen. Zwei Bände. Von St. Gerhard.
31 a. Altpreußische Provinzen und Rheinland. 2. Auflage. — 1914. Gm 3,—
31 b. Hannover, Schleswig-Holstein, Hessen-Nassau und Hohenzollern. — 1902. Gm 2,50

Nr. 32. Städteordnung. Von W. Ledermann und L. Brühl. 2. Auflage. — 1913. Gm 6,—

Nr. 33. Rentenguts- und Anerbenrechts-Gesetzgebung. Von M. Peltasohn und B. Peltasohn. — 1903. Vergriffen.

Nr. 34. Sammlung der wichtigsten **preußischen Strafgesetze.** Von Lindemann. 2. Auflage. — 1912. Gm 3,50

Nr. 35. Geschäftsordnung für Gerichtsvollzieher. Von E. Exner. — 1904. Gm 3,—

Nr. 36. Polizeiverordnungen in Preußen. Von O. Lindemann. — 2. Auflage. 1912. Gm 2,50

Nr. 37. Enteignung von Grundeigentum. Von O. Meyer. 2. Auflage. — 1911. Vergriffen.

Nr. 38. Kreis- und Provinzial-Abgabengesetz. Von F. Schmidt. — 1906. Gm 1,20

Nr. 39. Unterhaltung der öffentlichen Volksschulen. Von A. Marcks. — 1906. Gm 1,80

Nr. 40. Verwaltungsstrafverfahren. Von R. Katzenstein. — 1907. Gm 3,50

Nr. 41. Die preußischen Jagdpolizeigesetze. Von F. Kunze und R. Kühnemann. 2. Auflage. — 1907. Vergriffen.

Guttentagsche Sammlung Preußischer Gesetze.

Nr. 42. **Allgemeine Landesverwaltung** und **Zuständigkeit der Verwaltungs- und Verwaltungsgerichtsbehörden.** Von K. Friedrichs. 2. Auflage. — 1921. Gm 3,—

Nr. 43. **Verschuldungsgrenze** für land- und forstwirtschaftlich benutzte Grundstücke. Von R. Leweck. — 1908. Gm 2,40

Nr. 44. **Quellenschutzgesetz.** Von E. Voelkel. — 1909. Gm 1,—

Nr. 45. **Rechtsverhältnisse der Juden in Preußen.** Von M. Kollenscher. — 1910. Gm 2,40

Nr. 46. **Austritt aus der Landeskirche.** Von H. Caro. — 1911. Gm 2,40

Nr. 47. **Feuerbestattung.** Von W. Lohmann. — 1912. Gm 1,50

Nr. 48. **Zweckverbandsgesetz für Groß-Berlin.** Von L. Brühl, K. Gordan und W. Ledermann. — 1912. Gm 4,—

Nr. 49. **Gesetze gegen die Verunstaltung landschaftlich hervorragender Gegenden.** Von O. Goldschmidt. — 1912. Gm 2,40

Nr. 50. **Gesetz, betr. die Anlegung und Veränderung von Straßen und Plätzen in Städten und ländlichen Ortschaften.** Von O. Meyer. — 1913. Gm 3,—

Nr. 51. **Das preußische Disziplinargesetz für die nichtrichterlichen Beamten.** Von E. v. Dultzig. — 1914. Gm 4,20

Nr. 52. **Preußisches Wassergesetz.** Von G. Wulff und F. Herold. — 1913. Gm 4,50

Nr. 53. **Hinterlegungsordnung** von 1913. Von Hagemann. — 1914. Gm 2,20

Nr. 54. **Anlegung von Sparkassenbeständen in Inhaberpapieren.** Von H. Döhring. — 1914. Gm 2,80

Nr. 55. **Preußisches Wohnungsgesetz.** Von B. Schmittmann. — 1918. Gm 2,60

Nr. 56. **Das preußische Tumultschadengesetz.** Von Bruno Friedländer. — 1919. Gm 0,80

Nr. 57. Gesetz über **Landeskulturbehörden.** Von W. Holzapfel. — 1919. Gm 2,—

Nr. 58. **Arbeitsnachweis.** Von P. Wölbling. — 1920. Gm 1,—

Nr. 59. **Bildung der neuen Stadtgemeinde Berlin.** Von P. Wölbling. 2. Auflage. — 1920. Gm 1,40

Nr. 60. **Umlegungsordnung.** Von W. Holzapfel. — 1921. Gm 1,80

Nr. 61. **Preußische Verwaltungsgebührenordnung.** Von K. Eiffler. — 1925. Gm 6,—

C. Textausgaben

ohne Anmerkungen **mit** Sachregister.

Betriebsrätegesetz.	Vergriffen.
Bürgerliches Gesetzbuch. 14. Auflage.	Gm 4,—
Erbschaftssteuergesetz m. Ausführungsanweis. 2. Auflage.	Gm 0,70
Neue Fassung von H. Schachian. 2. Auflage.	Gm 2,—
Freiwillige Gerichtsbarkeit. — 1920.	Gm 1,—
Handelsgesetzbuch mit **Seerecht.** 11. Auflage. — 1924.	Gm 2,60
Konkursordnung. 2. Auflage. — 1915.	Gm 0,70
Kriegsgewinnsteuer. — 1916.	Gm 0,40
Die Kriegssteuergesetze. 2. Auflage. — 1917.	Gm 0,80
Militärstrafgerichtsordnung m. **Einführungsges.** — 1901.	Gm 1,30
Militär-Strafgesetzbuch. 2. Auflage. — 1916.	Gm 0,50
Reichseinkommensteuer — Körperschaftssteuer — Kapitalertragssteuer — Landessteuer.	Gm 1,—
Einkommensteuergesetz in der Fassung v. 24. März 1921 mit **Ausführungsbestimmungen,** durch Nachträge ergänzt.	Gm 1,40
Reichsfinanz- und Steuergesetze. 1922.	Gm 2,—
Reichsfinanzgesetze von 1909. — 1909.	Gm 2,60
Reichsmietengesetz. — 1922.	Gm 0,50
Reichsnotopfergesetz.	Vergriffen.
Reichsversicherungsordnung.	Vergriffen.
Strafgesetzbuch. — 1921.	Gm 1,20
Strafprozeßordnung. 5. Auflage. — 1924.	Gm 2,50
Umsatzsteuergesetz. — 1920.	Gm 0,60
Verkehrs- u. Kohlensteuer u. Kriegssteuerzuschlag. 1917.	Gm 0,60
Verfassung des Deutschen Reiches v. 11. 8. 1919. 2. Aufl.	Gm 0,60
Verfassung des Freistaates Preußen.	Gm 0,60
Versicherungsgesetz für Angestellte. — 1924. S.R. 144.	Gm 2,—
Wechselordnung. — 1908.	Gm 0,50
Wehrbeitrag und **Besitzsteuer.** — 1913.	Gm 0,50
Zivilprozeßordnung mit **Gerichtsverfassungsgesetz** und **Einführungsgesetzen.** — 1924.	Gm 3,50
Zuwachssteuergesetz. — 1911.	Gm 0,50
— **Ausführungsbestimmungen.** — 1911.	Gm 0,40
Preuß. Ausf.-Anweis. zur **Gewerbeordnung.** — 1904.	Gm 1,—

Schlagwort-Register

N. = Nummer der Sammlung Deutscher Reichsgesetze.
P. = Nummer der Sammlung Preußischer Gesetze.
S. = Seite.

Schlagwort-Register. (R. = Reichsgesetz, P. = preuß. Gesetz.)

Schlagwort-Register. (R. = Reichsgesetz, P. = preuß. Gesetz.)

Schlagwort-Register. (R. = Reichsgesetz, P. = preuß. Gesetz.)

MIX
Papier | Fördert gute Waldnutzung
FSC® C083411

Kolibri 360 GmbH
Ferdinand-Jühlke-Straße 7
99095 Erfurt, Deutschland
produktsicherheit@kolibri360.de